MEHR SPASS MIT TASTEN

SOUNDS, STYLES, SPIELTECHNIK

EIN TECHNISCHER UND PRAKTISCHER RATGEBER
FÜR KEYBOARD-SPIELER

CHRISTOPH KLÜH

Ein Fachbuch von
PPVMEDIEN

Verlag, Herausgeber und Autor machen darauf aufmerksam, dass die im vorliegenden Buch genannten Markennamen, Produktbezeichnungen und Schaltungen in der Regel patent- und warenrechtlichem Schutz unterliegen. Die Veröffentlichung aller Informationen und Abbildungen geschieht mit größter Sorgfalt, dennoch können Fehler nicht ausgeschlossen werden. Verlag, Herausgeber und Autor übernehmen deshalb für fehlerhafte Angaben und deren Folgen keine Haftung. Sie sind dennoch dankbar für Verbesserungsvorschläge und Korrekturen.

ISBN 3-932275-28-4

Titelfoto: Arno Drexler
Titelgestaltung: Konstantin Frhr. v. Gaisberg
Lektorat: Dr. Torsten Brandt
Abbildungen und Grafiken: Christoph Klüh, Petra Schramböhmer, Arno Drexler, Sentilo Rieber, Sylvia Rasp
Satz und Layout: Sylvia Rasp
Abwicklung: Anselm Rößler, Sabine Schnieder
Druck: SDV, Saarbrücken

CD zum Buch
Konzeption und Produktion: Christoph Klüh
Aufnahme und Digitalschnitt: Al Gee Music, Frankfurt/Main
Arrangements, Einspielung und Sprecher: Christoph Klüh

Über dieses Buch

Mehr Spaß mit Tasten?

Mehr Spaß mit Tasten ist ein Buch der Zeitschrift ***Tastenwelt***. Wie das Magazin, so ist auch dieses Buch in einer fundierten und anschaulichen Sprache geschrieben, mit so wenig Fachchinesisch wie nötig, präzise auf den Punkt gebracht. Der Sonderteil *Keyboard und Computer* beschäftigt sich mit aktueller Musiksoftware und führt grundlegend in die moderne Musikproduktion ein. Ergänzt wird das Buch durch ein Mini-Lexikon, das nochmal alle zentralen Begriffe in Kurzform erklärt. Außerdem findet sich im Anhang eine ausführliche Geräte-Übersicht mit umfassenden Informationen zu den wichtigsten aktuellen Instrumenten.
Abgerundet wird das Buch durch eine 60 Minuten lange CD. So gestaltet sich *Mehr Spaß mit Tasten* als ein unentbehrlicher technischer und praktischer Keyboard-Ratgeber für Anfänger und Fortgeschrittene, Bühnenmusiker und Heimproduzenten sowie als hilfreiches Nachschlagewerk für interessierte Laien und Profis.

Über den Autor

Gemäß der Philosphie der Zeitschrift ***Tastenwelt*** ist *Mehr Spaß mit Tasten* ein Buch aus der Praxis für die Praxis. Der Autor Christoph Klüh weiß als erfahrener Profi-Musiker, worauf es ankommt. Er studierte Orgel und Klavier an der Hochschule für Musik und darstellende Kunst in Frankfurt/M. und schloss sein Examen mit Auszeichnung ab. Seit über 10 Jahren steht er als Organist, Pianist und Keyboarder auf der Bühne, spielte viele Konzerte, solistisch oder auch zusammen mit verschiedenen Orchestern und Ensembles, teilweise unter eigener Leitung. Klüh erhielt den Fachmedienpreis 2000 als bester Solist. Er veröffentlichte mehrere CDs und besitzt ein eigenes Studio, in dem er auch für andere Künstler als Arrangeur tätig ist und Musikproduktionen entwickelt. Seit 2000 ist Christoph Klüh Fachautor für das Magazin ***Tastenwelt***.

Information: www.christophklueh.de

Inhaltsverzeichnis

Vorwort

Das vorliegende Buch will als Fachbuch fundiertes Grundlagenwissen rund um Keyboards vermitteln. Das Thema ist reichlich umfassend und erstreckt sich im allgemeinen Sprachgebrauch von der elektronischen Orgel bis zum Synthesizer. Auch wenn es in diesem Buch in erster Linie um Portable Keyboards geht, treffen die allermeisten Erklärungen auch für Instrumente wie etwa die elektronische Orgel zu, und auch die Praxis-Tipps können hier angewendet werden. Es geht in jedem Fall um ausgewachsene Keyboards, die an Ausstattung etwas mehr zu bieten haben, als nur das absolute Minimum zum Töne Produzieren – interessant wird es eigentlich ab der Mittelklasse, d. h. Instrumenten ab zirka 1000 Euro. Die Mittelklasse-Instrumente haben sich in den letzten Jahren ganz schön gemausert und viele Ausstattungsmerkmale zur Seite gestellt bekommen, die zuvor der Oberklasse vorbehalten waren. Man kann heute mit ihnen teilweise schon recht gut arbeiten.

Das Buch richtet sich an Einsteiger und Fortgeschrittene. Auch derjenige, der schon seit Jahren mit Keyboards arbeitet und vielleicht sogar mit ihnen auftritt, mag hier noch manchen nützlichen Hinweis finden, etwa wenn es um die Verwendung des Computers und moderne Möglichkeiten der Musikproduktion mit Keyboards geht. Weniger wiederfinden wird sich in diesem Buch der Top-Profi, der sich sehr technisch detaillierte Informationen wünscht und mit einem gerätespezifischen Ratgeber „Wie programmiere ich mein Modell XY?“ eventuell besser beraten wäre.

Auch wenn die einzelnen Kapitel natürlich in einer systematischen Abfolge stehen, ist dieses Buch kein Roman mit fortlaufendem Inhalt. Lesen Sie ruhig quer und schlagen unter dem nach, was Sie gerade am meisten interessiert. Sollte ein vorhergehendes Kapitel zum besseren Verständnis hilfreich sein oder Möglichkeiten bieten, das Gelesene nochmal zu vertiefen, gibt es stets an Ort und Stelle Hinweise darauf.

Abschließend ein paar Sätze zur Idee dieses Buchs: Es ist ja nicht damit getan, dass man sich ein Keyboard kauft und einfach mal drauflos probiert – die Werbeversprechung „In fünf Minuten klingen auch Sie wie ein Profi“ vor Augen. Ohne solides Grundlagenwissen geht es einfach nicht. Natürlich hat jeder eine gewisse Vorstellung davon, wozu man einen Style braucht, was ein MIDI-File ist und wie es ungefähr klingt, wenn man den Chorus-Effekt einschaltet. Doch nicht Halbwissen kann das Ziel sein, sondern Verstehen, was da eigentlich passiert und wie man die ganzen Möglichkeiten optimal nutzt. Konkret: Es geht darum, wie man auf Keyboards aus seiner eigenen Musik das Beste macht. Der Blick bleibt dabei in diesem Buch immer auf die musikalische Praxis gerichtet. Zielvorstellung war es, die Dinge so anschaulich zu erklären, wie man das in einem lockeren Gespräch tun würde, und „Fachchinesisch“ so weit als möglich zu vermeiden. Natürlich geht das nicht immer, denn ein paar Fachbegriffe gehören nun mal dazu.

Am Ende dieses Buchs soll eine Reise rund um Keyboards mit fast all ihren Funktionen und Möglichkeiten stehen, mit vielen grundsätzlichen Gedanken dazu und mit dem großen Sonderteil „Keyboards und Computer“, der den Blick weit über Keyboards selbst hinaus richtet.

Ich wünsche Ihnen nun viel Spaß beim Lesen, beim Anhören der CD und natürlich beim Ausprobieren am eigenen Instrument, verbunden mit der Hoffnung, dass für Sie persönlich am Schluss eines steht – mehr Spaß mit Tasten.

Danken möchte ich dem Team von PPV (Presse Project Verlags GmbH), hier namentlich ***Tastenwelt***-Redakteur Dr. Torsten Brandt, der die Entstehung dieser Produktion als Lektor betreut hat, stets freundschaftlich, mit großer Geduld und Aufgeschlossenheit gegenüber allen Ideen, sowie ***Tastenwelt***-Chefredakteur Karl Stechl für die gute Zusammenarbeit. Danke auch all den lieben Menschen, welche die Entstehung dieses Buchs mit Interesse verfolgt haben und mir in den Monaten des Recherchierens und Schreibens mit Rat und Tat zur Seite standen.

Christoph Klüh

im Dezember 2001

1. Was ist ein Keyboard?

Track 1

Begrüßung

Auf den ersten Blick mag diese Frage banal erscheinen, denn was ein Keyboard ist, weiß heutzutage jedes Kind. In keinem Tonstudio, keiner Band, auf keiner Hochzeitsfeier mit Alleinunterhalter darf es fehlen, und Millionen von Menschen haben so ein Gerät selbst im Wohnzimmer stehen. Der Begriff kommt aus dem Englischen bzw. Amerikanischen und setzt sich aus zwei Worten zusammen – nämlich „Key" und „Board". „Key" bedeutet übersetzt „Taste" oder auch „Schlüssel". Und „Board" ist ein Brett. Im Wörterbuch findet man Keyboard mit „Klaviatur" oder „Tastatur" übersetzt. Geht man von dieser Definition aus, müsste alles von der Kirchenorgel über Klavier und E-Orgel bis hin zur Schreibmaschine als *Keyboard* bezeichnen werden – und auch die Computer-Tastatur gehört dazu. Im englischsprachigen Raum ist dies auch der Fall, fürs Deutsche ist es allerdings sinnvoll, eine Grenze zu ziehen: Hier hat sich der Begriff Keyboard nämlich durchgesetzt für einmanualige elektronische Tasteninstrumente mit synthetischer Klangerzeugung.

Auch diese Definition ist ziemlich umfassend, da noch immer ganz verschiedene Instrumente darunter fallen können. Dies ist nicht unbedingt ein Nachteil, sondern spiegelt sogar die Realität wieder. Die Instrumente, die in der Pop- und Rockmusik als Keyboards bezeichnet werden, sind vielfältig und in der Regel nicht die selben, die ein Alleinunterhalter am Wochenende auf die Tanzfläche schleppt. Was kurzerhand Keyboard genannt wird, entpuppt sich in vielen Fällen als Hammond-Orgel, Synthesizer oder Masterkeyboard (ein Masterkeyboard verfügt über gar keine eigene Klangerzeugung, sondern dient zum Ansteuern externer Klangerzeuger). Dies zeigt bereits, wie unscharf konturiert der Begriff Keyboard eigentlich ist.

Im vorliegenden Buch soll es hauptsächlich um die so genannten *Portable Keyboards* gehen, also eine relativ klar bestimmte Gruppe von Keyboard-Instrumenten innerhalb eines weitläufigen Oberbegriffs. Was ein Portable Keyboard gegenüber anderen Instrumenten dieser Familie spezifisch ausmacht, wird in den nachfolgenden Kapiteln definiert.

Der Weg zum Portable Keyboard

Das Portable Keyboard ist aus zwei Quellen hervorgegangen: dem Synthesizer und der elektronischen Orgel. Über die technisch sehr nahe Verwandtschaft von Synthesizern und Keyboards wird im nächsten Kapitel noch mehr gesagt. Interessanter ist allerdings die E-Orgel als Vorläufer von Keyboards, insbesondere da es letzteren vorbehalten blieb, ihre Vorgängerin ein Stück weit vom Markt zu verdrängen. Die Geschichte der Orgel können wir sehr weit zurückverfolgen. Für unsere Betrachtungen interessant wird es ab dem Jahr 1867, als auf der Pariser Weltausstellung die erste elektromechanische Orgel vorgestellt wurde, und 1904 gab es immerhin schon ein Harmonium mit rotierenden elektromagnetischen Tongeneratoren. 1921 kamen in Deutschland die ersten Kino-Orgeln auf, der große Durchbruch der Unterhaltungsorgeln kam schließlich 1934, als Laurens Hammond die Tonräder erfand und seine erste Hammond-Orgel baute. Ihre Produktion wurde erst 1975 eingestellt. Inzwischen waren auch andere Hersteller von elektronischen Orgeln auf dem Markt erschienen und wurden auch andere Tonerzeugungsverfahren als das der Hammond-Orgel entwickelt. Speziell in Deutschland waren es die Firmen Dr. Böhm (gegründet Anfang der 1960er Jahre, heute nur noch Böhm, ohne Doktor) und Wersi (1969), die der Orgel bis in die späten 80er zu ihrer ganz großen Blütezeit verhalfen. Die Orgeln hatten zwei Nachteile: Sie waren teuer und kaum beweglich. Natürlich war die Orgel trotzdem das Instrument der Alleinunterhalter, und verglichen mit heute ist es fast unglaublich, wie oft man sie damals an renommierten Stellen im Fernsehen sah. Leicht transportable, einmanualige und obendrein auch noch kostengünstige Instrumente, die annähernd an diesen Sound herangekommen wären, gab es zu dieser Zeit einfach noch nicht.

Synthesizer gab es bereits seit Mitte des 20. Jahrhunderts, der für die Entwicklung der Portable Keyboards maßgebliche Einfluss ging ab 1983 von der Digitaltechnik aus. Der erste volldigitale Synthesizer war der DX-7 von der Firma Yamaha. Dieser verfügte als eines der ersten Instrumente überhaupt über die MIDI-Schnittstelle. Die Digitaltechnik und die Midifizierung elektronischer Instrumente sollten die Musikwelt nachhaltig verändern.

Die große Zeit der Orgeln:
das Modell *Galaxis*
von der Firma Wersi.

Mit immer größerer und schnellerer Verbreitung der Sampling-Technologie war irgendwann der Zeitpunkt gekommen, dass sich Musiker für ihre Synthesizer zunehmend auch die Nachbildung von Natursounds wünschten, die es auf den elektronischen Orgeln schon von jeher in anderer Gewichtung gab, sowie außerdem Effekte und nicht zuletzt auch Sequencer. So wurde die Idee der *Workstation* geboren, und mit dem ersten Gerät dieser Art, dem berühmten M1, feierte die Firma Korg 1988 einen Riesen Durchbruch. Was allerdings noch fehlte, war die aus den elektronischen Orgeln bekannte Rhythmus-Begleitautomatik.

Digitale Revolution:
der DX-7 von der
Firma Yamaha.

Track 2

Keyboards damals und heute.

So entstanden die Portable Keyboards als leistungsfähige, transportable und erschwingliche Instrumente mit digitaler Klangerzeugung, Effekten, Sequencern und natürlich Rhythmusgeräten, wie man sie damals noch nannte. Ihre Leistungsfähigkeit war zunächst noch beschränkt. Nicht ganz zu Unrecht wurden die frühen Keyboards als „Tischhupen" belächelt und von vielen Musikern schlicht nicht ernst genommen. Diese Zeiten sind vorbei, und dank ihrer leichten Transportabilität und der erschwinglichen Preise haben sie es geschafft, der E-Orgel das Leben ganz schön schwer zu machen. Ungeachtet der Qualitäten von Keyboards eine ausgesprochen unschöne Entwicklung, denn Orgeln und Keyboards sind nun mal nicht dasselbe, schon gar nicht vom Spielgefühl her. Von ihrem klanglichen Reiz und ihren Ausdrucksmöglichkeiten hat die Orgel indes bis heute nichts verloren. Sie erfreut sich noch immer großer Beliebtheit, wenn vielleicht auch verstärkt mit dem Charakter eines Nischenprodukts. Obwohl sich inzwischen manche Hersteller vom Orgelbau verabschiedet haben und auf Keyboards konzentrieren, kommen immer wieder interessante neue Orgeln auf den Markt. Andererseits kommen heutzutage selbst Traditions-Orgelhersteller wie eben Böhm oder Wersi nicht drumherum, auch mindestens ein Keyboard in ihrem Programm zu haben.

Das moderne Portable Keyboard

Im Fall von Naturinstrumenten wie Klavieren, Trompeten, Gitarren usw. gibt es überhaupt keine Diskussionen, was zur entsprechenden Instrumentenfamilie gehört. Schwieriger gestaltet es sich bei den Keyboards, und auch die Untergruppe der *Portable Keyboards* macht da keine Ausnahme. Bekannt sind sie auch unter der Bezeichnung *Personal Keyboards*. Während portable (wörtlich tragbar) die Abmessungen und das Gewicht meint, bezieht sich personal wie beim PC, dem Personal Computer, auf den erschwinglichen Preis bzw. den privaten Einzelanwender. Eindeutig sind beide Begriffe trotzdem nicht, da viele elektronische Tasteninstrumente wie etwa Masterkeyboards sowohl erschwinglich als auch tragbar sind.

Am besten definiert man ein Portable oder Personal Keyboard, indem man es von anderen Keyboards abgrenzt. Der nächste Verwandte ist der Synthesizer – ein elektronischer und eben syntheti-

INFO

Das Digitalpiano – zwischen Klavier und Keyboard?

Wenn es um Keyboards geht, sollte eine Instrumentgattung ebenfalls nicht vergessen werden: Digitalpianos. Für diese Instrumente gibt es inzwischen verschiedene Bezeichnungen, etwa E-Piano, Digital-Ensemble oder eben Digitalklavier. Es gibt sie auch in transportablen Ausführungen für die Bühne, beispielsweise in einem Flightcase und ohne eingebaute Lautsprecher (dann bezeichnet als Stagepiano), doch das klassische E-Klavier präsentiert sich als „elektronisches Möbel", d. h. im Look eines echten Klaviers mit einem stabilen Holzgehäuse und eingebauten Lautsprechern. Das reicht sogar bis hin zum digitalen Flügel. Diese Instrumente erfüllen dann zwar nicht mehr unbedingt den Aspekt „portable", gehören aber dennoch im weitesten Sinne zur großen Familie der Keyboard-Instrumente.
Das gilt im besonderen für die so genannten Ensemble-Pianos. Das sind E-Klaviere mit eingebauter Begleitautomatik und Sequencer. Analog zur Definition der Begriffsfolge Synthesizer => Workstation => Portable Keyboard kann man sagen: Ein Ensemble-Piano ist ein Digitalklavier plus Begleitautomatik und damit quasi die Workstation für Pianisten, die Wert auf eine standesgemäße Tastatur legen.
Wer mit dem Gedanken spielt, sich ein Ensemble-Piano zuzulegen, sollte beim Testen unbedingt auf die Styles achten: Erschlagen sie einen oder unterstützen sie den Spieler als Pianisten? Während einige Hersteller ihre Pianos mit maßgeschneiderten, sparsam arrangierten Styles ausstatten, denen man anmerkt, dass sie tatsächlich für Pianisten gemacht wurden, verpassen andere den Pianos dieselben Styles wie ihren Keyboards oder bauen gleich die komplette Keyboard-Technik, meist mit aufgepepptem Pianosound, in einen Holzkasten.

Im wesentlichen sind zwei Aspekte für Digitalklaviere entscheidend: Tastatur und (Klavier-)Sound. Waren die Tastaturen früher oft ein Problem, weil sie laute Geräusche produzierten und kaum ein authentisches Spielgefühl vermittelten, hat sich diesbezüglich einiges getan. Eine Hammermechanik simulieren zumindest ab einer gewissen Preisklasse eigentlich alle Instrumente, einigen sehr guten spendiert man sogar eine echte Flügeltastatur, der nur noch die realen Saiten fehlen, gegen die das Hämmerchen beim akustischen Klavier schlägt. Der zweite Aspekt sind gute Pianosounds, und auch hier hat eine bemerkenswerte Entwicklung stattgefunden. Authentische Klaviersounds sind extrem anspruchsvoll zu realisieren, da echte Klaviere über eine enorme dynamische Bandbreite und überaus differenzierte Ausdrucksmöglichkeiten verfügen. Ausführliche Informationen zu allem, was mit Digitalpianos zu tun hat, gibt's übrigens in ***Tastenwelt***-Ausgabe 1/01.

scher (künstlicher) Klangerzeuger. Portable Keyboards und Synthies sind zu weiten Teilen technisch identisch. Beide beziehen ihre Sounds heute dank Digitaltechnik aus bearbeiteten Samples, d. h. digitalisierten Aufzeichnungen von Originalklängen (Näheres dazu im Kapitel „Sounds"). Die werkseitigen Sounds sind in einem nicht überschreibbaren ROM-Speicher untergebracht (engl. ROM = Read Only Memory, zu deutsch: „den Speicher nur lesen"). Wird eine Taste gedrückt, werden die Samples aus dem ROM-Speicher gelesen und abgespielt. Deshalb spricht man auch von „ROM-Playern" oder kurz „ROMplern". Aus dem Synthesizer-Bereich sind noch andere wichtige Klangerzeugungsverfahren bekannt, die für Portable Keyboards jedoch nur punktuelle oder gar keine Bedeutung haben. Soweit die grundlegenden Gemeinsamkeiten. Nun zu den prägnanten Unterschieden:

Das moderne Portable Keyboard.

- Portable Keyboards setzen voll auf klangliche Universalität und legen den Schwerpunkt auf die Nachbildung universell verwendbarer und breitenwirksamer Natursounds, die durch eine Anzahl von Effekten wie Hall oder Echo veredelt werden können. Aus diesem Grund ist der traditionelle Alleinunterhalter, Tanzmusiker oder Keyboarder einer Pop-Band der typische Anwender eines Portable Keyboards. Synthesizer haben dagegen vorwiegend markante elektronische oder experimentelle Klänge an Bord, die teils auf moderne Musikstile wie Techno oder House abzielen. Realistische Natursound-Imitationen gehören dagegen nicht unbedingt zu den Spezialitäten von Synthies. Im Fall von ROMplern ist die Frage des unterschiedlichen Soundangebots auf Synthies und Portable Keyboards allerdings meistens weniger eine Frage der technischen Machbarkeit als der musikalisch-praktischen Gewichtung.

- Zumindest auf Portable Keyboards der Oberklasse kann man zwar vorhandene Sounds editieren und eigene erstellen, doch eigene Soundgestaltung ist nicht der Anwendungs-Schwerpunkt von Portable Keyboards. Die diesbezüglichen Möglichkeiten sind auf Synthesizern deutlich dezidierter, und dem kreativen Spieler stehen umfangreichste Möglichkeiten zur eigenen Klangformung und -programmierung zur Verfügung. Ihrem Selbstverständnis gemäß sind sie die reinsten Soundschmieden.

- Last not least: Synthesizer erzeugen in der Regel nur Klänge, nicht aber Rhythmen, und sie besitzen auch keine Begleitautomatik. Im

Laufe der Zeit haben sich Synthies zu Workstations entwickelt und einen integrierten Sequencer zum Erzeugen und Abspielen von MIDI-Songs spendiert bekommen. Doch auch der Workstation fehlt noch immer die Begleitautomatik. Diese ist das wohl charakteristischste Markenzeichen eines Portable Keyboards.

INFO

Was macht ein Portable Keyboard aus?

- Große Auswahl universell einsetzbarer Sounds. Orientierung der Klangauswahl an Naturinstrumenten, mit denen sich verschiedenste musikalische Stilrichtungen abdecken lassen.
- Effekte zur Veredelung und realitätsnahen Wirkung der Sounds
- Styles (Rhythmen) und Begleitautomatik
- Eingebauter Sequencer, d. h. die Möglichkeit, Musik aufzuzeichnen und abzuspielen.

Jedem dieser Punkte ist in dem vorliegenden Buch ein eigenes Kapitel gewidmet, und zwar genau in obiger Reihenfolge.

Wichtiger ist also die Ausrichtung auf unterschiedliche musikalische Einsatzgebiete. Klar ist ebenfalls: Heutige Portable Keyboards sind nicht mehr zu vergleichen mit den belächelten „Tischhupen" früherer Jahre mit unermüdlich nervenden Zisch- und Klopfgeräuschen, die sich hinter dem Etikett „Rhythmusgerät" verbargen. Die modernsten Geräte dieser Spezies sind nicht nur hochwertige Klangerzeuger, deren Begleitautomatik sogar mancher Vier-Mann-Kapelle Konkurrenz machen kann, sondern sie sind auch unglaublich vielseitig und ausbaufähig geworden.

Viele Sounds und Effekte, Begleitautomatik und Sequencer: Portable Keyboards wie das Yamaha 9000pro sind Allrounder in der Welt der elektronischen Tasteninstrumente.

Top-Keyboards und professionelle Workstations.

Aktuelle Topklasse-Keyboards wie zum Beispiel das PA80 von Korg oder das 9000pro von Yamaha werden zwar gemeinhin als Portable Keyboard gehandelt und erfüllen auch all deren Kriterien, die Hersteller selbst sprechen aber von Professional Arranger oder sogar Professional Workstation. Der Begriff Keyboard wird bewusst vermieden, die gleichzeitige Nähe zum Synthesizer- und Studio-Bereich dagegen betont. Und mit optionalen Einbaukarten lässt sich das 9000pro schließlich zum Edel-Synthie mit Profi-Begleitautomatik erweitern und greift dann sogar auf andere, Synthesizer-typische Klangerzeugungsverfahren wie VA- oder FM-Synthese zu. So hat man das beste aus zwei Welten in einem Instrument. Viele Anforderungen in Bands ließen sich inzwischen tatsächlich mit Portable Keyboards bewältigen, und wenngleich man diese ursprünglichen Alleinunterhalterinstrumente noch reichlich wenig bei bekannten Bands im Fernsehen sieht, ist es wahrscheinlich, dass in absehbarer Zukunft Berührungsängste fallen werden. Schon jetzt zeigt sich: Die Grenzen sind fließend.

2. Welches Keyboard für welche Musik?

Wer als Keyboarder in einer Band spielt, wird an sein Instrument andere Anforderungen stellen als ein Alleinunterhalter. Und wer sich Musikrichtungen wie Dancefloor oder Techno verschrieben hat, braucht dafür mit Sicherheit andere Sounds als beim Heimatabend im dörflichen Festzelt. Klar, dass solche Überlegungen Kaufentscheidungen ganz wesentlich beeinflussen. Doch pauschal zu definieren, welche Art von Keyboard für welchen Musikstil oder Musiker prädestiniert wäre, ist schwierig. Abgesehen davon haben Profi-Musiker meist mehr als nur ein Instrument im Gepäck, und ein guter Entertainer spielt nicht nur Volksmusik, Swing oder die neuesten Chartbreaker. Fährt er also mit nur einem universellen Instrument besser oder mit einem Berg von Synthies bzw. Soundmodulen? Oft sind es gerade die Kombinationen, die größtmögliche Vielseitigkeit eröffnen:

- Band- oder Orchester-Keyboarder brauchen bei Auftritten keine Begleitautomatik im Keyboard, denn dafür haben sie eine Live-Rhythmusgruppe. Gerade wenn eine bestimmte Richtung von Sounds bevorzugt wird, dürfte ein Synthesizer die richtige Wahl sein (für Klavier-Sounds empfiehlt sich natürlich ein Stagepiano). Als nächste Frage stellt sich, welche Syntheseart die richtige ist, denn von dieser hängen die Sounds in jeder Hinsicht ab. Für das Üben und Arrangieren zu Hause kann die Begleitautomatik eines Portable Keyboards wiederum ein durchaus hilfreiches Werkzeug sein.

- Auch in der Tanz- und Unterhaltungsmusik bis hin in den volkstümlichen Bereich können Synthesizer zum Einsatz kommen. Das tun sie auch – weniger bei den Alleinunterhaltern auf der Bühne als bei Studio-Produktionen. Gerade als Ergänzung zu den traditionellen Sounds eines Portable Keyboards können Synthesizer frischen Wind in die Sache bringen. Allerdings lässt sich mit einem Synthie allein auf Grund der Sound-Auswahl und der fehlenden Begleitautomatik kein Tanzabend bestreiten. Für solche Zwecke ist dann das Portable Keyboard als Hauptinstrument unabdingbar.

- Synthesizer sind vor allem für Tüftler interessant, die gerne an Sounds herumbasteln oder eigene kreieren. Beschränkte man sich nur auf das Spielen der werkseitig vorgegebenen Klänge, ließe man einen wichtigen Teil der Möglichkeiten ungenutzt. Synthesizer werden schwerpunktmäßig in modernen Produktionen verwendet, eignen sich aber je nach ihrer Syntheseart und ihrem klanglichen Schwerpunkt grundsätzlich für alle Arten von Pop- und Unterhaltungsmusik. Wer sich etwa für elektronische Musik interessiert und nostalgisch den „Synthesizer-Greatest"-CDs vergangener Dekaden nacheifert oder sogar wie seinerzeit der Komponist Karlheinz Stockhausen experimentell arbeiten möchte, kommt an den Virtuell-Analogen Synthesizern kaum vorbei. Das sind digitale Nachbauten analoger Synthies und zwar mit den altbekannten typischen Reglern, welche die Veränderung des Sounds in Echtzeit ermöglichen. Sie erlauben es im Gegensatz zu unübersichtlichen Programmierungen über ein Mini-Display nicht nur, quasi zufällig und spielerisch zu neuen Soundkreationen zu kommen, sondern markieren auch eine Art Rückbesinnung auf vordigitale Zeiten, wenn auch mit verbesserten technischen Mitteln. Die Analog-Sounds der ersten Synthies setzten nun mal Zeichen und liegen nicht umsonst heute wieder voll im Rennen, nicht nur im Techno-Bereich.

Alte Technik im neuen Gewand: Der Waldorf „Q" ist ein virtuell-analoger Synthesizer.

Spezialisten unter den Portable Keyboards

INFO

Wenige Ausnahmen auf dem großen Keyboard-Markt bestätigen die Regel vom musikalischen Allrounder. Auch bei den Portable Keyboards gibt es Geräte mit besonderen Spezialitäten:

- Die Firma Yamaha präsentiert mit dem DJX-II ein reines DJ-Keyboard mit 700 vorprogrammierten Groove-Patterns, eingebautem Sampler, Echtzeit-Effekten und DJ-typischen Steuerungen wie Ribbon Controller, Scratching usw. Dieses Keyboard ist damit weniger für die „Capri-Fischer" interessant, doch Musik im Stil der „Club Nights" bekannter Radiosender dürfte sich damit zaubern lassen.
- Die Firma GEM (Generalmusic) denkt sehr international und schickt die Keyboards PK5 und WK2 als Oriental-Versionen ins Rennen. Neben 257 Standardsounds und acht Drumkits bietet das PK5 zusätzlich 16 orientalische Sounds und ein ebensolches Drumkit. Auch die Styles dürften die Fans südlich-orientalischer Musik erfreuen: 16 arabische und je vier griechische und türkische stehen zur Verfügung. Mit an Bord: Arabic Scale, ein für unsere abendländisch-wohltemperierten Ohren fremdes Stimmungssystem mit Vierteltönen zur Produktion von arabischer Musik. Das WK2 Oriental bietet sogar 32 arabische Styles und ist ansonsten im gesamten außerarabischen Drumherum noch üppiger ausgestattet.

Im Vergleich dazu sind Portable Keyboards wahre Allrounder. Sowohl im Sound- wie auch im Rhythmus-Bereich müssen sie ein Maximum an musikalischen Stilrichtungen abdecken können, von der Volksmusik über Big Band-Sound bis zur brandaktuellen Dance-Nummer. Der Hauptreiz dieser Instrumente liegt nach wie vor darin, mit der Begleitautomatik ein ganzes Orchester imitieren zu können. Durch Ausstattungen wie Mikrofoneingang und eingebauten Vocal Harmonizer bieten moderne Portable Keyboards in einem Gehäuse alles, was der Solo-Entertainer braucht. Aber auch für Tastenspieler in Duo-, Trio- oder Quartett-Besetzungen bleiben Portable Keyboards als Hauptinstrument nach wie vor erste Wahl.

Oberflächen und Bedienkonzepte

Kritisieren ist leicht, Besser-Machen dagegen schwer. Das gilt auch für die verschiedenen Bedienkonzepte von Keyboards, denen man zum Teil nachsagt, sie seien unübersichtlich und uneinheitlich. Schwierig kann es für Keyboarder werden, die mehrere Instrumente im Reisegepäck bzw. in ihrem Studio stehen haben und sich ständig in andere Bedienoberflächen eindenken müssen. Die Bedienstrukturen der meisten Hersteller sehen nämlich recht unterschiedlich aus. Förderlich ist es auch nicht gerade, dass ein und dieselbe Funktion von verschiedenen Herstellern unterschiedlich benannt wird. Doch immerhin verfolgt in der Regel jeder Hersteller eine konsequente Philosophie der Oberflächengestaltung innerhalb der eigenen Produktpalette. Dazu zählen auch die Anordnung und das Aussehen der Knöpfchen, die Art einer eventuellen Beleuchtung usw. An der Frage nach der Zahl der Knöpfchen scheiden sich übrigens die Geister. Das beste Beispiel sind große Orgel-Flaggschiffe, deren zahllose Bedienfeldtaster manch Außenstehenden an ein Flugzeugcockpit erinnern. Nun gibt es manche modernen Keyboards, die ein Vielfaches an Sounds, Styles und allen möglichen Funktionen bieten, und trotzdem deutlich weniger Bedienelemente haben.

Modernes Design, Touch Screen, wenig Knöpfchen: die Oberfläche des Roland VA-7.

Das sieht auf den ersten Blick zwar kompakter aus, ist aber in Wirklichkeit sehr viel unübersichtlicher. Zumindest was Sounds und Styles betrifft, gilt: Je mehr man im direkten Zugriff hat, desto besser ist es. Vorausgesetzt natürlich, diese Knöpfchen sind so sinnvoll und übersichtlich angeordnet, dass man sie auch im Bühnenstress noch problemlos wiederfindet.

Traditionell, aber funktional: das Bedienkonzept des Solton Ketron X1.

Heutzutage hat sich bei den gängigen Keyboards eine Kombination aus Taster und Display durchgesetzt. Es gibt Gruppentaster für die verschiedenen Sound- und Stylegruppen *(z. B. Piano, E-Piano, Orgel, Gitarre, Bläser* etc. bzw. in der Style-Sektion *8 Beat, 16 Beat, Dance, Party, Ballroom, Latin* etc.*)*, und beim Betätigen eines solchen Tasters werden die Einzelsounds oder -styles der jeweiligen Gruppe im Display angezeigt. Unmittelbar links und rechts neben dem Display befinden sich weitere Taster, mit denen man dann den konkreten Sound oder Style anwählen kann. Manche Geräte besitzen auch einen *Touch Screen* – einen berührungsempfindlichen Bildschirm. Das spart zusätzliche Knöpfchen, da sich der gewünschte Sound oder Style durch direktes Tippen auf den Bildschirm anwählen lässt. Geräte mit Touch Screen arbeiten allerdings grundsätzlich sehr Display-orientiert und in der Regel mit verhältnismäßig wenig Tastern.

Die meisten und wichtigsten Knöpfchen sind stets mit kleinen Lämpchen versehen, so dass man auf den ersten Blick sehen kann, was gerade wo aktiv ist. Doch auch die dazugehörigen Beschriftungen müssen jederzeit lesbar sein. Auf dunklen Bühnen gibt es immer wieder Probleme, wenn zwar die wichtigsten Taster mit Lämpchen versehen sind, nicht aber das Bedienfeld selbst beleuchtet ist. Inzwischen bieten einige Keyboards die Möglichkeit, auf der Geräterückseite optionale Schwanenhalslampen zur Beleuchtung anzuschließen.

Was die Anordnung der Bedienelemente betrifft, ist es sinnvoll, wenn sich etwa links vom Display alle Taster befinden, die für die Arbeit mit Styles, Begleitautomatik und Sequencer wichtig sind, rechts vom Display alle Sound-relevanten Knöpfchen, und mittig unter dem Display verschiedene allgemeine Kontroll-Taster zum Regeln der Lautstärken usw. Letztere sind meistens unbeleuchtet, ihre Wirkung kann direkt im Display abgelesen werden.

Übersichtlich: Die Schaltzentrale des Yamaha PSR-9000.

Track 3

One Touch Settings

Zum Bedienkonzept von Keyboards gehört auch, dass man Kompletteinstellungen mit Sounds, Styles, Effekten und allem, was zum Spiel dazugehört, abspeichern und mit einem Knopfdruck wieder aufrufen kann. So lässt sich mit einer Fingerbewegung von der typischen Oberkrainer-Besetzung auf eine Big Band, ein Streichorchester oder eine Kirchenorgel wechseln. Solche Komplettregistrierungen werden je nach Hersteller als *One Touch Setting*, *Total Preset* usw. bezeichnet. Dass die Steuerungsmöglichkeiten für diese Einstellungen jederzeit gut zugänglich auf der Bedienoberfläche liegen sollten, ist selbstredend.

Neben Sounds und Styles sind auch Effekte zentral wichtig für das Keyboardspiel *(mehr dazu in einem eigenen Kapitel)*. Meistens liegen auf der Oberfläche aber nur wenige Knöpfchen zum Ein- und Ausschalten derselben (wenn überhaupt), oder ein einziger Knopf zum Aufrufen dazugehöriger Display-Seiten, aber alles weitere, d. h. Auswahl des Effekttyps, Editieren von Effekten usw., geschieht grundsätzlich auf höherer Ebene, also display-orientiert in einem anderen Modus. Beim Wechsel in einen Editier- oder Programmiermodus ändern manche Taster übrigens ihre Belegung und Funktion, die sich leider nicht immer aus den dazugehörigen Displayseiten erschließen lässt.

Oberflächen und Bedienkonzepte – Display.

Für die ersten Digitalinstrumente vor knapp zwei Jahrzehnten war ein Display alles andere als selbstverständlich. Heute ist es unabdingbar geworden, und manche Displays wären eigentlich angemessener als *Bildschirm* zu bezeichnen, weil sie sehr groß geworden sind, die zentrale Mittelstellung auf fast allen Keyboards einnehmen, und teilweise sogar schon mit Farbe und sehr reizvollen Grafiken (zum Beispiel Abbildung der registrierten Original-Instrumente) daherkommen.

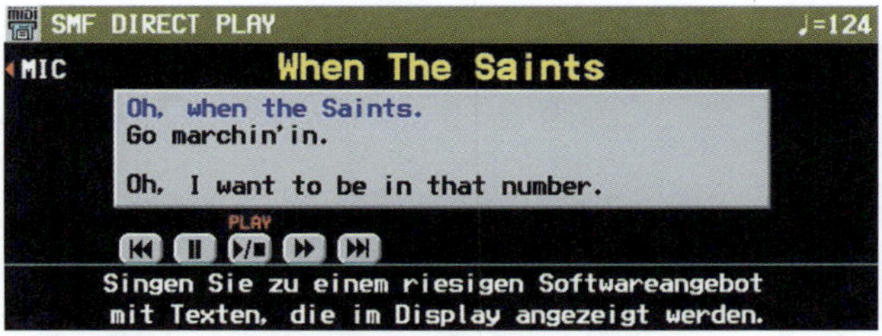

Das große Vierfarb-Display des Technics KN-6500 zeigt auch Karaoke-Texte an – Textblätter sind überflüssig.

Längst dient das Display nicht mehr nur zum Ablesen von eingestellten Sounds, Styles und Sequenzen, Tempo und Lautstärken. Das Display hat sich vielmehr zur Schaltzentrale entwickelt, über die auch sämtliche Programmierungen ablaufen. Zudem läuft auf Wunsch auch der Text von modernen MIDI-Files im Display mit. In diesem Fall werden die übrigen Informationen ausgeblendet und der volle Bildschirm zur Textanzeige genutzt. Zudem wird die gerade aktuelle Textsilbe unterlegt, so dass das ehemals für reine Kontrollfunktionen bestimmte Display als vollwertiger Karaoke-Bildschirm nutzbar ist. Für Entertainer eine hervorragende Sache, weil die Textblätter überflüssig werden. Wenn man sich einmal überlegt, wie wichtig das Display geworden ist und wie oft ein Musiker im Lauf eines Abends da drauf schaut, ist es nur berechtigt, im Sinne eines gewissen Arbeitskomforts und nicht zuletzt auch im Interesse der Gesundheit der Augen entsprechende Anforderungen an Größe, Auflösung, Farbgebung, Kontraste, Hintergrundbeleuchtung usw. zu stellen.

Ein Fall für sich ist das Thema Lautstärkeregelung. Bei fast allen modernen Keyboards geschieht sie über das Drücken von Tastern (zum Beispiel „+" und „–" oder Pfeil nach oben/unten), und auch bei der Anzeige der Lautstärkewerte im Display kommt Freude auf: Meistens ist das eine Zahl, deren Wertebereich analog der MIDI-Controller von 0 bis 127 geht. Freundlicherweise wird die Zahl bisweilen noch grafisch als Säule dargestellt. Hier bietet der gute alte Schieberegler deutlich mehr Bedienkomfort und nebenbei auch Geschwindigkeit.

Oberflächen und Bedienkonzepte – Zugriegel.

Selbst Zugriegel sind heute oft nicht mehr das, was sie mal waren. Die meisten Keyboards bilden zwar den berühmten Sound der Hammond-Orgeln nach, aber entweder sind die verwendeten Zugriegelkombinationen fest programmiert und unveränderbar wie jeder x-beliebige andere Sound auch abrufbar, oder die Zugriegel werden virtuell nachgebildet. In diesem Fall sieht man sie im Display abgebildet, jeder Drucktaste unter dem Display ist ein Zugriegel zugeordnet. Wirkliche Spielfreude kommt damit kaum auf, und auch hier gilt: Schieberegler sind wesentlich intuitiver.

So sehen die Drawbars auf einer echten Hammond aus – früher wie heute.

Ein optimales Bedienkonzept wurde einmal anhand des fiktiven Keyboards *Synthesis 9* in der Zeitschrift ***Tastenwelt*** entworfen (Ausgabe 1/2000, S. 34-38). Ob es das in der Realität jemals geben wird, bleibt weiterhin offen.

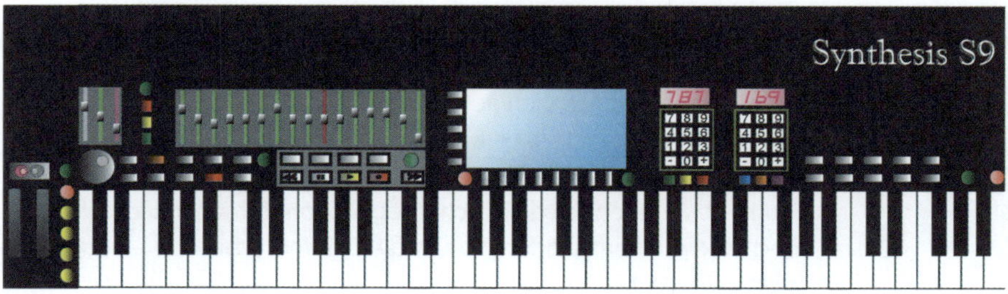

Gibt's noch gar nicht: Synthesis 9 - bühnentaugliches Bedienkonzept der Zukunft?

Im Idealfall ist eine Keyboard-Oberfläche so intuitiv, dass man sich, ohne einen Blick ins Handbuch werfen zu müssen, an das Instrument setzen und loslegen kann. Für die Programmierung und die zahllosen Details wird man das Handbuch noch früh genug brauchen, aber die zum Spielen wichtigen Funktionen sollten sich auf Anhieb erschließen. Ein Anspruch, dem viele Instrumente noch lange nicht gerecht werden. Die zum Spielen am Häufigsten gebrauchten Funktionen sollten im direkten Zugriff auf der Oberfläche liegen, logisch angeordnet mit verschiedenen Farbgebungen. Alle Funktionen, die dem komplexen Editieren und Programmieren dienen, sind an der Oberfläche in punkto Übersichtlichkeit fehl am Platz. Sie gehören in entsprechende Untermenüs und Display-Seiten.

Der Kontakt nach draußen: Ein- und Ausgänge

Wer sich ein neues Keyboard kaufen will, schaut zunächst einmal nach Anzahl, Auswahl und Qualität der Sounds, Styles und Effekte. Doch neben diesen inneren Werten, die jeden Musiker interessieren, gibt es auch noch ein paar wichtige Äußerlichkeiten, die es Wert sind, beachtet zu werden. Ein Keyboard muss nämlich auch mit der Außenwelt kommunizieren können. Modelle der Mittel- und Oberklasse verfügen zu diesem Zweck über eine mehr oder weniger große Zahl von Ein- und Ausgängen.

Line-out

Von allen Ausgängen ist dieser Ausgang einer der wichtigsten. Er dient dazu, die Keyboard-Signale über einen Standard-Klinkenstecker nach draußen zu schicken, und zwar an Mischpulte, Powermixer, sonstige Verstärker, Aufnahmegeräte oder auch eine handelsübliche Stereoanlage – einfach alles, was seinerseits Line-Eingänge besitzt. Hat das Instrument eingebaute Lautsprecher, ist es möglich, dass diese sich automatisch abschalten, sobald der *Line-out* belegt wird. Tun sie dies nicht, kann man sich entweder darüber freuen und sie als Monitore benutzen – oder sie über das Menü von Hand abschalten. Ist dies nicht möglich, greift man in die Trickkiste und steckt einen Blindstecker in die Kopfhörerbuchse – schon hat man seine Ruhe.

Der *Line-out* setzt sich meistens aus zwei Buchsen, linkem und rechtem Kanal, zusammen. Üblicherweise nimmt man beide Kanäle mit jeweils einer Mono-Klinke ab und legt sie etwa am Mischpult auf zwei getrennt regelbare Monokanäle oder einen zusammengefassten Stereo-Kanal. Bei einigen Geräten ist es möglich, mit einem Stereo-Stecker nur eine der beiden Buchsen abzugreifen und ein Stereo-Summensignal nach draußen zu führen. Die dritte Möglichkeit ist, mit nur einem Mono-Kabel zu arbeiten; dann werden beide Keyboard-Kanäle zu einem Mono-Signal zusammengemischt. Welche Anschlussart man wählt, hängt davon ab, was am anderen Ende der Kabel hängt. Der Pegel des Line-out-Signals wird über den Lautstärkeregler des Keyboards eingestellt.

PRAXIS

Wer sorgt für den Sound im Saal?

Arbeitet man mit einem externen Tontechniker, der für die Saalbeschallung zuständig ist, sollte man eine einmal an seinem Keyboard getroffene Lautstärke-Einstellung beibehalten und alles weitere dem Mann am Mischpult überlassen. Tontechniker werden – zu Recht – stocksauer, wenn ein Keyboarder ständig an seinem Lautstärkeregler herumdreht und ihnen ins Handwerk pfuscht. Gerade wenn man die eingebauten Lautsprecher des Keyboards als Monitore mitlaufen lässt, sollte man nicht vergessen, dass man nicht nur die Lautstärke der mitlaufenden Lautsprecher, sondern eben auch das Line-Signal für die Saalbeschallung verändert. Selbiges gilt übrigens auch für die Arbeit im Studio: Hier gibt man vollen Ausgangspegel bei allen Instrumenten und regelt alles weitere übers Mischpult.

Sub-Ausgänge

Neben einem *Summenausgang* wie Line-out, den jedes Keyboard haben muss, weil man sonst keine externen Verstärker oder Lautsprecher anschließen könnte, haben sehr gute Keyboards und auch Sound-Module verschiedene Einzelausgänge. Diese sind vor allem für die Arbeit im Tonstudio essenziell wichtig. So kann man alle Ausgänge einzeln *routen*, zu deutsch belegen, und etwa die Bläser über Sub-Ausgang 1 nach draußen führen, die Streicher über Ausgang 2, Bassdrum auf Ausgang 3, Snare auf 4 usw. Für jeden, der Recording- und Produktionsabsichten hat, gilt: Einzelausgänge kann man nie genug haben.

PRAXIS

Transparenz im Untergrund

Ein Beispiel: Eine Bassdrum muss tontechnisch ganz anders bearbeitet werden als eine Snare, und ein softer, etwas langsam ansprechender Streicher-Sound braucht eine andere Effektbearbeitung als knackige Bläser. Deshalb ist es im Studio-Betrieb üblich, mehreren Sounds einen jeweils eigenen Mischpult-Kanal zu spendieren. Verfügt ein Instrument jedoch nur über einen einzigen Ausgang, landet alles in der Stereosumme. Bei vielen Top-Keyboards kann man zwar bereits Geräte-intern Vieles einstellen und bearbeiten, so dass diese Stereosumme einigermaßen differenziert klingt und allemal für den Live-Betrieb reicht, doch Studio-Ansprüche liegen in der Regel deutlich höher.

Kopfhörer

Der Kopfhörer- oder *Headphone*-Ausgang gehört ebenfalls zum Standard und dient zum Anschluss eines Stereo-Kopfhörers. Manche Instrumente haben sogar Anschlussmöglichkeiten für zwei Kopfhörer. Wird die Kopfhörerbuchse belegt, schalten sich die eingebauten Lautsprecher, sofern vorhanden, ab. Besitzt ein Keyboard keine eingebauten Lautsprecher und hat man keine externe Anlage zur Verfügung, ist der Kopfhörer die einzige Möglichkeit, überhaupt etwas zu hören. Seine Lautstärkeregelung erfolgt über den Lautstärkeregler des Keyboards. Vor allem bei nächtlichen Übungen ist der Kopfhöreranschluss eine ungeahnte Segnung elektronischer Musikinstrumente, über die sich schon mancher Ehepartner, Mitbewohner und Nachbar gefreut hat!

MIDI

Die MIDI-Schnittstelle ist Ein- und Ausgang zugleich, da sie sowohl Daten empfängt als auch sendet. Die Abkürzung bedeutet *Musical Instrument Digital Interface*. MIDI erlaubt es digitalen Musikinstrumenten und Klangerzeugern, untereinander sowie mit Computern zu kommunizieren. Zum Standard gehören drei MIDI-Buchsen, bezeichnet mit *In*, *Out* und *Thru*. Da das Thema MIDI sehr umfangreich ist, wird ihm ein eigenes Kapitel in diesem Buch gewidmet (siehe 6. MIDI, MIDI-Files und Co).

To host

Ein zeitgemäßes Keyboard muss die Möglichkeit besitzen, mit einem Computer zu kommunizieren. Diese Kommunikation geschieht in den meisten Fällen über die MIDI-Schnittstelle. Doch manche Keyboards und Soundmodule stellen noch eine zusätzliche, direkte Computer-Schnittstelle namens *To host* bereit, die interessant wird, wenn der PC nicht über ein MIDI-Interface verfügt. Das trifft beispielsweise auf Notebooks zu, die zwar in der Regel eine eingebaute Soundkarte besitzen, meistens aber nicht den notwendigen Gameport bereitstellen. Am Instrument wird das Signal der To-host-Schnittstelle mit einem runden achtpoligen Mini-DIN-Stecker abgenommen, am anderen Ende des Kabels befindet sich ein wahlweise neun- oder 25-poliger Stecker zum Anschluss an die serielle Schnittstelle des Rechners (nur bei PCs, bei Mac-Rechnern haben beide Enden des Kabels die achtpoligen Mini-DIN-Stecker). Die Verbindung erfolgt über optionale Spezial-Computerkabel. Bei einem IBM-PC/AT-Serie verbindet man den *To-host*-Ausgang des Instruments mit dem COM-Port des Rechners (RS-232 C9 oder C25-Eingang), beim Macintosh-Rechner mit dessen Modem- und Drucker-Anschluss (RS-422-8-Eingang).

Das Instrument als Interface.

Im Fall von To host wird das Instrument selbst zum MIDI-Interface umfunktioniert. Technisch funktioniert das so, dass die eigentlich über MIDI-Out nach draußen zu sendenden Daten an die To-host-Schnittstelle weitergegeben werden, und umgekehrt werden die an To host vom PC empfangenen Daten intern an den MIDI-Port weitergereicht. So ist To host kein grundsätzlich anderes oder eigenes Datenübertragungssystem, sondern nur eine Umleitung, welche die Kommunikation über die serielle PC-Schnittstelle ermöglicht. Die auf dem Computer verwendete Software muss die serielle Schnittstelle des Rechners unterstützen, sonst findet keine Kommunikation statt.

Hat ein Keyboard mehrere MIDI-ins und -outs, kann es vorkommen, dass sich der To-host-Anschluss und ein Paar der MIDI-Buchsen gegenseitig ausschließen, also nicht gleichzeitig verwendet werden können. Über einen kleinen Schalter in der Nähe der To host-Buchse muss man seinem Instrument zunächst mitteilen, auf welchem Weg kommuniziert werden soll. Zur Auswahl stehen die vier Schalterstellungen „MIDI", „PC-1", „PC-2" oder „Mac". Zu „MIDI" muss nichts weiter gesagt werden. „PC-1" und „PC-2" unterscheiden sich durch unterschiedliche *Baud-Rates*, d. h. Übertragungsgeschwindigkeiten (PC-1: 31.25 Bit/sec, PC-2: 38,4 Bit/sec).

Für Apple Macintosh (RS-422-8)

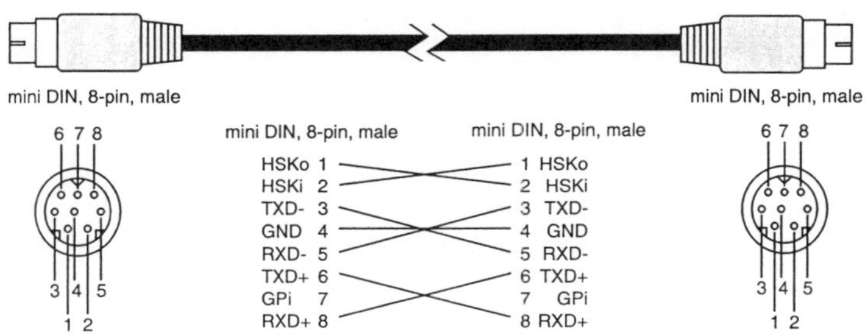

Für IBM PC/AT (9-pin) (RS-232 C9)

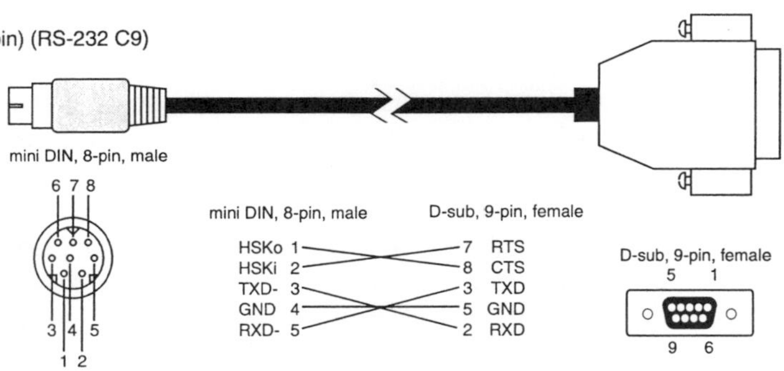

Unterschiedliche Computer erfordern bei der To-host-Schnittstelle unterschiedliche Verbindungskabel.

Line-in/Aux-in

Audio-Signale einschleifen.

Der *Line-in* ist das genaue Gegenstück zum Line-out. Er teilt sich meistens ebenfalls in zwei Kanäle, verwendet dieselben Kabel und funktioniert im Prinzip genauso – nur dass eben externe Audio-Signale ins Keyboard eingeschleift werden. Manche Keyboards bezeichnen diesen Eingang auch als *Aux-in*, und kleinere Keyboards benötigen zu dessen Belegung bisweilen Cinch-Stecker (vergleichbar den Aux-Eingängen von Stereo-Anlagen). Beispielsweise können CD- oder MiniDisc-Player über Line-in angeschlossen werden.

PRAXIS

Audio-Daten fürs Keyboard

Viele Musiker lassen ihre Sequenzen anstatt von einer MIDI-File-Diskette als Audio-Playback von MiniDisc (MD) kommen (siehe hierzu den Abschnitt Audio-Playbacks als Alternative zum MIDI-Song im Kapitel 6: MIDI, MIDI-Files und Co). Werden solche Audio-Daten via Line-in ins Keyboard eingespeist und zusammen mit den übrigen Informationen als Summe wieder über den Line-out ausgegeben, klingt es manchmal runder, als wenn die Playbacks separat aufs Mischpult gegeben werden. In diesem Fall sollte man allerdings darauf achten, dass der Pegel des Line-in-Signals regelbar ist – schließlich will man ja noch live dazu spielen. Bei vielen Instrumenten ist das leider nicht möglich.

Mikrofon

Ein Keyboard muss nicht notwendig über einen Mikrofon-Eingang verfügen. Dies ist eher eine typische Qualität von Portable Keyboards, die auf die Bedürfnisse von Tanzmusikern und Alleinunterhaltern zugeschnitten sind. Allerdings stellen sogar manche Top-Instrumente nur einen einzigen Audio-Eingang bereit, an den wahlweise ein Mikrofon oder eine andere Signalquelle (zum Beispiel MD-Player) angeschlossen werden kann. Das ist etwas zu spartanisch: Mikrofon und sonstige Audioquellen sollten auf jeden Fall über getrennte Eingänge laufen. Für Entertainer-Duos gibt es inzwischen Instrumente, die sogar zwei Mikrofon-Eingänge bieten. Lange waren die Mikro-Eingänge von Keyboards auf Klinkenstecker ausgelegt, doch viele neuere Instrumente bieten auch XLR-Eingänge.

Wenn ein Keyboard einen Mikro-Eingang besitzt, dann meist in Verbindung mit recht brauchbaren Klangregelfunktionen wie Lautstärke, Höhen, Tiefen, Hall und Effekte. Interessant ist in diesem Zusammenhang auch die Talk-back-Funktion: Per Knopfdruck kann der Hall vom Mikrofon-Kanal weggenommen werden, denn zum Singen ist ein großzügiger Hall oft angenehm, nicht aber zum Sprechen und für Moderationen.

Track 29

Singen mit dem Keyboard: Vokal-Harmonien.

PRAXIS

Extras rund um den Mikrofoneingang

Für die sangesfreudigen Keyboarder haben einige Top-Keyboards nicht nur einen Mikrofon-Eingang, sondern sogar einen eingebauten Vocal Harmonizer an Bord, der normalerweise als separates Gerät gekauft und extern angesteuert werden muss. Mit ihm lassen sich unter anderem Vokalharmonien erzeugen, so dass man alleine im Chor singen kann. Grundlage dafür sind, ähnlich wie für die Begleitautomatik, die mit der linken Hand gegriffenen Harmonien oder auch eine Steuer-Spur aus einem MIDI-File. Mit einem Vocal Harmonizer lässt sich selbst die Tonhöhe (Intonation) des Gesangs korrigieren und das Timbre (Farbe) der Stimme beeinflussen – bis hin zu virtuellen Geschlechtsumwandlungen: So kann ein Mann sogar im Duett mit einer real nicht vorhandenen Frau singen und umgekehrt.

Foot Pedal/Foot Controller/Footswitch

Diese Eingänge sind bei den einzelnen Keyboards nicht einheitlich benannt, erfüllen jedoch überall denselben Zweck: Sie dienen zum Anschluss externen Fußschalter, die man mit allerlei nützlichen Funktionen belegen kann, zum Beispiel Rhythmus Start/Stopp, Klavier-Haltepedal oder Transposer hoch/runter. Solche Fußschalter sind gute Spielhilfen, weil man auf diese Weise die Hände frei behält. Interessant ist auch das so genannte *Expression-* oder *Volume*-Pedal: ein Fußpedal zur Lautstärkeregelung (im Orgel-Bereich spricht man bis heute vom Fußschweller). Ein solches Pedal wird entweder über eine der Foot-Controller-Buchsen angeschlossen oder über einen eigenen, nur für dieses Pedal reservierten Eingang.

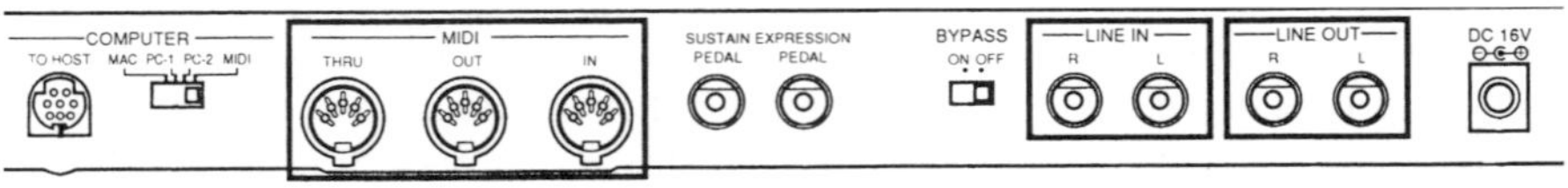

Gute Verbindungen: Besonders die Keyboards der Top-Klasse verfügen über zahlreiche Ein- und Ausgänge, um mit ihrer Umgebung zu kommunizieren.

Standards

Alle bisher genannten Ein- und Ausgänge bilden einen gewissen Standard (wenn auch nirgends amtlich festgeschrieben). Mit weniger als diesen sollte man sich eigentlich nicht zufrieden geben. Anschlüsse wie *To host* wird man vielleicht nicht so häufig brauchen, und sie werden wenig ausschlaggebend für die Kaufentscheidung sein. Die Zahl der Einzelausgänge dagegen kann schon sehr wichtig werden. Über diese Ausstattungsdetails sollte man sich vor dem Kauf Gedanken machen und sich anhand der konkret ins Auge gefassten Instrumente informieren. Nun haben einige Top-Keyboards noch zusätzliche Anschlussmöglichkeiten:

Loop Send/Loop Return

Über eventuell vorhandene Einzelausgänge hinaus ist *Loop Send* ein zusätzlicher zweikanaliger Ausgang, über den sich die Keyboard-Signale auf ein externes Effektgerät führen lassen. Verbindet man wiederum dessen Ausgang mit dem *Loop Return* des Keyboards, lassen sich die extern bearbeiteten Signale wieder ins Instrument zurückführen. Vergleichbar ist das Ganze mit den Effekt-Hin- und -Rückwegen eines Mischpults. So kann man separate Effektprozessoren in sein Keyboard-Spiel einbinden. Oft fungiert der Loop Return zugleich als Audio-Eingang (Aux-in), an den auch andere Geräte angeschlossen werden können, und mit etwas Glück ist er sogar im Pegel regelbar.

Video Interface

Mit einem *Video Interface* kann das Keyboard an einen externen Monitor oder sogar zu Hause an den Fernseher angeschlossen werden. Das Display wird dann auf den Bildschirm übertragen. Das kann zum Beispiel für Karaoke-Wettbewerbe interessant sein, denn zu fast allen modernen MIDI-Files läuft der Song-Text im Keyboard-Display. Manche Keyboards lassen sich direkt mit einem externen Monitor verbinden, bei anderen muss dazu erst noch eine optionale Video Interface-Karte nachgerüstet werden.

SCSI-Schnittstelle

SCSI (sprich „Skasi") steht für *Small-Computer-System-Interface* und ist eine schnelle Computer-Schnittstelle, über die große Datenmengen übertragen werden können. Hat ein Keyboard diese Schnittstelle, lassen sich externe Massenspeichermedien (zum Beispiel SCSI-kompatible Festplatten oder CD-Brenner) zur Datensicherung an das Instrument anschließen. Auch viele Sampler arbeiten mit SCSI.

PC-Tastatur

Luxuriös ist die Anschlussmöglichkeit einer PC-Tastatur. Über diese können beim eigenen Programmieren die Namen von Sounds, Styles und Sequenzen bequemer als über die Keyboard-interne Eingabemöglichkeit eingetippt werden.

Metronome-out

Eine besondere Funktion bietet das VA-76 der Firma Roland. Hier ist es möglich, ein eingebautes Metronom über eine eigens dafür geschaffene Metronome-out-Buchse abzunehmen, die sogar in der Lautstärke regelbar ist. An diese Buchse kann zum Beispiel ein Kopfhörer angeschlossen und das Signal als so genannter Click Track für einen Schlagzeuger verwendet werden.

Wie viel Polyphonie ist nötig?

Polyphonie heißt Mehrstimmigkeit und zählt für den Keyboarder mit zu den wichtigsten Daten, die in den technischen Unterlagen zu finden sind. Beim Keyboard gibt die Polyphonie nämlich die Zahl der Stimmen an, die maximal gleichzeitig erzeugt werden können. Dahinter steckt mehr, als man denkt: Für einen Pianisten stellt sich diese Frage gar nicht. Er kann sich mit der gesamten Breite seines Körpers auf die Tastatur des Klaviers werfen. Alle Tasten, die er dabei erwischt, produzieren auch einen Ton. Wie viele Hämmerchen im Innern gegen die Saiten schlagen, ist dem Klavier egal. Ganz anders dagegen beim Keyboard, denn hier werden die Töne elektronisch erzeugt. Ein Keyboard ist nun mal kein Naturinstrument, und die Kapazität der für die Tonerzeugung zuständigen Prozessoren, Chips und sonstigen Bauteile nicht unbegrenzt.

Keyboarder müssen sich gegenüber echten Orchestern in punkto Polyphonie nach der Decke strecken.

Polyphonie am Limit.

Wird als Polyphonie 64 Stimmen angegeben, kann das betreffende Keyboard maximal 64 Töne gleichzeitig erzeugen und verarbeiten. Ist dieses Limit erreicht und es kommt auch nur ein einziger Ton neu hinzu, wird dafür ein anderer abgeschaltet. Doch wie erreicht ein Spieler mit zehn Fingern dieses Limit? Schneller jedenfalls, als er denkt – und zwar aus folgenden Gründen:

- Viele Sounds auf modernen Keyboards klingen sehr realistisch und authentisch. Das können sie aber nur, weil sie sich aus einer Vielzahl von Informationen zusammensetzen. So kann es vorkommen, dass ein Sound bis zu vier interne Stimmen belegt. Mit anderen Worten: Der Spieler drückt nur eine Taste, hört auch nur einen Ton, aber intern, technisch und leider auch rechnerisch, sind es für das Keyboard vier Töne.

- Beim Loslassen einer Taste wird der gespielte Sound nicht einfach abgeschnitten. Das klänge unnatürlich. Vom Loslassen der Taste bis zum endgültigen Verklingen des Tones vergeht eine gewisse Zeit – die *Release-Time*. Auch während dieser Zeitspanne bleibt mindestens noch ein Teil der benötigten Stimmen belegt. Mit dem Loslassen einer Taste stehen also nicht alle intern belegten Stimmen sofort wieder zur Verfügung, sondern sie bauen sich erst nach und nach ab. Die Länge einer Release-Time ist von Sound zu Sound unterschiedlich – das reicht von Sekunden-Bruchteilen bei schnellen Sounds bis hin zu mehreren Sekunden bei bestimmten PAD- oder Effekt-Sounds.

- Auch die Spuren der Begleitautomatik bzw. des Sequencers benötigen Polyphonie. Die Begleit- und Sequencer-Sektion eines Keyboards hat keine eigene Klangerzeugung, sondern speist sich aus derselben Polyphonie wie alle anderen Bereiche auch. Alles, was im Begleitbereich passiert, muss also auch noch von den 64 Stimmen (um im Beispiel zu bleiben) abgezogen werden. Hat man jetzt in der Begleitung fette Akkorde, und die noch mit einem Sound instrumentiert, der intern dreifach belegt ist, kann man sich leicht ausrechnen, wie das zu Buche schlägt.

Ein kleines Rechenbeispiel

INFO

Für die rechte Hand werden drei Sounds übereinander gelegt, jeder davon benötigt vier interne Stimmen. Dann sind mit einem Tastendruck bereits 12 Stimmen weg. Nun greift der Spieler aber mit der rechten Hand dreistimmige Akkorde. Jetzt sind schon 36 Stimmen weg! Die linke Hand gibt es auch noch. Die spielt vielleicht ein paar Streicherakkorde. Also auch wieder drei gegriffene Töne, der Sound sei intern zweifach belegt (was für einen guten Streichersound eher zu wenig als zu viel ist). Dann sind weitere sechs Stimmen weg, nun sind es insgesamt schon 42 von 64. Gott sei Dank, etwas Luft bleibt noch – aber halt, die Begleitautomatik fehlt ja noch! Die besteht nun aus sechs instrumentalen Spuren, und da sich irgendein Experte beim Programmieren nicht an den Grundsatz „weniger ist mehr“ gehalten hat, sind alle sechs Spuren belegt. Natürlich mit richtig vollen Akkorden, instrumentiert mit dicken Bläsersätzen, brillanten Klavieren und exzellenten Gitarren. Dass aber bei so einer Spiel- und Registrierweise wahrscheinlich nicht mal 256 Stimmen ausreichen würden, dürfte klar sein. Das Beispiel ist zwar etwas überzeichnet, zeigt aber, wie schnell sich die Stimmen summieren. An die Grenzen der Polyphonie zu geraten, ist also keine große Kunst.

Um auf die Eingangsfrage zurück zu kommen, wie viel Polyphonie nötig ist: Das hängt auch von der individuellen Spielweise und der Komplexität der Arrangements ab. Grundsätzlich gilt: Polyphonie kann man nie genug haben – auf jeden Fall ist es immer besser, nach oben noch Luft zu haben. Mit 64 Stimmen (ein gängiger Wert auf vielen Keyboards) kann man zwar schon recht weit kommen, doch es hat volle Berechtigung, wenn einige der aktuellen Top-Keyboards sogar bis zu 128 bieten.

3. Die Sounds im Keyboard

Zusammen mit der Begleitautomatik (zu dieser später in einem eigenen Kapitel mehr) sind die Sounds das Herzstück eines Keyboards. Heutige Keyboards und Sound-Module haben eine riesige Vielfalt von Klängen an Bord – Minimum ein paar Hundert bis weit über Tausend ab der Mittelklasse. Nicht alle sind von Grund auf verschieden. Stets gibt es eine größere Auswahl von Sounds innerhalb einer übergeordneten Kategorie – also nicht nur einen Klavier-Sound pro Keyboard, sondern gleich 20. Dies ist sehr sinnvoll, schließlich ist ja im richtigen Leben ein Steinway-Flügel auch nicht dasselbe wie ein HonkyTonk-Piano aus einem Western-Saloon. Überlegt man sich einmal, wie viele verschiedene Musikstile ein Portable Keyboard abdecken können soll, wird schnell klar, dass auch entsprechend viele Sound-Varianten gebraucht werden – gleichwohl der einzelne Keyboarder in der Regel niemals alle gleich häufig brauchen wird. Nicht selten gibt es Sounds, die vom Kauf bis zur Pensionierung nicht einmal richtig gespielt worden sind.

Wie kommen die Sounds ins Keyboard?

Fast wichtiger als die Zahl der Sounds ist aber, dass sie gut gemacht sind. Doch woher kommen die Sounds überhaupt? Seit es elektronische Musikinstrumente gibt, hat es verschiedene Klangerzeugungsverfahren und technische Ansätze gegeben – von der (bis heute relevanten) Subtraktiven Synthese über die Additive Synthese, Wavetable-Synthese, FM-Synthese (Frequency Modulation) und Sampling bis hin zu Physical Modeling und Resynthese. All diese Verfahren im einzelnen erklären zu wollen, würde den Rahmen dieses Buches sprengen. Wer diesbezüglich tiefer in die Materie einsteigen will, dem steht verschiedene Literatur zur Verfügung. Die für das vorliegende Buch interessante Art der Klangerzeugung ist das Sampling – es liegt allen modernen Portable Keyboards zu Grunde.

Das Sampling-Verfahren

Zunächst mal versteht man unter Sampling die digitale Aufzeichnung eines beliebigen Audio-Signals. Dementsprechend ist ein Sample (wörtlich: „Muster“, „Probe“) eine digitalisierte Audioaufnahme. Konkret: Registriert man auf seinem Keyboard einen Trompeten-Sound und drückt eine Taste, geschieht im Grunde nichts weiter, als dass das Sample einer Trompete abgespielt wird. Zu deutsch: Man hört die digitale Aufnahme einer echten Trompete. In der Fachsprache sagt man: „Ein Trompeten-Sample wird getriggert“, was frei übersetzt heißt: Es wird angesteuert und abgespielt.

Filter und Oszillatoren.

Damit der Hersteller den Samples noch eine charakteristische Färbung geben kann, kommen die Samples nicht unbearbeitet aus dem Keyboard. Die Bausteine, die das Sample abspielen, nennt man Oszillator. Die Signale, die ein Oszillator von sich gibt, durchlaufen nun noch ein Filter. Jeder Klang, den wir hören, besteht aus einer Vielzahl von Einzelschwingungen. Die Aufgabe eines Filters ist es, bestimmte Frequenzbereiche zu betonen oder zu unterdrücken, also herauszufiltern. Die Signale eines Oszillators werden frequenzmäßig bearbeitet (gefiltert). Dieser Vorgang ist dynamisch, denn er lässt sich über die Zeit steuern: Ein Filter agiert nicht sofort, sobald eine Taste gedrückt wird, sondern greift erst einige Millisekunden später ins Geschehen ein. Durch dieses Prinzip der so genannten *Subtraktiven Synthese* entstehen herstellerspezifische Sounds.

Nun gibt es auf vielen Keyboards auch solche Sounds, die nicht unmittelbar durch Sampling gewonnen wurden, sondern durch Bearbeitung anderer, bereits vorhandener Sounds. Sofern man nicht neue Samples erstellt und ins Keyboard importiert, geschieht auch das Programmieren eigener Klänge immer auf der Grundlage von vorhandenen. Doch auch diese müssen ja zunächst mal irgendwie ins Keyboard gekommen sein – und da laufen die Fäden wieder beim Ausgangspunkt Sampling als dem alles beherrschenden Klangerzeugungsprinzip zusammen.

Modifiziert man die entscheidenden Parameter, aus denen sich ein Sound zusammensetzt, kann man ihn bis zur Unkenntlichkeit verändern und ganz neue Sounds von ihm ableiten. Zu diesen Parametern zählen zum Beispiel: Wellenform, Filter-Frequenz und -Resonanz, Hüllkurve (Attack-, Decay- und Release-Time) und andere mehr.

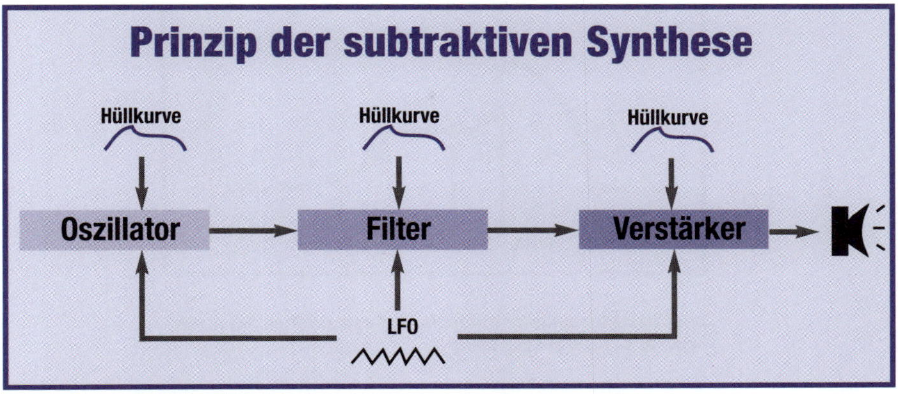

Dem Ausgangssignal des Oszillators werden bei der subtraktiven Synthese durch Filter bestimmte Anteile entzogen.

ADSR-Hüllkurve

Unter (Amplituden-)Hüllkurve versteht man den Lautstärkeverlauf eines Tons von Anfang bis Ende. Dabei werden vier Phasen unterschieden: Attack-, Decay-, Sustain- und Release-Time. Durch die Anfangsbuchstaben dieser vier Abschnitte erhält die Kurve ihren Namen: ADSR-Hüllkurve.

Komplette Veränderung eines Sounds durch Eingriffe in die ADSR-Hüllkurve.

Attack ist die Einschwingzeit, die der Ton benötigt, um auf seinen Spitzenpegel anzusteigen. *Decay* ist die Zeit, die der Ton braucht, um von seiner beim Attack erreichten lautesten Stelle auf den Haltepegel, den *Sustain-Level*, zurückzufallen. Auf diesem bleibt der Ton stehen, so lange die Taste gedrückt bleibt. Unter der *Release-Time* versteht man die Zeit vom Loslassen einer Taste bis zum endgültigen Verklingen des Tons. Von essenzieller Bedeutung für die Unterscheidung von Klangfarben ist der Attack: verschiedene Instrumente assoziieren wir maßgeblich über charakteristische Anblas-, Zupf- und sonstige Initialgeräusche, die in der Attack-Phase stattfinden. In Versuchen stellt man immer wieder fest, dass sich vermeintlich unähnliche Instrumente wie zum Beispiel Trompete, Oboe oder gar Violine fast nicht mehr unterscheiden lassen, beraubt man sie ihrer jeweils charakteristischen Einschwingvorgänge.

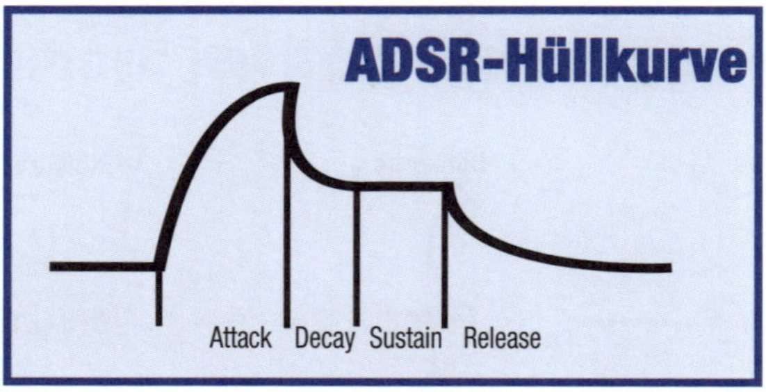

Der Charakter eines Instruments wird zum größten Teil durch seine Attack-Phase bestimmt.

Filter

Ebenso maßgeblich bestimmen Filter die Klangfarbe eines Sounds. Das sind elektronische Bauteile und Schaltungen, deren Funktion darin besteht, bestimmte Frequenzbereiche aus dem Spektrum herauszufiltern bzw. zu betonen. *Tiefpassfilter (Low Pass Filter; LPF)* bedämpfen die Höhen, indem sie nur Frequenzen unterhalb einer definierten Grenze passieren lassen. In Analogie dazu lassen Hochpassfilter *(High Pass Filter)* nur Frequenzen oberhalb einer definierten Grenze passieren. Gängiger ist jedoch das Tiefpassfilter. Ferner gibt es Bandpassfilter, die nach oben und unten abschneiden und nur ein bestimmtes Frequenzband passieren lassen. Die Frequenz, ab der die Wirkung eines Filters greift, nennt man *Filtereck-* oder *Filtergrenzfrequenz*, englisch *Cutoff Frequency*.

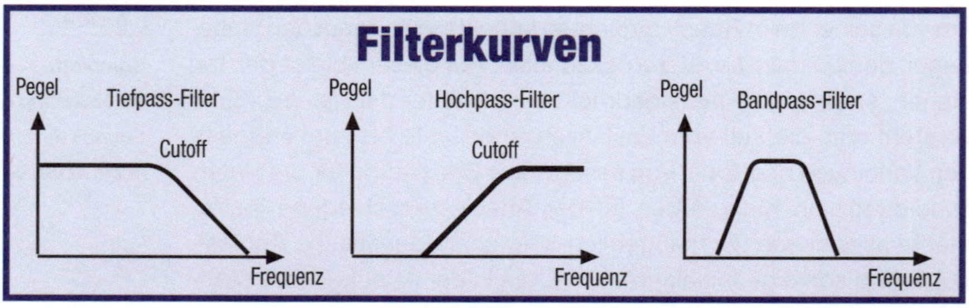

Filter sind nur für einen bestimmten Anteil des Frequenzspektrums durchlässig.

Die Wirkung von Filtern.

Außer dieser gibt es noch den *Resonanz*-Parameter. Je mehr man dessen Wert erhöht, desto stärker wird der Frequenzbereich in unmittelbarer Umgebung der Cutoff Frequency betont. Das führt zu drastischen Klangänderungen bis hin zur Eigenschwingung (Selbstoszillation) des Filters.

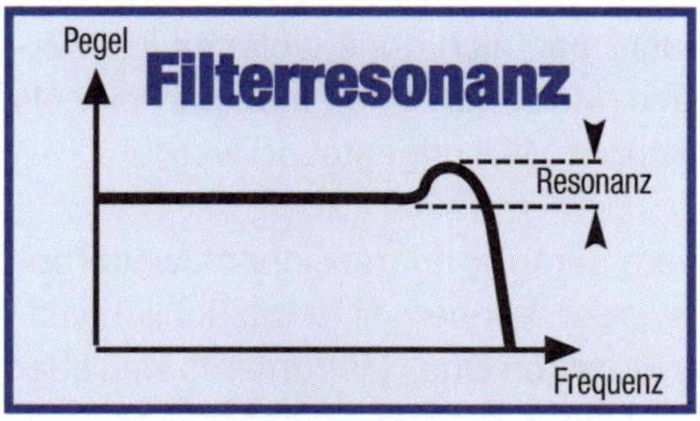

Mit Resonanz bezeichnet man die Betonung des Frequenzbereichs in unmittelbarer Nähe der Cutoff Frequency.

Eigene Standards programmieren.

Gut ausgestattete Keyboards bieten die Möglichkeit, eigene Sounds (*benutzerdefinierte Stimmen, User Voices*) zu programmieren und vorhandene zu editieren. In der Keyboard-Oberklasse sind diese Möglichkeiten selbstverständlich. All die oben genannten sowie weitere Sound-Parameter lassen sich dann am Instrument selbst bearbeiten. Will man allerdings nicht nur zum Zeitvertreib an vorhandenen Klängen herumschrauben und sich einfach mal überraschen lassen, ob inspirierende Zufallsergebnisse dabei herauskommen, sollte man gezielt wissen, was man tut und welche Parameter wie zu verändern sind.

Sound-Programmierung ist eine Wissenschaft für sich. Im Portable-Keyboard-Bereich werden sicher weitaus mehr eigene Styles als Sounds programmiert. An echte Sound-Programmierung trauen sich die wenigsten heran, aber dank der fortgeschrittenen Sampling-Technologie sind die heutigen Klänge zumeist so gut, dass dies auch nicht notwendig ist.

Was ist beim Sampeln zu beachten?

Dem Thema Sampling kommt auch für Keyboarder immer größere Bedeutung zu. Nicht nur, weil sie auf ihren Instrumenten mit Samples arbeiten, sondern weil viele Top-Geräte mittlerweile einen eigenen Sampler an Bord haben. Fertige Samples lassen sich zwar modifizieren, in ihrer Grundgestalt jedoch nicht verändern. Wer eigene Sounds erzeugen möchte, kommt daher um einen Sampler nicht herum. Daraus ergeben sich ungeahnte Möglichkeiten – und sei es das Sampeln kulturell richtungweisender Meilensteine, Worte wie „Maschendrahtzaun“ oder „Knallerbsenstrauch“ etwa. Wäre doch schade, wenn dies ungenutzt bliebe. Sampler gibt es mit und ohne Tastatur sowie in verschiedenen Preislagen. Nach oben sind der Fantasie wie immer im Leben kaum Grenzen gesetzt, und für voll ausgestattete Profi-Geräte kann man sich ohne weiteres iim vierstelligen Euro-Bereich bewegen. Meistens nimmt man Sampler als Module im 19-Zoll-Format, die über MIDI angesteuert werden.

Arbeiten mit dem Sampler.

Die Audio-Signale, die mit einem Sampler aufgezeichnet, weiterbearbeitet und wiedergegeben werden können, sind tatsächlich vollkommen beliebig. Es kann der Einzelton eines Instruments sein aber auch ein Orchester aus 100 Musikern, die alle gleichzeitig spielen. Würde man letzteres sampeln und von seinem Keyboard aus abspielen, könnte man mit einem Tastendruck eine ganze Sinfonie erklingen lassen, gespielt von einem echten Orchester. Genauso gut lassen sich mit einem Sampler Sprache und Gesang aufzeichnen oder Umweltgeräusche wie Regen und Gewitter, die bei Studioproduktionen für atmosphärische Effekte sorgen – eben einfach alles. Auf dem Markt befindet sich zudem eine schier unüberschaubare Anzahl an *Sampling-CDs*. Das sind CDs, auf denen sich Klänge aller Arten zur Verwendung in Samplern befinden. Diese Klänge können im gerätespezifischen Format eines bestimmten Samplers vorliegen und direkt in diesen eingelesen werden, oftmals sind es aber auch übliche Audio-Daten, die man sich über jeden CD-Player anhören kann und mit seinem individuellen Sampler erst noch selbst sampeln muss, bevor man damit arbeiten kann. So genannte Sound-*Libraries* (Bibliotheken) bieten ganze CD-Serien bestimmter Sound-Kategorien, zum Beispiel hochwertige Effektgeräusche zur Vertonung von Filmen oder Orchester-Libraries mit zahlreichen Samples aller gängigen Orchesterinstrumente in verschiedensten Spielarten. Mit Samples der professionellen Güteklasse sind Produktionen auf höchstem klanglichem Niveau möglich, doch kann man für entsprechende Profi-Libraries auch bis zu mehreren Tausend Euro investieren.

Loops

Beim Spiel mit den eingebauten Sounds moderner Portable Keyboards werden Geräte-intern Samples abgespielt, und gleichermaßen kann ein Keyboarder auch externe Sampler wie jedes andere Soundmodul über MIDI ansteuern. Die Tasten eines Keyboards sind beim Triggern von Samples der Play-Taste eines CD-Players oder Kassettenrekorders vergleichbar, die ja auch dazu dient, das Abspielen einer vorhandenen Audio-Aufnahme auszulösen. Ein Sample wird abgespielt, so lange die Taste, die es abruft, gedrückt bleibt. Das Loslassen dieser Taste entspricht also dem Stopp-

Drücken beim CD-Player oder Kassettenrekorder. Ist die Sustain-Zeit schon abgelaufen, bevor die Taste losgelassen wird, beginnt sie wieder von vorne und läuft im Kreis (natürlich außer bei Klängen wie Klavier oder Gitarre, wo das unrealistisch wäre, weil diese in natura ja auch verklingen). Dies wird als *Loop* (engl. Schleife) bezeichnet, und man sagt: ein Sample wird *geloopt*.

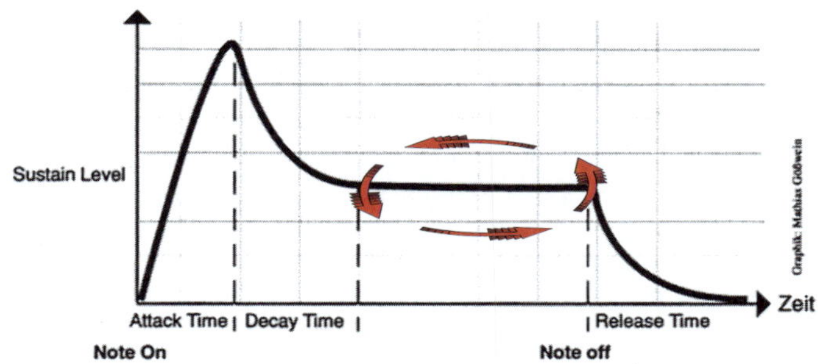

Ist die Sustain-Zeit vor dem Loslassen der Taste abgelaufen, beginnt sie wieder von vorn und läuft im Kreis: Das Sample wird geloopt.

Dabei ist es für die Qualität eines Samples von großer Wichtigkeit, dass der *Loop-Punkt*, d. h. der Punkt, an dem es zu Ende ist und wieder zurückspringt, präzise gesetzt wird, damit der Übergang nicht hörbar ist und es „rund" läuft. Ein Sample muss also sauber geschnitten werden, was etwas Übung erfordert. Ein nicht zu unterschätzender Aspekt der Sampling-Kunst, bei dem immer wieder Fehler gemacht werden. Je länger ein Sample ist, desto präziser kann man den Verlauf eines Tons von Anfang bis Ende abbilden. In der Praxis wird jedoch die Länge durch den Speicherbedarf begrenzt. Als Anhaltspunkt: Viele Keyboards haben einen *Sample-ROM-Speicher* von insgesamt 8 MB. Dem gegenüber stehen im Studio-Bereich hochklassige Einzelsounds aus Samplern, die ein Vielfaches benötigen können.

Track 6

Qualität von Samples.

Multisamples und „Mickey-Mouse-Effekt"

Beim Verwenden von Samples auf Keyboards ergibt sich ein typisches Problem: Auf einer ganz bestimmten Taste, etwa dem Ton C1, wird das Sample in seiner Originalform abgespielt. Ein Keyboarder will aber mit allen 61 Tasten seines Instruments spielen. Drückt er nun eine andere Taste als dieses C, muss das Sample transponiert werden. Dabei verändert sich die Geschwindigkeit, mit der es abgespielt wird. Bei höheren Tönen muss es schneller ablaufen, bei tieferen Tönen langsamer. Das funktioniert aber nur in recht eng gesteckten Grenzen. Wieder hilft der Vergleich mit dem Kassettenrekorder: Auch ein Tonband kann man nicht beliebig langsamer oder schneller ablaufen lassen, ohne dass sich der Klang massiv verändert und starke Einbußen erleidet. So entsteht beim beschleunigten Abspielen der berühmte *Mickey-Mouse-Effekt*. Nicht anders ist es bei Samples.

Multisampling contra Mickey-Mouse-Effekt.

Um dem zu begegnen, genügt es nicht, den Ton eines Originalinstruments nur einmal (zum Beispiel in der Mittellage) zu sampeln und von dort aus in sämtliche andere Tonlagen umzurechnen. Damit ein Sound über die ganze Breite der Tastatur authentisch klingt, gibt es nur einen Ausweg: das *Multisampling*. Das heißt, man sampelt beispielsweise jeden sechsten Ton neu, damit das jeweilige Einzelsample nur in recht engen Grenzen transponiert werden muss. Je weiter man sich nämlich vom Ursprungston entfernt, desto größer werden die klanglichen Veränderungen. Die Herausforderung für jeden Hersteller beim Multisampling ist es, an den Schnittstellen, wo ein Samplebereich an den nächsten grenzt, einen merkbaren klanglichen Übergang zu vermeiden. Beim Kauf eines Keyboards sollte man darauf achten, ob es innerhalb eines Sounds über die gesamte Tastatur auffällige, störende Klangunterschiede zwischen einzelnen Tasten gibt.

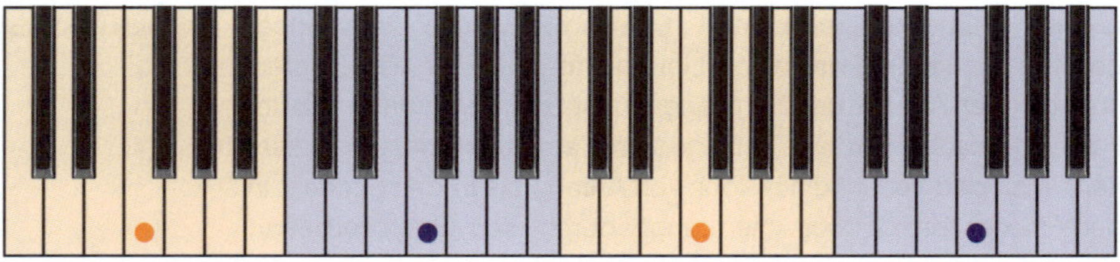

Beim Multisampling erübrigt sich durch den Einsatz verschiedener Samples das Umrechnen eines einzigen Klangs auf die gesamte Tastatur.

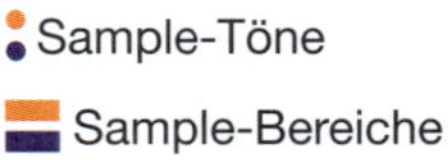

Dynamik bei Samples.

Auch bei der Dynamik kommt man um verschiedene Einzelsamples nicht herum: Auf jedem Instrument klingen leise Töne anders als laute. Keineswegs nur im Sinne von Lautstärke, sondern der Sound ist tatsächlich ein anderer. Weich angeschlagene Töne auf dem Klavier klingen viel softer, vielleicht etwas matter, als kraftvoll angeschlagene, die brillant und etwas kernig wirken. Das liegt auch in die-

Track 7

Samples in Abhängigkeit von der Velocity.

sem Fall daran, dass sich das Obertonspektrum verändert (hier in Abhängigkeit von der Anschlagstärke). Dynamik ist also sehr viel mehr als nur Lautstärkeveränderung, und eben das sind die durch keine Elektronik zu ersetzenden Feinheiten von Naturinstrumenten. Da ein Keyboard diese Nüancen so naturgetreu wie möglich nachbilden soll, muss jeder Ton, den man sampelt, gleich mehrfach aufgenommen werden, und zwar in verschiedenen Anschlag- oder Anblasstärken. Hat der Keyboarder die Anschlagdynamik seiner Tastatur aktiviert, werden in Abhängigkeit von der Anschlagstärke (*Velocity*) verschiedene Samples ein und desselben Sounds aufgerufen. Vor allem auf den gegenwärtigen Top-Keyboards lassen sich damit sehr live wirkende Effekte erzielen, zum Beispiel Überblas-Effekte bei Bläser-Sounds. Eine wichtige Maßnahme übrigens gegen den Vorwurf, das Klangbild von Samples wirke schnell statisch. Eine andere Spielerei mit dem Mehrfach-Sampling ist schon länger bekannt: die Duh-Bap-Chöre. Solange man mit leichtem bis mittlerem Anschlag spielt, singt ein Chor-Register auf die weiche Silbe „Duh“, schlägt man fest an, wird ein knackiges Sample mit „Bap“ abgespielt.

PRAXIS

Auch das beste Sample erreicht nie das Original

Ein wichtiger Aspekt zum Thema Soundproduktion und Sampling sollte nie vergessen werden: Eine von einem Live-Instrument gespielte und gesampelte, zusammenhängende musikalische Linie wird in vielen Fällen authentischer klingen als dieselben Töne einzeln über die Keyboard-Tastatur gespielt. Dies hängt mit den spieltechnischen Eigenheiten des Originalinstrumentes zusammen, die auf einem Keyboard nur bedingt (Joystick, Modulationsrad) nachgeahmt werden können; die technischen Gegebenheiten sind auf einer Gitarre ganz andere als auf einem Saxofon. Eine musikalische Linie ist eben mehr als nur eine Summe von Einzeltönen. Zwar klingen die heutige Keyboards dank Sampling ungleich authentischer als die Tischhupen früherer Jahre, doch die Tatsache, dass Sounds heute gesampelt werden, ist keine Garantie dafür, dass nun alles authentisch klänge und nicht mehr vom Original zu unterscheiden wäre.

VariPhrase

In jüngerer Zeit brachte die Firma Roland eine neuartige Sampling-Technologie auf den Markt, die sie *VariPhrase* nennt. Roland ist es damit gelungen, die Parameter *Tonhöhe* und *Geschwindigkeit* vollkommen voneinander zu trennen. Von der Idee her macht Vari-Phrase das Multisampling überflüssig: Ein einziges Sample (und das

Tracks 8+9

Herkömmliches Sampling (8) contra VariPhrase (9).

sind nicht mehr nur Töne von Instrumenten, sondern auch live gesungene Phrasen) kann in beliebigen Tonhöhen und Tempi abgespielt werden, ohne dass sich diese beiden Größen gegenseitig beeinflussen und sich die klangliche Substanz verändert. Die Abspielgeschwindigkeit eines Samples ist für alle Keyboard-Tasten dieselbe. Erhöht oder erniedrigt man sie, bleibt die Tonhöhe pro Taste dennoch konstant. So kann man etwa eine gesampelte menschliche Stimme tatsächlich bei gleich bleibender Stimmlage einfach schneller bzw. langsamer singen oder sprechen lassen. Umgekehrt kann ein Sample bei gleich bleibender Geschwindigkeit in jeder beliebigen Tonhöhe abgespielt werden.

INFO

Der Chor aus dem Keyboard – VariPhrase

Vari-Phrase eröffnet ungeahnte Möglichkeiten: Man sampelt eine gesungene Phrase, zum Beispiel mit dem Text „Set me free“. Hält man eine Keyboard-Taste gedrückt und schlägt kurze Zeit später eine zweite an, so wird das neu hinzukommende Sample nicht von vorne abgespielt, sondern setzt an der Stelle ein, an der sich das erste gerade befindet. Beide Samples laufen jetzt absolut synchron, sowohl vom Tempo wie auch von der Textverteilung. So kann ein Keyboard auf einmal realistisch klingende mehrstimmige Akkorde „singen“, Audio-Samples lassen sich über die Tastatur spielen wie normale, herkömmliche Sounds und zudem sogar flexibel mit der Begleitautomatik oder MIDI-Files synchronisieren. Gerade Styles profitieren ungemein davon, denn außer „live“ gesungenen Einwürfen kann man ihnen nun auch Drum-Loops beimischen: von einem echten Schlagzeuger gesampelte Fragmente, die unerhörtes Live-Feeling verleihen. Synchronisierte Audio-Phrasen im Begleitbereich waren bislang auf Keyboards unmöglich, weil Tonhöhenänderungen zwangsläufig mit Tempoänderungen einher gingen und umgekehrt.

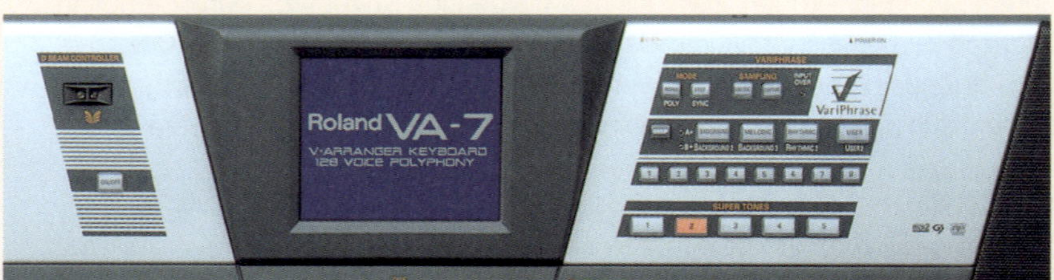

Täuschend echte Voices vom Keyboard durch das VariPhrase-Verfahren.

Wie kommen die Sounds aus dem Keyboard heraus?

Nachdem so viel darüber gesagt wurde, mit wie viel Mühe hochwertige Sounds ins Keyboard hinein kommen, sei der Vollständigkeit halber noch erwähnt, wie man dieselben wieder herausbekommt – schließlich will ja auch das Publikum etwas davon haben. Aus diesem Grund haben typische Portable Keyboards eingebaute Verstärker und Lautsprecher. Nur in manchen Keyboards verzichtet man darauf, denn Verstärker und Lautsprecher bedeuten immer auch Gewicht, und im Interesse reisender Musiker versucht man, davon so viel wie möglich zu sparen. Die Praxis zeigt, dass eine verbreitete Grenze bei 20kg liegt.

Eingebaute Lautsprecher reichen nicht für die Konzerthalle.

Eingebaute Lautsprecher reichen normalerweise nicht zur Beschallung von Gesellschaften bei Auftritten. Das funktioniert allenfalls im intimen Familienkreis. Fährt man eingebaute Lautsprecher permanent mit maximalem Lautstärkepegel an, fangen sie bei bestimmten Frequenzen an zu schnarren, und langfristig sind Beschädigungen nicht auszuschließen. Zudem geht es nicht nur um die Frage der Lautstärke, sondern auch der Klangabstrahlung, und eingebaute Lautsprecher sind hier nicht mit einer guten Anlage vergleichbar. Ihre Verarbeitungs- und Klangqualität ist ebenso wie die der dazugehörigen Endstufen immer auch eine Frage des Preises. Von billig klingenden Lautsprechern, die kaum Bässe bieten, keinerlei Druck erzeugen und ohne Ende rauschen, bis hin zu aufwendigen Mehrweg-System ist alles auf dem Markt anzutreffen.

Gute Lautsprecher an Bord sind das A und O für den Heimbetrieb.

Will man externe Lautsprecher anschließen, ist es möglich, mit *Aktiv-Boxen* mit integriertem Verstärker zu arbeiten oder ein Verstärkersystem zwischen Keyboard und Boxen zu schalten. Das kann eine Endstufe sein oder (inzwischen sehr verbreitet) ein *Power-*

mixer, der Mischpult und Verstärker in einem Gehäuse vereint. Indes können eingebaute Lautsprecher je nach Klangqualität und eigenem Anspruch zum häuslichen Üben und zur Beschallung des Wohnzimmers voll ausreichen. Außerdem besteht die Möglichkeit, das Keyboard zu Hause an die Stereoanlage anzuschließen. Arbeitet man auf der Bühne mit externen Boxen, können die eingebauten Lautsprecher außerdem immer noch als Monitore mitlaufen.

Kann man Sounds auch falsch spielen?

Track 10

Sounds richtig und falsch gespielt.

Tatsächlich: Man kann Sounds auch falsch spielen. Gemeint sind hier allerdings nicht falsche Töne. Ein Keyboarder spielt auf seinen Tasten immer nur die digitale Kopie echter Instrumente. Ein Keyboard kann mittlerweile vielleicht eine Violine klanglich sehr gut darstellen – aber es ist eben keine Violine! Mit jedem Naturinstrument verbindet sich ein ganz charakteristisches Spielgefühl, das man nicht zwangsläufig elektronisch reproduzieren und auf Tasten übertragen kann.

Es kann für einen Keyboarder daher manchmal hilfreich sein, sich zu fragen, was es für den echten Instrumentalisten eigentlich bedeuten würde, das zu spielen, was man ihm da gerade auf den Tasten unterjubeln will. Auf folgende Punkte sollten Keyboarder achten, um mit authentischen Samples auch musikalisch authentisch umzugehen:

INFO

Druck wie ein Kleinwagen

Kleine Anekdote am Rande: Man hat Profi-Trompeter hohe Töne blasen lassen und mit medizinischen Geräten gemessen, wie viel Druck sie dabei auf der Lunge haben. Heraus kamen Werte um die 2 bar – so viel hat mancher Kleinwagen nicht auf den Rädern! Eine extrem hohe Lage ist zum Beispiel für Trompeter unbeschreiblich anstrengend und selbst für Profis echter Hochleistungssport! Das muss man einfach wissen, denn es wäre vollkommen unrealistisch, 20 Minuten lang mit einem Trompeten-Sound in den höchsten Lagen rumzuzwitschern.

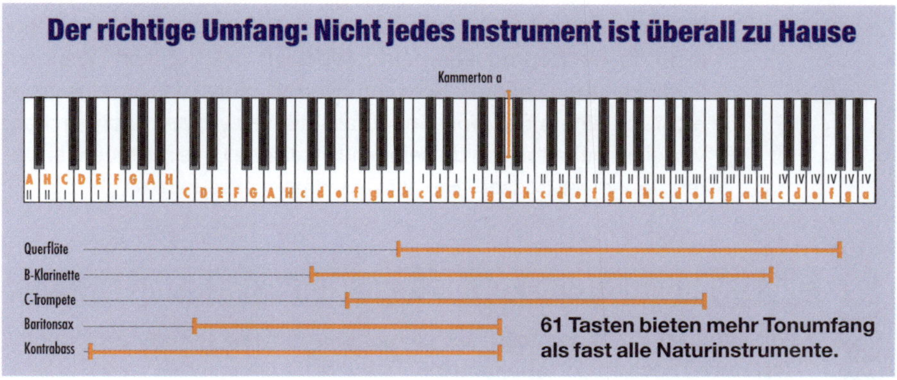

Tipps, wie's authentisch klingt.

1. Häufig werden Sounds in falschen Lagen gespielt. Die meisten Keyboards verfügen über 61 Tasten, das sind fünf Oktaven. Kein Naturinstrument verfügt über einen so großen Tonumfang. Wenn man einen Sound in einer Lage spielt, die für den echten Instrumentalisten völlig unrealistisch ist, darf man sich nicht wundern, wenn es musikalisch unnatürlich klingt. Empfehlung: Man sollte sich darüber informieren und möglichst im Kopf haben, über welchen Tonumfang die Instrumente, deren Samples man am häufigsten verwendet, verfügen und in welchen Lagen sie sich bewegen.

2. Ebenso hört man oft auf Keyboards gespielte Figuren, die unrealistisch sind, weil sie auf dem Originalinstrument ganz schlecht liegen würden oder so überhaupt nicht spielbar wären. Deshalb sollte man eine Ahnung davon haben, was auf echten Blasinstrumenten, Streichinstrumenten usw. machbar ist und was nicht.

3. Bläser arbeiten gerne mit der Intonation. Bei Instrumenten wie Panflöte, Saxophon oder Mundharmonika hört man häufig (ebenso übrigens bei E-Gitarren), dass der Ton von unten hochgezogen wird oder ein stehender Ton abfallen gelassen wird. Solche Effekte lassen sich auf dem Keyboard wunderbar mit dem *Pitch Bend*-Rad links neben den Tasten darstellen.

Keyboarder sollten sich Gedanken über die richtige Instrumentierung machen. Bestimmte Natursounds lassen sich auf Keyboards recht realistisch darstellen. Realistisch heißt dabei, dass das für sie charakteristische Spiel-Feeling überhaupt auf Tasten nachvollziehbar ist. Ein Blasinstrument spielt sich nun mal nicht wie ein Tasteninstrument. Manche Instrumente wie etwa Saxofone sind von jeher nicht für die Reproduktion auf Keyboards prädestiniert. Wenn im Originaltitel ein Saxofon-Solo enthalten ist, muss man es noch lange nicht mit einem Saxofon-Sound auf dem Keyboard nachmachen. Vielleicht entfaltet sich dieselbe musikalische Linie mit einem anderen Sound viel besser? Hier ist Experimentierfreudigkeit gefragt.

PRAXIS

Die wichtigsten Tipps für das Musizieren mit Samples

1. Der Organist Franz Lambert hat einmal im Interview mit der Zeitschrift ***Tastenwelt*** gesagt: „Ich überlege mir, wie wohl ein Sänger den Titel wiedergeben würde. So erfüllt man die Stücke mit Leben – das Instrumentale darf nie statisch werden.“ (TW 2/01, Seite 89) Das trifft den Nagel auf den Kopf! Ob man eine Oboe oder einen Synthi-Sound registriert, ist vollkommen zweitrangig. Unbedingt sollte man aber zu seinem Spiel einmal die Melodie singen. Sänger sollten für Instrumentalmusiker Maßstab sein. Grundregel (für alle Instrumente): Wer vom Gesungenen ausgeht, kann nichts falsch machen – nur so erfüllt sich die Musik mit Leben und Gefühl.
2. Man sollte viel Musik hören, und zwar vor allem gute Originalaufnahmen. Dann entsteht mit der Zeit automatisch ein Gefühl dafür, wie sich verschiedene Instrumente verhalten, welche Funktion sie in einem Orchester haben und was für Figuren sie gerne spielen. Indes sollte man sich nicht nur mit Aufnahmen anderer Keyboarder oder Organisten beschäftigen. Ohne Frage sind diese zwar auch wichtig, hört man sie aber ausschließlich, führt das auf Dauer eher zu einer gewissen Betriebsblindheit.

Effekte – wenig Aufwand, große Wirkung?

Effekte sind essenziell wichtig, um den Sound erst richtig in Szene zu setzen und ihnen zur vollen Entfaltung zu verhelfen. Sie reichern Sounds mit zusätzlichen Informationen an und verschaffen ihnen zum Beispiel eine bestimmte Räumlichkeit. Manche Sounds sind erst durch die Bearbeitung mit besonderen Effekten markant und berühmt geworden. Nur ein Beispiel dafür ist der berühmte Wah Wah-Gitarren-Effekt, zu hören in vielen Produktionen der 1970er Jahre.

Hall

Unter *Hall* versteht man die Schallreflexionen der Umgebung, wie sie beispielsweise von Wänden oder anderen Flächen ausgehen. Aufgabe von Halleffekten in Keyboards ist die Simulation von Klangräumen. Ohne Raumklang wirkten Sounds unnatürlich und starr. Technisch gesehen gliedert sich Hall in drei Phasen: *Pre-Delay*, *Early Reflections* und *Reverberation Time*. *Pre-Delay* ist die Zeit, die bis zur ersten Reflexion des Signals vergeht. Zwischen dem Auftreten eines Signals und seiner ersten Begegnung mit einer Fläche, von der es zurückgeworfen wird, vergehen einige Millisekunden, in denen nichts passiert. Nun folgen die ersten Reflexionen. Konkret meint man Signale, die auf ihrem Weg von der Schallquelle zu unserem Ohr nur einmal reflektiert wurden. Obwohl diese von schlechten Hallgeräten nicht berücksichtigt werden, sind sie außerordentlich wichtig, denn sie lassen unser Gehör assoziieren, wie groß ein Raum ist. Danach folgt die eigentliche Nachhallzeit mit einer langen Folge von Reflexionen: Ein Signal wird von einer Fläche reflektiert, trifft auf eine andere, von der es wieder reflektiert wird usw. Bei dem ständigen Reflektieren wird der Pegel im Lauf der Zeit immer schwächer.

Hallprogramme in Keyboards

Keyboards haben mehrere Hallprogramme, mit denen man Umgebungen simulieren und sich auf unterschiedliche akustische Gegebenheiten einstellen kann. Meistens werden einem zur Benennung der einzelnen Programme die Bezeichnungen *Room* und *Hall* begegnen, die oftmals synonym gebraucht werden. Die Namensgebungen sind von Instrument zu Instrument – wieder einmal – verschieden.

Tracks 11+12

Verschiedene Hallprogramme und ihre Anwendungen.

Da wir uns die meiste Zeit des Tages in Räumen aufhalten, die alle möglichen schallreflektierenden Flächen enthalten, sind unsere Hörgewohnheiten maßgeblich von der Schallreflexion geprägt. Jeder wird es daher als unangenehm empfinden, in völlig trockenen Räumen musizieren zu müssen. Unter solchen Gegebenheiten hört man zwar jeden Fehler und kann sein Spiel gut kontrollieren, aber es fällt extrem schwer, geschmeidig und ausdrucksvoll zu spielen. Umgekehrt erschwert zu viel Hall die Sache auch wieder. Er ist zwar einer der wichtigsten Effekte überhaupt, aber man darf ihn nicht überdosieren. In Kathedralen haben Organisten häufig mit der großen Akustik zu kämpfen. Wenn das dazu führt, dass Töne völlig

INFO

Hall-Variationen

Die folgende Zusammenstellung greift ein paar konkrete Hall-Namen auf und erklärt die Programme, die sich dahinter verbergen. Wo möglich, wurden zu einem Hallprogramm unterschiedliche Namen angegeben, die auf Keyboards gefunden wurden:

- Reverb Hall / Medium Hall / Concert: Nachbildung der Akustik eines Konzertsaals
- Reverb Room / Small Room: Kompaktere Version des Konzertsaal-Halls, d. h. Simulation eines kleineren Raums
- Large Room / Large Hall: Erzeugt die Umgebung eines großen leeren Raumes/einer großen leeren Halle, kompensiert die eher trockene Akustik eines normalen Zimmers
- Reverb Stage / Live Stage : Hallprogramm, das die Akustik auf einer Bühne nachbildet und für Gesang geeignet ist
- Reverb Plate / Plate: Erzeugt den Eindruck, als werde der Klang von einer Metall-Platte reflektiert. Auf diese Weise wurde bei früheren, noch nicht digitalen Instrumenten Hall erzeugt. Daher auch „Plattenhall" genannt. Ein etwas „härter" und heller klingendes Hallprogramm.
- Dark Hall / Dark: Schneidet bestimmte Höhen ab und klingt dumpf. Simulation eines voll besetzten Saals mit dämpfender Wirkung
- Bright Hall(*) / Bright: Das Gegenstück zum Dark Hall. Ein Hallprogramm, bei dem die Höhen betont werden. Nachbildung eines leeren Saals mit stark reflektierenden Wänden und brillantem Klang.
- Large Hall / Long: Lange Halldauer und große räumliche Tiefe zur Nachahmung von Kathedralen-Akustik
- Stadium: Simulation eines Fußballstadions
- Chamber: Nachbildung eines Übungszimmers
- Factory: Bildet die Akustik einer leeren Fabrikhalle nach
- Box: Vermittelt den Höreindruck einer schalltoten Kabine
- Early Reflections: Hallprogramm, das nur die Erstreflexionen enthält. Macht ein Signal sehr „präsent". Diesen Effekt findet man nur auf wenigen Keyboards, aber in Hall-/Effektgeräten und Mischpulten, daher vor allem auch interessant für Musikproduktion. Eignet sich gut für die Schlagzeugsignal-Bearbeitung, insbesondere für Snares und Toms.
- Gate Reverb / Gated Reverb: Ein ebenfalls für die Studioproduktion sehr wichtiger Effekt (nur auf sehr gut ausgestatteten Keyboards vorhanden). Erzeugt eine plötzlich abgeschnittene Hallfahne. Macht sich vor allem gut im Schlagzeugbereich zur Verhallung von Snares, erzeugt Druck und räumliche Tiefe, ohne dass die Sounds ineinander verwischen. Zählt übrigens zum typischen Phil Collins-Sound (In the Air tonight).

verwischen und keine klangliche Transparenz mehr gegeben ist, geht die Musik genauso den Bach runter wie im umgekehrten Fall. Keyboarder leben in dem seltenen Luxus, ihren Hall überall dabei zu haben. So können sie nicht nur Geräte-intern bestimmen, in welcher Art von Raum ihr „Orchester" musizieren soll, sondern können auch auf die Umgebungsakustik, in der sie spielen, reagieren.

Des einen Freud, des andern Leid: Gerade Kirchen bieten lange Nachhallzeiten.

Echo und Delay

Track 13

Delay

Delay bedeutet ganz allgemein Verzögerung. Ein Delay-Effekt ist die ein- oder mehrfache Wiederholung eines Signals. Hierunter fallen verschiedene Arten von Effekten. Ob es mehrere Signalwiederholungen gibt, hängt davon ab, ob das Ausgangssignal nochmal auf den Eingang rückgekoppelt wird. Im Sprachgebrauch sind Delay und Echo dasselbe, obwohl der Begriff Delay eigentlich weiter gefasst ist und auch bei anderen Effekten wie etwa Chorus zum Einsatz kommt. Früher erzeugte man Delays mit Hilfe von Tonbandgeräten und Bandschleifen. Ein Signal wurde in den Aufnahmekopf gespielt und auf die Bandschleife aufgenommen. Kurze Zeit später passierte es den Wiedergabekopf und wurde entsprechend zeitversetzt abgespielt. Damit hatte man aber erst eine Wiederholung. Um mehrere zu erhalten, spielte man vom Wiedergabekopf aus das Signal etwas leiser als das Originalsignal zurück an den Aufnahmekopf, und das ganze Schleifenspiel begann von vorn.

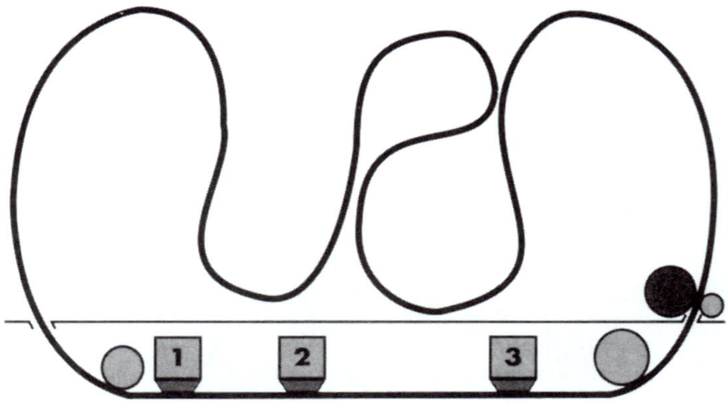

Delay anno dazumal, erzeugt mit einer Bandschleife: Das Signal passiert den Aufnahmekopf (2), läuft am Wiedergabekopf (3) vorbei und wird entsprechend zeitversetzt abgespielt. (Der Löschkopf (1) ist hier ohne Bedeutung). Das Tempo des Delays hängt von der Laufgeschwindigkeit des Bandes ab. Nachteil: Eine mechanische Bandmaschine kann man nur nach Gehör und Gefühl justieren – Digital-Delays hingegen auf eine Hundertstel Sekunde genau.

Inzwischen hat natürlich auch hier die Digitaltechnik Einzug gehalten. Prozessoren, die Signale verzögern, werden als Digital-Delay bezeichnet. Am Prinzip hat sich unterdessen nicht viel verändert. Was früher das Tonbandgerät war, ist heute der Sampler. Ein digitales Delay entsteht dadurch, dass das Signal in regelmäßigen, vordefinierten Abständen in den Speicher des Keyboards gesampelt und von dort aus wieder ausgelesen wird. Die Anzahl der Wiederholungen und die maximale Verzögerungszeit sind dabei nur von der Kapazität des Speichers abhängig und damit eine veränderbare Größe. Vorteil eines Digital-Delays: Man kann die Delayzeit auf die Millisekunde genau einstellen.

Sollte der Effektprozessor des eigenen Keyboards nicht über Delay verfügen, gibt es auch die Möglichkeit, diesen Effekt von Hand zu simulieren, zumindest in Sequenzen: Man kopiert die Spur, auf die man Delay anwenden will, und verschiebt die Signale auf der kopierten Spur ein wenig nach hinten. Nachteil dieses Verfahrens: Man muss Spuren dafür opfern, und da mit echten MIDI-Noten gearbeitet wird, geht das Ganze zu Lasten der Polyphonie. Vorteil: Man kann das Delay in jeder Hinsicht sehr differenziert bearbeiten, denn es handelt sich um eine selbstständige MIDI-Spur. Auch kann man die Delay-Spur in einem anderen Panorama gegen der Originalspur platzieren. Der Höhepunkt wäre vielleicht, das Delay mit einem anderen Sound wiederzugeben als das Originalsignal...

Getaktete Delays.

Einen besonders harmonisch wirkenden Effekt ergeben Delays und Echos dann, wenn man die Verzögerungszeit zwischen den Wiederholungen so wählt, dass die Signalwiederholungen im Timing des Stücks liegen, also genau auf Halbe, Viertel oder Achtelnoten fallen. Da die verzögerten Wiederholungen dann genau im Rhythmus des Stücks erfolgen, spricht man vom getimten oder getakteten Delay. Eine reizvolle Möglichkeit: Besitzer von Stereo-Delays können auf den linken Kanal zum Beispiel ein Viertelnoten-Delay legen, auf den rechten ein Achtel-Delay. Schließlich kann man durch Einstellen entsprechend kurzer Delay-Zeiten auch Echos erzeugen, die so dicht sind, dass sie auf den Hörer fast wie Hall wirken. Diesem gegenüber haben sie jedoch einen Vorteil: sie sind nicht wirklich so dicht und „matschig“, sondern lassen, ihrem grundsätzlich differenzierteren Echo-Charakter entsprechend, einem Playback mehr Platz und „Luft“. Deshalb schwören manche Mixing-Profis regelrecht auf Delay-Effekte.

Chorus

Der *Chorus*-Effekt bewirkt eine Verbreiterung von Signalen. Es gibt mehrere Parameter und Variationsmöglichkeiten, die Wirkung dieses Effekts zu steuern. Chorus gestaltet sich daher auch als Sammelbegriff für eine bestimmte Gruppe von Effekten, die nach demselben Prinzip arbeiten, wozu etwa auch *Flanger*, *Ensemble* oder *Symphonic* zählen. Dem Originalsignal werden ein oder mehrere Signale desselben Sounds beigemischt. Diese setzen nicht zeitgleich, sondern mit Verzögerung ein. Man spricht deshalb auch von *Delay-Lines*. Die addierten Signale werden permanent in der Tonhöhe moduliert, und klingen gegenüber dem Originalsignal leicht verstimmt. Dadurch entstehen Schwebungseffekte. Mit dem Panorama-Parameter regelt man die Stereoposition des Signals im Raum. Meistens lässt man das Originalsignal mittig liegen und legt die hinzugefügten Signale auf Extrempositionen. Durch extreme Spreizungen des Gesamtsignals versucht man, größtmögliche Breitenwirkungen zu erzielen. Jedoch wird der Chorus-Effekt bei der Monowiedergabe intensiver wahrgenommen.

PRAXIS

Die richtigen Sounds zum Chorus

Der Chorus-Effekt auf Keyboards passt nicht zu allen Sounds, und man sollte ihn nicht überstrapazieren. Manche Klänge profitieren allerdings ungemein von ihm, zum Beispiel E-Piano-Sounds. Auch E-Gitarren können Chorus vertragen. Gut ausgestattete Keyboards bieten gleich bis zu acht Chorus-Variationen. Sehr vorteilhaft ist es, wenn man die Parameter des Effekts bearbeiten und dessen Tiefe und Intensität steuern kann. Veränderbare Größen sind die Delay-Time sowie Geschwindigkeit und Intensität der Frequenzmodulation. Einige Top-Keyboards bieten sogar die Möglichkeit, noch ein Low Pass-Filter zuzuschalten und die hohen Frequenzen derjenigen Signale, die an den Chorus-Effekt angelegt werden, zu dämpfen. So lässt sich steuern, wie brillant oder dumpf der Effekt klingt.

Track 14

Chorus, angelegt an verschiedene Sounds

Chorus-Effekte gibt es in verschieden klingenden und unterschiedlich stark ausgeprägten Erscheinungsformen. Je schneller und intensiver die Frequenzmodulation ist, desto intensiver klingt der Effekt. Auch hier stammt das Vorbild aus dem realen Leben: Selbst professionelle Naturinstrumentalisten, beispielsweise in einem Orchester, können nicht hundertprozentig exakt zusammenspielen (wissenschaftliche Studien haben zum Beispiel belegt, dass Profimusiker mit einer metronomischen Abweichung von minimal drei Prozent spielen, was schon ziemlich wenig ist). Frequenzen und Phasen werden niemals ganz kongruent sein. Genau durch solche Verschiebungen entstehen jene wohl dosierten Schwebungseffekte, die einen Orchesterklang erst ausmachen. Bei eingeschaltetem Chorus klingt es ähnlich, als wenn zwei Instrumente gleichzeitig spielen.

Ensemble und Symphonic.

Effekte wie *Ensemble* oder *Symphonic* werden nach denselben Prinzipien erzeugt. Man kann sie als vielstimmige Versionen von Chorus begreifen, die durch Hinzunahme weiterer Delay-Lines besonders intensiv ausgefallen sind. So werden beim Ensemble-Effekt dem Originalsignal gleich bis zu acht Delay-Lines hinzugefügt. Diesen Effekt setzt man zum Beispiel gerne in Verbindung mit Streicher-Sounds ein, die dadurch eine große Verbreiterung und Tiefenwirkung erfahren. Auch Flanger gehört zu der großen Familie der Chorus-Effekte. Im Prinzip entsteht und arbeitet der Flanger-Effekt genauso wie Chorus. Die einzigen Unterschiede: Das verzögerte Signal wird auf das Eingangssignal zurückgeführt (Feedback, Rückkopplung), und die Verzögerungszeit (Delay) ist kürzer.

Phaser

Track 15

Phaser

Der *Phaser*-Effekt kommt ebenfalls durch Verzögerungen zu Stande. Am Anschaulichsten lässt er sich anhand eines Beispiels aus der Natur erklären: Man steht an einem festen Punkt, und in einiger Entfernung landet ein Flugzeug, das unter jeder Tragfläche je einen Motor hat. Wir gehen davon aus, dass beide Motoren dasselbe Geräusch produzieren. Aber sie haben verschiedene Entfernungen zum Hörer, so dass auch die Laufzeiten des Schalls unterschiedlich lang sind. Nun ist aber der Entfernungsunterschied zwischen den beiden Motoren so groß nicht, und angesichts der enormen Geschwindigkeit von Schall ist die Phasenverschiebung der beiden Signale nur minimal. Das führt abwechselnd zu Betonungen von Phasen bzw. zur gegenseitigen Auslöschung von Phasen. Stellt man diesen Ablauf grafisch dar, ergibt sich ein Kurvenbild, das an einen Kamm erinnert. Deshalb spricht man auch vom *Kammfilter*-Effekt.

Im Unterschied zu seinen Kollegen aus der Chorus-Familie arbeitet der Phaser nicht mit Delay-Lines. Vielmehr kommt ein sog. *All Pass*-Filter zum Einsatz, das alle Frequenzen passieren lässt. Seine Filterfunktion besteht darin, Signale frequenzabhängig zu verzögern. Für den Phaser-Effekt geschehen diese Verzögerungen um sehr kurze Zeitwerte, zum Beispiel eine halbe Wellenlänge.

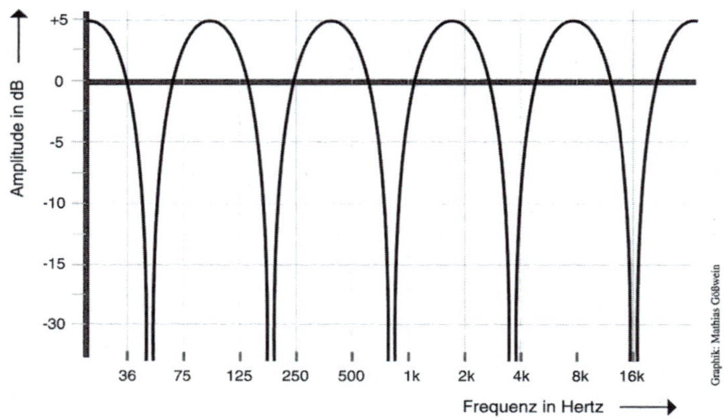

Charakteristisch für Phaser-Effekte: Ständige Abwechslung zwischen resonanzartiger Anhebung und gänzlicher Auslöschung von Frequenzen. Die zeitlichen Abstände sind regelmäßig, die Frequenzveränderungen bewegen sich durch das gesamte Spektrum. Die daraus resultierende grafische Darstellung erinnert an einen Kamm (Kammfilter-Effekt).

Zur Nachbildung des Phaser-Effekts auf Keyboards ist eigentlich nur zu sagen, dass Phaser auf Billig-Keyboards wie Flanger klingt. Gute Keyboards, die auch effektmäßig entsprechend besser ausgestattet sind, bieten echte Phaser. Die größte Anforderung an diesen Effekt besteht darin, dass die Rechenleistung groß genug und der Rechner schnell genug sein muss, um die ständig wechselnden Phänomene im Phasenverhalten (Betonung, Auslöschung) präzise zu berechnen.

Leslie

Track 16

Leslie und verschiedene Zugriegeleinstellungen.

Leslie wurde 1940 für die Hammond-Orgel entwickelt. Gemeinhin wird dieser Effekt als rotierende Lautsprecher beschrieben. Allerdings sind es nicht die Lautsprecher selbst, die sich drehen: Donald Leslie, der Entdecker des Effekts, kam auf die Idee, Lautsprecherboxen auf eine sich drehende Scheibe zu stellen. Heraus kam ein schwebender Sound, der seitdem nicht nur von Organisten geschätzt wird. Besonders markant ist übrigens der Klangeffekt des anlaufenden bzw. auslaufenden Leslies, der bei der Umschaltung von langsamer auf schnelle Rotation und umgekehrt entsteht.

Auf vielen Keyboards gibt es eine Nachbildung des Leslie-Effekts (bei Top-Keyboards sogar in mehreren Variationen), jedoch meistens nicht als Leslie bezeichnet, sondern als Rotor oder Rotary. Mit zwei Schalterstellungen lässt sich zwischen langsamer und schneller Rotations-Simulation umschalten. Meistens werden dabei auch die typischen An- und Auslaufeffekte nachgebildet.

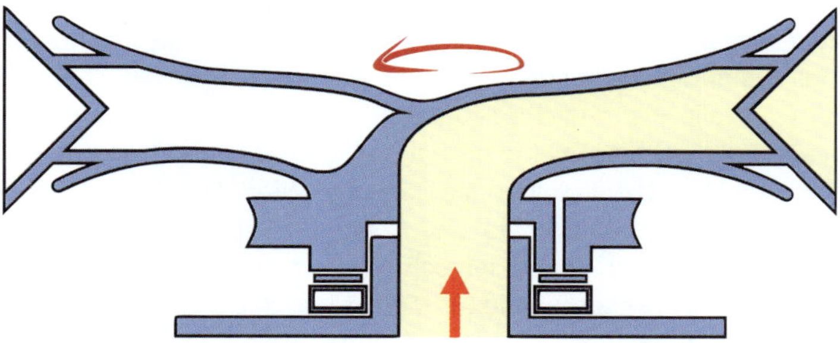

So funktioniert's beim echten Leslie (Seitenansicht):
Die Orgelsignale werden über eine Frequenzweiche in Richtung Horn- bzw. Bassrotor geschickt. Nicht die Lautsprecher selbst rotieren, vielmehr sitzen diese unter- bzw. oberhalb der für sie zuständigen Rotoreinheit (www. theatreorgans.com/faq/mystery/mystery.html).

DSP – die Handhabung von Effekten

Keyboards besitzen Effektprozessoren, mit denen sich die oben besprochenen Effekte und auch noch mehrere nachbilden lassen. Diese Prozessoren hören auf die Bezeichnung *DSP* – Digital Signal Processor. Dies ist eigentlich ein allgemeiner Oberbegriff für alle Prozessoren, die digitale Signale in Echtzeit bearbeiten können. Die DSPs von modernen Keyboards sind *Multieffektsysteme*, weil sie in der Lage sind, auf der Grundlage unterschiedlicher Algorithmen (Rechenvorschriften) verschiedene Effekttypen und sogar Kombinationen aus zwei und mehr Effekten gleichzeitig zu erzeugen. Die DSPs auf Keyboards überzeugen inzwischen durch überwiegend gute Effektqualität, und sie sind Allrounder, die von Hall bis Leslie alles in einem Gerät abdecken können. Vorbei die Zeiten, als Keyboarder neben ihren Instrumenten auch noch Schränke von Effekt-Racks mit sich herumschleppen und verkabeln mussten.

Nun hat ein gutes Keyboard nicht nur einen DSP, sondern gleich mehrere, parallel nutzbare – der aktuelle Spitzenwert liegt bei neun

Wozu viele DSPs?

DSPs beim PSR-9000 und 9000pro der Firma Yamaha. Nicht alle Sounds benötigen denselben Effekt. Deshalb ist es für klanglich differenzierte Ergebnisse wichtig, verschiedene Spielbereiche (Parts) und Sounds des Keyboards mit verschiedenen Effekten belegen zu können. Anhand des erwähnten Top-Keyboards sei veranschaulicht, wie sich neun DSPs sinnvoll verteilen lassen: DSP 1 ist nur für Hall zuständig und wirkt auf alle Keyboardparts. DSP 2 geht ebenfalls auf alle Parts und erzeugt Chorus-Effekte. Eine beachtlich große Zahl weiterer Effekte bis hin zu *Noise Gate* und *Compressor* wird nun über die verbleibenden DSPs gesteuert. DSP 3 wirkt dabei nur auf die Begleitautomatik und Songs im Sequencer, DSP 4 ist allein für den ersten Sound der rechten Hand zuständig (*Right 1*), die DSPs 5 und 6 entsprechend für *Right 2* und *3*, DSP 7 beglückt die linke Hand. Sogar dem Mikrofoneingang wird ein eigener DSP spendiert (DSP 8), und der letzte, DSP 9, zeichnet für die *Vocal Harmony*-Effekte des ebenfalls eingebauten Vocal Harmonizer verantwortlich.

Hat man nur wenige, global wirkende DSPs zur Verfügung, sind komplexe oder für mehrere Parts separate Effekteinstellungen nicht realisierbar. Es stellt sich dann die Frage, welche Kompromisse das nach sich zieht. Allenfalls ist es noch vertretbar, wenn der Hall global auf alle Parts wirkt, denn bei einem echten Orchester spielen schließlich auch alle Musiker im selben Raum mit denselben Halleigenschaften. Bereits bei Effekten wie Chorus oder gar Leslie wird's aber ziemlich kritisch, denn die sind immer nur für einzelne Sounds zu gebrauchen, nie aber global fürs ganze Instrument.

Track 17

System- und Insert-Effekte.

Für die Effekt-Handhabung auf Keyboards ist abschließend noch interessant, dass beim Anwählen von Sounds dazu passende Effekt-Einstellungen gleich mit aufgerufen werden (sofern das Instrument über Insert-Effekte verfügt). Das kann alles von Halleinstellungen bis zum Rotor-Effekt bei Orgelsounds sein. Zu einer Kirchenorgel wird automatisch ein anderes Hallprogramm aufgerufen als zu einem prägnanten Rhythmuspiano. Für den Spieler bringt das den Vorteil schneller Zugriffe auf Sounds mitsamt optimalen klanglichen Einstellungen mit sich. Außerdem sind in den frei programmierbaren Keyboard-Setups (Kompletteinstellungen) die Effekt-Einstellungen mit speicherbar, so dass man sie in eigene Sound-Zusammenstellungen integrieren kann.

INFO

Neun DSPs im Einsatz

Anhand der obigen Yamaha-Keyboards mit ihren neun DSPs sei das Prinzip noch einmal konkret verdeutlicht: die DSPs 1 und 2 (Hall und Chorus) sind System-Effekte, weil sie global für alle Parts Hall und Chorus erzeugen. Die Intensität lässt sich für jeden Part einzeln regeln. Die von diesen DSPs angebotenen Effektprogramme selbst sind jedoch für alle Bereiche des Keyboards identisch. (DSP 3 nimmt im konkreten Beispiel eine Sonderstellung ein, weil er sowohl als System- wie auch als Insert-Effekt genutzt werden kann.) Alle übrigen DSPs sind Insert-Effekte, da ihre Signale nur auf fest zugeordnete Parts wirken. DSP 4 etwa ist nur für den ersten Sound der rechten Hand zuständig, und kein anderer Part kann auf DSP 4 zugreifen.

Wäre nun zum Beispiel für DSP 1 das Programm „Hall 2" eingestellt, für DSP 2 „Chorus 1" und für DSP 4 „Delay", dann würde der Part Right 1 mit den globalen Effektprogrammen „Hall 2" und „Chorus 1" wiedergegeben werden und zusätzlich mit einem Delay als von DSP 4 nur für diesen Part erzeugten Insert-Effekt. System-Effekt und Insert-Effekt sind also miteinander kombiniert. Die Anteile aller beteiligten Effekte sind natürlich regelbar.

Wird übrigens über einen Insert-Effekt für einen speziellen Part ein anderes Hallprogramm eingestellt als es global von DSP 1 vorgegeben ist, hat die Insert-Effekt-Einstellung Vorrang. So ist es möglich, Einzelsounds mit anderen Halleinstellungen zu belegen als sie global anliegen. Dieses Prinzip macht man sich zu Nutze, um Sounds mit bestimmten Hall- und Effekteinstellungen zu verknüpfen, die beim Anwählen automatisch mit aufgerufen werden. Die programmierte Verkettung einzelner Sounds mit bestimmten Effekten erfolgt immer über Insert-Effekte, niemals global. (Das wäre Unsinn – dann würden sich ja die Effekte sämtlicher anderer Keyboardparts ändern, nur weil einer umregistriert wird.)

PRAXIS

Hall – global oder nicht?

Selbst beim Hall ist die globale Verwendung bereits nicht immer unproblematisch: Wenn live im Bierzelt zum hunderttausendsten Mal der „Schneewalzer" aus den Boxen dröhnt, wird sich niemand darüber aufregen, wenn alles über dasselbe Hallprogramm läuft. Doch spätestens im Produktions-Bereich (nicht nur im Tonstudio, sondern auch beim anspruchsvolleren eigenen Sequenz-Programmieren) werden für professionelle Resultate ungleich differenziertere und höherwertige Klangbilder gebraucht. In zeitgemäßer Musikproduktion ist es durchaus üblich, innerhalb eines Titels mit mehreren Hallräumen zu arbeiten. Während Bässe für druckvollen Sound trocken und knackig daherkommen müssen und Bläser meistens mit einem mittellangen Hall gut beraten sind, brauchen die darüber liegenden Melodie- und Solo-Sounds je nach Musikstil bisweilen eine größere räumliche Wirkung, und vor allem Gesang kommt nie ohne oftmals längeren und räumlich tieferen Hall aus.

Von den verschiedenen Hallpresets, die für einen Titel gebraucht werden, kann schon das Schlagzeug mehrere für sich alleine in Anspruch nehmen. Bassdrums sollten immer trocken und sehr prägnant sein, wofür man allenfalls ganz wenig Hall gebrauchen kann, und auch bei Toms ist der Hall sparsam zu dosieren, da sonst ganz schnell Matsch entsteht. Snares hingegen können mehr oder weniger stark verhallt werden, insbesondere bei Balladen kommen sie mit tiefer räumlicher Wirkung sehr gut rüber. Auch der oben genannte Gated Reverb mit abgeschnittener Hallfahne (Phil Collins-Sound) lässt sich gut für Snares einsetzen.

4. Die Begleitautomatik

Die Begleitautomatik philosophisch betrachtet.

Eine Begleitautomatik ist auf der einen Seite etwas Faszinierendes. Da spielt man mit der linken Hand einen Akkord, und eigentlich sind das nur drei, vier Töne, die für sich genommen völlig nackt klingen. Doch die Automatik nimmt sich diese Töne als harmonische Information und macht viel mehr daraus, als man selbst spielt – und mit zwei Händen überhaupt spielen könnte! Da sorgt plötzlich ein Schlagzeug für den richtigen Drive, Percussion-Instrumente liefern zusätzliche rhythmische Akzente, ein Bass gibt Fundament, Gitarrenakkorde füllen den Sound auf, Einwürfe von Bläsern schaffen Lebendigkeit. Es entsteht ein richtiges Begleit-Orchester, zu dem der Spieler quasi als Solist nur noch die Melodie zu spielen braucht.

In eben diesem „nur noch" liegt auch schon die Kehrseite der Medaille. So faszinierend es auf der technischen Seite ist, was eine Begleitautomatik aus drei simplen Tönen zu machen vermag, so sehr entzünden sich genau hieran die heißesten Diskussionen. Das Problem beginnt schon damit, dass man nicht einmal einen vollständigen Akkord greifen muss, um den vollen Begleitsound zu erhalten – unter Umständen genügt dafür ein einziger Finger. Klar, dass viele das nicht für seriös halten. Ein Pianist zum Beispiel hat überhaupt keine Begleitautomatik, sondern nur 88 weiße und schwarze Tasten. Mit denen kann er entweder umgehen oder nicht. Seine Begleitungen muss er sich komplett selbst ausdenken und arrangieren. Dazu sollte er wissen, was eine Samba oder Rumba musikalisch ausmacht und wie er das auf die Tasten umsetzt. Weiß das ein Keyboarder auch? Oder gibt er sich damit zufrieden, einfach einen Knopf zu drücken, auf dem „Samba" steht, und sich darauf zu verlassen, dass dann schon irgendwas in diese Richtung kommen wird? Zwar gibt es auch solche Zeitgenossen, aber die sollten sich besser nicht ernsthaft als Musiker bezeichnen. Trotzdem stehen auch ernsthafte Keyboarder immer wieder im Schatten dieses Automatik-Klischees.

Seriöses Keyboard-Spielen ist um einiges anspruchsvoller. Es kann nicht darum gehen, sich als Musiker von einer vorprogrammierten

Automatik vereinnahmen zu lassen und sich ihr unterzuordnen. Im Gegenteil: Nur der kreative Umgang mit der Automatik bewirkt eine musikalische Qualitätssteigerung. Aber Kreativität kommt aus dem Kopf des Spielers – nicht aus irgendeiner Automatik! Die ist nämlich von Hause aus, wie alle Computer, erst mal strohdumm. Anders gesagt: Intelligenter als der, der sie bedient, ist sie nicht. Sie kann ihm allenfalls ein kompetenter Partner sein. Vor allem aber wird sie sich scheren, irgendwas von selbst zu tun.

Nichts desto trotz ist die Begleitautomatik eines der charakteristischsten Merkmale von Portable Keyboards. Immer wieder wird sie auch als „Herz des Keyboards" bezeichnet. Sicher nicht ganz falsch. Aber ohne Herz könnten wir nicht leben – ein guter Keyboarder ohne die Automatik schon, wenigstens vorübergehend. Zumindest spricht es für ihn, wenn er auch mal die Automatik abschalten und über die volle Tastatur mit zwei Händen Klavier spielen kann. Hier sollte eine Messlatte für einen guten Keyboarder liegen. Abgesehen davon sind überzeugende Sounds mit qualitativen Effekten für ein Keyboard genauso wichtig wie gute Styles. Von daher hat ein Keyboard gewissermaßen zwei Herzen, und eines davon ist die Begleitautomatik.

Was ist ein Style?

Style statt Rhythmus – nur eine Frage der Begrifflichkeit?

Man spricht heute durchgängig von *Styles*, aber nicht mehr von *Rhythmen* und schon gar nicht mehr vom *Rhythmusgerät*. Dieser sprachliche Wandel hat sich in den letzten Jahren eher still und leise vollzogen. Vor allem liegen ihm auch inhaltliche Erkenntnisse zu Grunde: Der lange Jahre als solcher bezeichnete Rhythmus ist in Wirklichkeit eigentlich nichts als die Schlagzeugspur und damit nur ein kleiner Teil des gesamten Styles – noch dazu nicht einmal der komplexeste. Das Schlagzeug muss im Gegensatz zu allen anderen Spuren nicht transponieren können, und es ist unabhängig von jeglichen Akkorderkennungsproblemen. Erschwerend kommt hinzu, dass viele moderne Keyboards auch *Akustik-Styles* bieten, also Rhythmen, die gar keine Schlagzeugspur besitzen, sondern nur eine gezupfte Gitarren- oder Klavierbegleitung liefern. Der althergebrachte Begriff Rhythmus ist daher einfach unzulänglich. Früher waren Begleitautomatiken auf meistens zweitaktige Rhythmus-Patterns (engl. pattern = Muster) beschränkt. Doch diese Zeiten sind lang vorbei, ein heutiger Style ist etwas ungleich Komplexeres. Als Definition kann man sagen: Ein Style ist das Abbild einer musikalischen Stilrichtung. Dabei spielt neben rhythmischen und harmonischen Informationen die Instrumentierung eine wichtige Rolle: Ein Balladen-Style wird ganz andere Instrumente verwenden als eine Samba.

Universell oder titelbezogen?

Es gibt zwei große Kategorien von Styles: universell einsetzbare und titelbezogene. Was die erste Gruppe angeht: Sie ist auf dem Keyboard-Display leicht zu finden, denn Style-Bezeichnungen wie „Walzer", „Foxtrott" oder „Polka" sprechen für sich. Solche Styles müssen hauptsächlich ein Kriterium erfüllen: Sie sollten zu so vielen Titeln wie möglich des jeweiligen Musikstils passen. Damit diese Universalität gewahrt bleibt, sind hier überladene Begleitmuster und komplexes Gedudel tabu. Auch ultralange Intros und Endings, während denen mancher Spieler nicht weiß, was er machen soll, braucht kein Mensch. Vielmehr sind schlanke und transparente Arrangements mit kurzen, knackigen Intros, Fill Ins und Endings gefragt. Außerdem sollten diese Styles gut tanzbar und so arrangiert sein, dass sie einfach in die Beine gehen.

Track 18

Intros und Endings bei universellen und titelbezogenen Styles.

PRAXIS

Moderne Rhythmen – druckvoll ist besser

Die musikalischen Kriterien für einen gelungenen Style sind heute andere als vor ein paar Jahrzehnten – der Musikgeschmack ändert sich eben. Aktuell liegen vor allem druckvolle, Bass-betonte, Dance-orientierte Styles voll im Trend. Eine Polka sollte heute für gewisse Titel wie etwa im „Oberkrainer-Sound" zwar noch immer instrumentiert sein wie eine traditionelle Polka, doch ist es auf jeden Fall ein Gewinn, auch noch einen zeitgemäßen Party-Polka-Style à la „Anton aus Tirol" im Gepäck zu haben. Genauso kann man auch die klassische Samba immer wieder gebrauchen, doch für die Latino-Pop-Titel aus den Charts dürfen Latin-Styles im Dance-Gewand nicht fehlen. Also: Mut zu dieser Art von Cross Over!

Gerade die universell verwendbaren Styles eines Keyboards sollten mehrfach vorhanden sein, und zwar in durchaus unterschiedlichen Variationen. So entsteht wirkliche Universalität, denn man kann ein und denselben Titel ganz verschieden präsentieren und sich flexibel

Track 19

Traditionelle Musikstile im modernen Gewand.

auf unterschiedliche Zielgruppen einstellen; Beispiel: den Italo-Klassiker „Marina“ von Rocco Granata einmal im traditionellen 60er-Jahre-Sound für die Goldhochzeit und einmal als Millennium-Remix für die Jugend. Viele alte Titel sind eben noch immer oder wieder absolut in – es ist nur eine Frage der Verpackung! Anders sieht es bei titelbezogenen Styles aus. Wie die Bezeichnung schon verrät, müssen diese nur zu einem Song wirklich passen. Deshalb sind hier vom Original abgeleitete, auch längere Intros, Endings und Fill-Ins absolut legitim. Viele Profis vertreten übrigens die Meinung, dass man mit zehn bis 20 wirklich gut arrangierten, universell einsetzbaren Styles einen ganzen Abend bestreiten kann. Die aktiven Tanzmusiker unter den Lesern sollten ruhig mal bei sich nachzählen, auf wie viele verschiedene Styles pro Abend sie kommen.

PRAXIS

Techno meets Polka

Bei dem Style „EuroShop“ auf dem Yamaha PSR-9000 handelt es sich um eine Art Techno-Style mit den typisch Snare-betonten Fill Ins. Auf den ersten Blick wissen viele Alleinunterhalter mit solchen Styles nichts anzufangen, weil diese vermeintlich so überhaupt nicht zu ihrem Repertoire passen. Wenn sie sich versehentlich doch einmal in die Abteilung Dance verirren, schalten sie lieber schnell weiter, nach dem Motto: „Ich spiele lieber die schönen alten Schlager und nehme hier diesen wunderbaren Foxtrott – das wollen die Leute hören, nicht das moderne Getöse!“ Doch weit gefehlt! Nehmen Sie mal einen solchen Style und spielen damit zum Beispiel „Heidi“. Sie werden Ihren Ohren und Augen nicht trauen – erstens, wie manch alte Kamelle zu neuem Leben erwacht, und zweitens, wie Jung und Alt bei solchen Nummern plötzlich voll abgeht. Ob Sie nun in der rechten Hand moderne Synthies oder traditionelle Sounds registrieren, ist eigentlich egal. Im Grunde können Sie spielen wie gewohnt. Bilden Sie ruhig auch Medleys und hängen einen Ohrwurm an den nächsten – von „Anita“ bis zum „Bett im Kornfeld“. Mit so dankbaren Styles wie „EuroShop“ ruhig eine halbe Stunde lang!

Aufbau von Styles

Jeder Style gehorcht in seiner Struktur einer bestimmten Systematik, die sich zwar in einzelnen Bezeichnungen von Hersteller zu Hersteller unterscheiden kann, grundsätzlich jedoch auf jedem Keyboard dieselbe ist. Zur besseren Überschaubarkeit ist es sinnvoll, zwischen dem horizontalen und dem vertikalen Aufbau eines Styles zu unterscheiden. Beim horizontalen Aufbau handelt es sich um die funktionalen Bestandteile oder musikalischen Formteile eines Styles. Um es noch anschaulicher zu machen, könnte man auch von Style-Bausteinen sprechen. Diese Bausteine, die in ihrer Summe einen Style bilden, werden von verschiedenen Herstellern mit verschiedenen englischen Begriffen bezeichnet, zum Beispiel als „Division" (Roland), „Section" (Yamaha, Solton) oder „Element" (Casio). Bei den Bausteinen sind zu unterscheiden: Intro, Fill In, Break, Ending und natürlich der Hauptteil des Styles.

Intro

Das Intro ist eine Einleitung, ein Vorspiel für das eigentliche Stück. Das kann so ziemlich alles sein vom einzählenden Schlagzeug bis zum aufwendigen Orchester-Vorspiel.

Fill In

Fill Ins sind Zwischenspiele, die Überleitungen und besondere Betonungen schaffen. Das Schlagzeug verlässt dabei kurzfristig seinen durchlaufenden Rhythmus zu Gunsten eines mehr oder weniger virtuosen Einwurfs. Die übrigen, instrumentalen Begleitspuren laufen weiter.

Break

Im Unterschied zum Fill In schweigen die instrumentalen Begleitspuren bei einem Break. Hier ist, wenn überhaupt, nur das Schlagzeug zu hören. Ein Break ist entweder eine richtige Pause (wie der Name schon sagt), oder er hat den Charakter eines Schlagzeugsolos.

Ending

Analog zum Intro ist das Ending der musikalischer Abspann. Auch das Ending kann kurz und knackig sein, genauso gut aber ein langes, aufwendiges Nachspiel. Als Alternative zu Intro und Ending bieten manche aktuelle Begleitungen die Möglichkeit eines *Fade Ins* und *Fade Outs*.

Abgesehen von diesen Beigaben, die das Keyboarder-Leben erst richtig spannend machen, gibt es natürlich den eigentlichen Hauptteil des Styles, bezeichnet als *Hauptrhythmus* oder englisch *Main*. Dieser Hauptrhythmus hat eine bestimmte Länge und beginnt dann wieder von vorne, läuft also immer im Kreis, bis er gestoppt wird. Man bezeichnet diesen Teil als *Loop* (engl. Schleife). Nur der Hauptrhythmus wird geloopt, während alle anderen Teile nur einmal abgespielt werden, also linear laufen, um dann wieder in den Hauptrhythmus überzugehen.

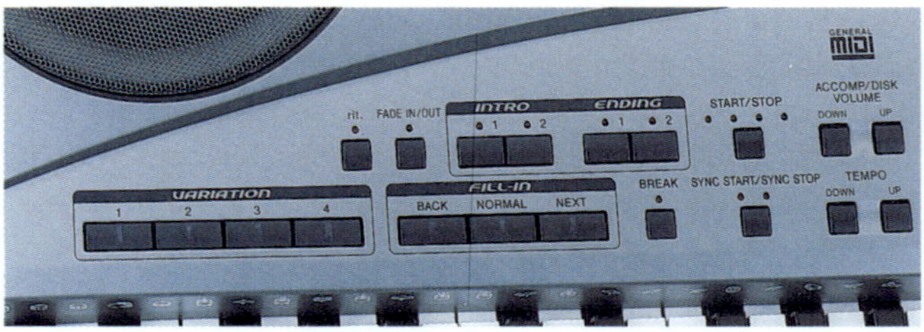

Alles im Blick: die Begleitsektion des Casio MZ-2000.

Bausteine eines Styles und ihre Länge.

Die Länge (Anzahl der Takte) all dieser Style-Bausteine ist bei einer modernen Begleitautomatik zwar nicht unbegrenzt, aber doch sehr flexibel. Bei manchen Geräten liegt die Obergrenze bei 16 Takten, einige Topmodelle spendieren auch 32 Takte. Doch selbst dabei handelt es sich bisweilen nur um die Anzahl der Takte, die man am Instrument programmieren kann. Programmiert man selbiges extern über einen PC, kann man für den Hauptrhythmus sogar auf 256 Takte (!) zugreifen (so der Fall bei Yamaha PSR-9000 und 9000 pro). Allerdings ist die Länge der Fill Ins meist auf einen Takt begrenzt, weil der üblicherweise für eine kurze, durch das Schlagzeug akzentuierte Zwischenfigur ausreicht. Lediglich beim Wiener Walzer mit seinem Ganztakt-Feeling bei 180 Schlägen pro Minute kann man ins Schwimmen kommen – hier sind zweitaktige Fill-Ins eindeutig vorteilhafter.

Verschiedene Style-Bausteine werden zu einem Musikstück zusammen gesetzt.

Die flexible Länge macht musikalisch Sinn: Im Vergleich zu den Steinzeit-Rhythmusgeräten ist es ein unschätzbarer Vorteil, dass man längst nicht mehr auf zweitaktige Patterns fixiert ist. Davon profitieren sowohl die Universal-Styles wie vor allem auch die titelbezogenen Styles; für beide Style-Kategorien haben sich dadurch ganz neue Möglichkeiten eröffnet. Es ist musikalisch viel interessanter und lebensnaher, wenn sich bestimmte Figuren erst alle acht oder 16 Takte wiederholen. Ein echter Schlagzeuger oder Trompeter spielt schließlich auch nicht alle zwei Takte dasselbe.

Style-Variatonen

Zusätzlich gibt es heute zu jedem Style mehrere Variationen, bei den Topkeyboards sind es in der Regel vier. Bei den Variationen wird der Sound verdichtet – unter anderem durch Hinzunahme von Instrumenten. Es wird aber auch ins Arrangement eingegriffen, so dass ein Style in bestimmten Grenzen von Variation zu Variation regelrecht sein Gesicht verändert. Am Beispiel eines Balladen-Styles könnte das zum Beispiel so aussehen, dass im Schlagzeug der Rimshot (Kantenschlag) durch einen satten Snare-Sound ersetzt wird und weitere Percussion-Instrumente den Rhythmus auffüllen. In die Basslinie kommt mehr Bewegung, aus einer anfangs gezupften Gitarren-Begleitung werden dicke Akkorde, und es kommen verschiedene Einwürfe, zum Beispiel von Bläsern, hinzu.

Track 20

Aufbau von Style-Variationen.

Die einzelnen Variationen bauen sukzessiv aufeinander auf. Beim besagten Balladen-Style sollte es zunächst einmal sehr ruhig losgehen, mit einem ganz dezenten Schlagzeug und einer dünnen Begleitung, vielleicht nur ein geschmackvoller Flächen-Sound und eine gezupfte Gitarre. Von Variation zu Variation steigern sich nun Arrangement und Sound wie oben beschrieben, und bei der letzten Variation angekommen, sollte es orchestral voll klingen. Verbindet man jetzt noch die einzelnen Variationen geschickt durch überleitende Fill Ins, lassen sich beeindruckende und dramatische Steigerungen erzielen. An einem bekannten Titel wie „Love Story“ kann man übrigens dieses Beispiel wunderbar nachvollziehen. So ist es also keine technische Angeberei, sondern musikalisch sinnvoll, dass bei modernen Begleitautomatiken alles mehrfach vorhanden ist, gleich bis zu vier Intros, Endings, Fill Ins und Variationen pro Style.

Die Style-Varianten einer Begleitautomatik nehmen in ihrer Dichte zu.

Die Spuren der Styles

Track 21

Aufbau eines Styles.

Neben dem horizontalen Aufbau besitzt eine Begleitautomatik auch einen vertikalen Aufbau. Das bedeutet: Jeder Style und jeder seiner Bausteine ist nach einem Spurenprinzip aufgebaut. Bildet horizontal die Summe verschiedener Bausteine einen Style, so entsteht vertikal durch Übereinanderlegen mehrerer Spuren der Sound eines Styles. Jeder Style-Baustein kann auf dieselbe Anzahl von Spuren zugreifen.

Track 22

Drum Loops sorgen für großes Live Feeling.

Jeder Style besitzt mindestens eine Schlagzeugspur. Bei den Akustik-Styles bleibt diese leer, aber technisch ist sie genauso vorhanden. Diese Spur enthält die Drum-Programmierung, also das, was wir landläufig als Rhythmus bezeichnen. Oft gibt es noch eine zweite solche Spur, betitelt mit „Groove" (Solton), „Percussion" (Korg, Casio) oder ähnlichen Bezeichnungen. Darauf sind zusätzliche Percussion-Sounds, Daten für die Variationen oder *Live Drum Loops* untergebracht. Solche Drum-Loops zählen zu den bestechendsten Features der neuesten Keyboards. Es handelt sich dabei um live aufgenommene Schlagzeug-Figuren, die dem programmierten Keyboardstyle beigegeben und als Audioaufnahme abgespielt werden, zum Beispiel aus einem internen Sampler, den einige Top-Keyboards bieten. Dem Schlagzeug folgen verschieden instrumentierte Spuren: eine monophone Bass-Spur (Bass-Linien sind in der Regel einstimmig) sowie mehrere polyphone Chord-Spuren. Diese müssen nicht mehrstimmig bespielt werden, sondern können alles von der einstimmigen Synthesizer-Linie über Gitarren-Akkorde und Rhythmus-Klaviere bis hin zu Bläsersätzen beinhalten.

Bei der Instrumentierung der Spuren kann normalerweise auf sämtliche im Keyboard enthaltene Sounds zugegriffen werden, und auch im Begleitbereich können die Sounds mit den vorhandenen Effekten beeinflusst werden. Ein Panorama-Wert (Stereo-Position im Raum) kann ihnen ebenfalls zugewiesen werden.

Überladung der Spuren – weniger ist mehr.

Top-Keyboards bieten in der Begleitsektion derzeit acht Spuren inklusive Drums und Bass. Dies ist bereits eine ganze Menge, und nicht erst, wenn alle voll belegt sind, entsteht ein brauchbarer Begleitsound. Das sollte man vor allem bei eigenen Programmierungen nicht vergessen – Vorsicht vor Überladung der Styles! Manchmal klingt es einfach besser, wenn auf einer Begleitspur nur gelegentliche Einwürfe programmiert sind oder sie sogar einmal ganz leer bleibt – Priorität haben die Durchsichtigkeit des Mix' und die Entfaltungsfreiheit des Spielers.

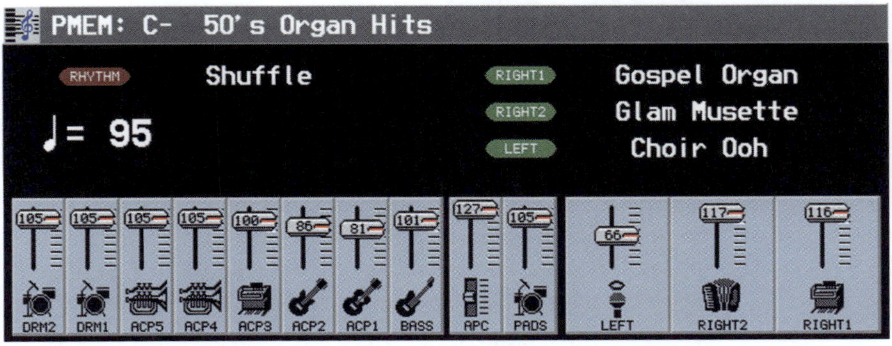

Beim Technics KN 6000 hat der Spieler alle wichtigen Spuren im direkten Lautstärke-Zugriff.

Idealerweise sollten alle Spuren einzeln in der Lautstärke regelbar und per Knopfdruck ganz abschaltbar sein. Im Prinzip funktioniert das auch bei allen modernen Keyboards, doch ist es bei einigen komfortabler, da man die Einzelspuren im direkten Zugriff hat, während bei anderen die Spuren zunächst in Blöcken zusammengefasst sind und erst durch Zwischenschritte einzeln zugänglich werden. Es lohnt sich durchaus, beim Testen darauf zu achten, inwieweit derlei Feinheiten den persönlichen Handling-Vorlieben entgegenkommen.

Track 23

Verschiedene Harmonieteile in der Begleitung.

Zum Thema Aufbau von Styles bleibt abschließend noch eines zu sagen: Eine moderne Begleitautomatik verfügt über verschiedene Harmonieteile. Früher spielte man für jede Spur die gewünschte Figur ein, und zwar in C-Dur. Die Automatik rechnete dann die Tonhöhen in andere Harmonien und auch Moll-Akkorde um. So hörte man grundsätzlich in allen Harmonien und Tongeschlechtern immer dieselbe Figuren der Begleitinstrumente. Heute ist es möglich, dass die Begleitautomatik bei Moll- oder Septim-Akkorden andere Figuren spielt oder sogar andere Sounds ins Spiel bringt als bei Dur-Akkorden. Die einzelnen Style-Bausteine lassen sich für verschiedene Harmonietypen verschieden gestalten. Ein Beispiel: Von den acht Spuren bleibt Spur 4 im Dur-Teil leer, nur für den Mollteil wird auf ihr etwas eingespielt. Nur bei Moll-Akkorden hört man nun den Inhalt dieser Spur, so dass hier andere Begleitfiguren oder Sounds ins Spiel kommen als bei Dur-Akkorden. Bei Septakkorden sind zum Beispiel absteigende Basslinien, gerne in Verbindung mit einem Snare-Zwischenschlag, so genannte *Soft-Breaks*, sehr beliebt. Gerade für komplexe Intros und Endings, die Melodieverläufe oder Akkordprogressionen enthalten, sind verschiedene Harmonieteile existenziell wichtig. Bei den alten Rhythmusgeräten, die alles von C-Dur ableiteten, gab es an solchen Stellen schon mal Probleme, insbesondere mit Umrechnungen nach Moll. Derartige Intros konnten dann leicht verändert bis „entstellt“ klingen.

Die Referenz-Tonart muss nicht zwangsläufig immer C-Dur sein.

Auch ist die Referenz-Tonart zum Einspielen nicht mehr auf C-Dur festgelegt. Bei einer guten Begleitautomatik kann man von jedem Grundton aus und sogar in Moll einspielen; dafür wird heute ein recht großes Angebot verschiedener Tonleitervorräte zur Verfügung gestellt. Man muss dem System nur vorher mitteilen, für welche Tonart man sich zum Einspielen entschieden hat, damit es weiß, worauf es sich beim Transponieren zu beziehen hat. So kann man zum Einspielen komplizierterer Figuren Tonarten verwenden, die auf der Tastatur besser liegen. Und zum Einspielen eines Harfen-Glissandos sollte man den Grundton Fis wählen, denn dann kann man dafür die schwarzen Tasten verwenden – dasselbe Glissando in C-Dur produzieren zu wollen, wäre technisch ungleich anspruchsvoller.

Systemdaten und MIDI-Daten

Wichtige Style-Voraussetzungen sind im Betriebssystem verankert.

Technisch gesehen sind es MIDI-Informationen und Systemdaten, die regeln, wie ein Style funktioniert. Zunächst zu den Systemdaten: Diese Informationen entscheiden letzten Endes über die Qualität einer Automatik. Da gibt es etwa Transponierungsvorschriften für die Töne der Spuren: Werden sie bei Akkordwechseln parallel oder nicht-parallel transponiert? Der Bass wiederum hat eigene Vorschriften, denn er wird normalerweise bei einem Akkordwechsel auf dem Grundton einsteigen, auch wenn er sich laut Programmierung zu diesem Zeitpunkt eigentlich auf der Terz oder der Quinte befinden müsste (es sei denn, die nachfolgend beschriebene *On-Bass*-Funktion ist aktiviert). Außerdem muss ein Style immer mit einem Setup beginnen, in dem die Bankwechselbefehle und Nummern der Sounds enthalten sind, sprich die Instrumentierung der einzelnen Spuren festgelegt ist, ferner Lautstärke-, Hall- und Effekt-Einstellungen. Weiterhin muss innerhalb des Systems festgelegt sein, wie viele Bausteine ein Style haben darf, wie lange diese jeweils sein dürfen, welche MIDI-Events (Controller) in Styles vorkommen dürfen und welche Taktarten erlaubt sind. Kurzum: Es gibt eine Reihe von wichtigen, auch sehr herstellerspezifischen Informationen rund um den eigentlichen Style. Diese Informationen sind für den Spieler wichtig, da er sich in der Praxis mit ihren Auswirkungen herum ärgern darf – zum Beispiel wenn er selbst programmiert und an Grenzen stößt oder sich beim Kauf eines neuen Instruments darüber wundert, warum Style-Formate verschiedener Hersteller nicht kompatibel sind. Da zudem die Hersteller sich diesbezüglich auch nicht gerne in die Karten gucken lassen, findet man die meisten solcher Daten auch nicht in den Handbüchern. Doch die wenigen oben genannten Punkte zeigen bereits, warum Styles nur sehr bedingt kompatibel oder austauschbar sein können. Das Problem besteht nicht nur zwischen verschiedenen Herstellern, sondern teilweise sogar zwischen den Instrumenten eines Herstellers: Es ist nicht selbstverständlich, dass ein Nachfolgemodell die alten Styles weiter nutzt. Die Daten eines Styles stehen in unmittelbarem Zusammenhang mit dem Betriebssystem des konkreten Instruments, und und das kann sich mit jedem Instrument, das neu auf den Markt kommt, ändern. Wollte man herstellerübergreifend kompatible Styles produzieren, müsste man also zunächst unter allen relevanten Systemen den kleinsten gemeinsamen Nenner finden. Doch dabei blieben die instrumentenspezifischen Möglichkeiten ungenutzt. Außer den Systeminformationen enthält ein Style MIDI-Daten – die eigentlichen Patterns, die man beim Abspielen hört. Von den Systemdaten abgesehen ist ein Style ja nichts anderes als eine Aneinanderreihung von MIDI-Sequenzen.

Spielen mit der Begleitautomatik

Damit die Automatik einen professionellen Begleitsound erzeugen kann, muss sie zunächst einmal die Harmonie mitgeteilt bekommen, mit der sie arbeiten soll – dies ist und bleibt Aufgabe des Spielers. Da aber nicht nur die harmonischen Kenntnisse, sondern auch rein praktisch die grifftechnischen Vorlieben individuell verschieden komplex sind, bietet eine Begleitautomatik verschiedene Modi zur Akkorderkennung.

PRAXIS

Mehr Farbe durch Splitting

Es liegt nahe, die beiden Tastaturabschnitte verschieden zu instrumentieren: rechts markante, durchsetzungsfähige Solosounds für die Melodie sowie Bläser- oder Streichersätze und auch Soundkombinationen (so genannte Layer) für voll klingendes und akkordisches Spiel. Links kommen eher Flächen-Sounds (PAD-Sounds) in Frage, die sich zum Liegenlassen von Akkorden eignen, zum Beispiel der berühmte „Streicher-Teppich". Aber auch Chöre oder moderne Sounds machen sich hier je nach musikalischer Stilistik gut. Natürlich ist in der linken Hand neben der Begleitautomatik auch ein rhythmisch akzentuiertes Spiel denkbar. Dafür kommen dann verschiedene Klaviersounds und in gewissen Grenzen auch Gitarren in Betracht. Auch fantasievolle Soundkombinationen können reizvoll sein. Unbedingt achten sollte man in diesem Fall auf die Oktavlage der Sounds; auf keinen Fall dürfen sie zu tief rutschen! Sound(s), Oktavlage und Gesamtlautstärke der linken Hand müssen so gewählt werden, dass es nicht zu Überschneidungen mit den eigentlichen Begleitspuren und schon gar nicht mit den führenden Sounds in der rechten Hand kommt. Im Zweifelsfall lieber eine Begleitspur abschalten und sich Luft fürs eigene Spiel schaffen. Ob umgekehrt der Sound der linken Hand eingeschaltet ist oder nicht, hat auf das Funktionieren der Automatik keinerlei Auswirkung.

Splitting

Im allergrößten Teil der Fälle wird die Tastatur zum Spiel mit der Begleitautomatik *gesplittet*. Das bedeutet, sie wird in einen linken und einen rechten Abschnitt geteilt. Die Grenze, an der geteilt wird, heißt *Split-Punkt*. Seine Lage ist bis auf absolute Billig-Instrumente bei allen modernen Keyboards frei wählbar. Alles, was nun in der linken Tastaturhälfte gespielt wird, wird von der Begleitautomatik ausgewertet – wie bei einer E-Orgel das untere Manual. Hier ist also kein Melodiespiel gefragt, sondern Akkorde. Indes ist die rechte, meistens größere Tastaturhälfte für das Melodiespiel reserviert. Was hier geschieht, hat in der Regel keinerlei Einfluss auf die Begleitautomatik. Allerdings gibt es auch Keyboards (etwa die VA-Serie der Firma Roland oder das Korg PA80), deren Begleitautomatik man ein Akkord-Erkennungsgebiet zuweisen kann; hier kann man sich auch für die Auswertung der rechten Tastaturhälfte anstelle der linken entscheiden.

Viele Keyboards bieten eine *Left-hold*-Funktion. Ist diese aktiviert, klingen die Töne des linken Tastaturbereichs auch beim Loslassen der Tasten weiter. Sounds, die nicht von selbst ausklingen (zum Beispiel Streicher), werden gleichmäßig gehalten, während von selbst abklingende Sounds (zum Beispiel Klavier) langsamer ausklingen als normal (als ob man bei einem echten Klavier das Haltepedal treten würde). Dank dieser Funktion kann die linke Hand vorübergehend die Tasten verlassen, zum Beispiel für Umregistrierungen, ohne dass ein musikalisches Loch entsteht.

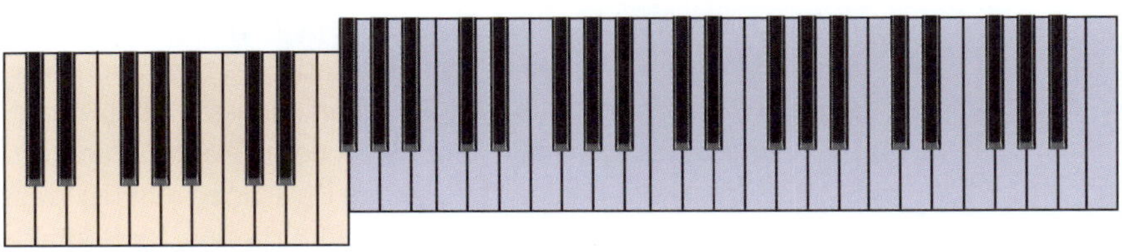

Die Splitpunkte lassen sich auf der Tastatur bei höherwertigen Keyboards frei wählen.

Fingering

Es gibt verschiedene Möglichkeiten, die für die Begleitautomatik relevanten Akkorde zu erzeugen. Diese Möglichkeiten fasst man unter dem Oberbegriff *Fingering* zusammen – zu deutsch etwa *Akkordspielmethode*:

Fingered-Modus

Einer der gebräuchlichsten Modi ist der *Fingered*-Modus. In diesem Modus müssen vollständige Akkorde gegriffen werden – und laut musiktheoretischer Definition ist ein vollständiger Akkord der Zusammenklang von mindestens drei verschiedenen Tönen. Komplexere Akkorde müssen dementsprechend sogar vierstimmig gegriffen werden. Die Anzahl der vom System erkannten Akkordarten ist dabei sehr umfangreich. Dreißig bis vierzig Akkordtypen sind auf jeden Fall bei den Top-Keyboards üblich, und auch anspruchsvollere harmonische Strukturen wie Vorhaltsakkorde kein Problem.

Spielt man im Fingered-Modus nur eine Taste, erzeugt die Automatik eine Begleitung, die nur auf diesem Ton als Grundton basiert, jedoch nicht den vollen Sound liefert, da Terz und Quinte fehlen. Allerdings bieten manche Keyboards zwei Versionen des Fingered-Modus, bei denen drei bzw. nur zwei Töne gegriffen werden müssen, damit die Automatik einen Akkord daraus bildet. Der Hintergedanke: Wenn unter drei Tönen nichts passiert, kann der Spieler mit einem oder zwei Tönen auch im Akkorderkennungsbereich Gegenmelodien oder Läufe spielen, ohne dass der Akkord wechselt. So wird dieser Abschnitt auf der Tastatur zu einer Art zusätzlichem Manual.

Single Finger-Modus

Wer nur mit einem Finger spielen und trotzdem den vollen Begleitsound erhalten möchte, kann den *Single Finger*-Modus wählen. Hier reicht es, nur eine einzige Taste zu betätigen, nämlich den Grundton des gewünschten Akkords. Um Moll- oder Septakkorde zu erhalten, haben Hersteller verschiedene Lösungen gefunden: Für einen Mollakkord drückt man bei Yamaha, Technics und Korg zusätzlich eine beliebige schwarze Taste links vom Grundton, für einen Septakkord zusätzlich eine beliebige weiße Taste links vom Grundton und für einen Moll-Septakkord beides gleichzeitig. Bei Casio sieht die Welt ganz anders aus: Da drückt man für Moll-Akkorde eine, für Septakkorde zwei und für Moll-Septakkorde drei zusätzliche beliebige Tasten oberhalb des Grundtons. Da diese Griffweisen mit Akkordlehre überhaupt nichts zu tun haben, bekommen Spieler, die nur nach dieser Methode lernen, bei einem Wechsel des Keyboards möglicherweise Probleme und müssen wieder umlernen. Spätestens ohne Single Finger-Modus sind sie ohnehin aufgeschmissen. Da sich mit den begrenzten Möglichkeiten dieses Modus nicht mehr als Dur-, Moll- und Septakkorde erzeugen lassen, kommt jeder, der über einen größeren harmonischen Fundus verfügen will, nicht drumherum, sich fundiert mit Harmonielehre zu beschäftigen – und seine Akkorde als echter Musiker selbst zu greifen.

Pianist-Modus

Dem Bedarf nach komplexem Spiel Rechnung tragen will der *Pianist*-Modus, da und dort auch als *Full-Keyboard*-Modus bezeichnet. In dieser Betriebsart wird das gesamte Manual zur Akkorderkennung verwendet und der Split-Punkt entfällt. Wie der Name schon sagt, kommt dieser Modus vor allem Pianisten entgegen und ermöglicht beidhändiges Spiel plus Begleitautomatik.

Der Pianist-Modus funktioniert mit den meisten Stücken, ist jedoch für bestimmte Arrangements nicht geeignet. Das hängt davon ab, wie virtuos und harmonisch komplex das ist, was der Spieler auf der Tastatur veranstaltet. Bei zu vielen akkordfremden Tönen und Durchgangsnoten kann es Erkennungsprobleme geben.

Im wesentlichen arbeiten moderne Begleitautomatiken mit diesen drei Fingering-Modi. Alle weiteren basieren auf den genannten und sind Variationen oder Kombinationen aus diesen. So zum Beispiel der Multi-Finger-Modus. Dabei handelt es sich um eine Kombination aus Single Finger und Fingered, so dass der Spieler ohne Umschalten zwischen vollständigen Akkorden oder Ein-Finger-Steuerung wechseln kann.

Modi wie Single Finger können für den Anfänger interessante Zwischenlösungen auf dem Weg zum richtigen Akkorde-Lernen sein. Doch letztlich schränken sie zu sehr ein, da mit ihnen vor allem die Kreativ-Funktionen (siehe den Abschnitt „Der kreative Umgang mit der Begleitautomatik“, On Bass-Funktion) einer Begleitautomatik nicht genutzt werden können. Musikalisch ernst zu nehmen sind daher an erster Stelle Fingered- und Pianist-Modus.

Der kreative Umgang mit der Begleitautomatik

Mehr denn je bemüht man sich heute, im Bereich der Begleitautomatik ein größtmögliches Live-Feeling zu erzeugen: Die Begleitsektion soll so lebendig klingen wie eine gute Tanzband – diesen Anspruch haben inzwischen alle Hersteller und Style-Produzenten.

Hoher Anspruch: Gegen ein Profi-Ensemble wie die Pepe Lienhard-Band wird es ein Portable Keyboard immer schwer haben.

Eine Entwicklung in diese Richtung hat bereits stattgefunden: Die Drumsounds der meisten Keyboards klingen inzwischen recht authentisch, weil sie durch bisweilen aufwendige Samples gewonnen werden. Allein durch die Kombination von geschickter Programmierung hochwertiger Sounds mit Audio-Aufnahmen eines Live-Schlagzeugers (Drum-Loops, siehe oben) kann eine zeitgemäße Keyboard-Begleitautomatik sehr realistische Styles produzieren.

Man muss sich nicht sklavisch an die Vorgaben der Programmierer halten – es ist nicht verboten, Styles zu modifizieren. Möglichkeiten gibt es dazu mehr als genug: Man kann die Instrumentierung jeder Spur verändern, Effekte, Panorama-Werte und Lautstärken. Bei guten Geräten lassen sich über Equalizer ähnlich einem Mischpult sogar Frequenzen beeinflussen.

On Bass-Funktion.

Kreativer Umgang mit der Begleitautomatik bedeutet auch, dass man durch gezieltes Greifen der Akkorde die Basslinien beeinflussen und gestalten kann. Jede moderne Automatik hat einen so genannten *On-Bass-*, *Bass-Inversion-* oder *To-lowest*-Modus. In diesem Modus bezieht sich der Bass der Begleitautomatik nicht auf den Grundton des erkannten Akkordes, sondern auf den tiefsten gegriffenen Ton – bekanntlich kann man ja Akkorde nicht nur in ihrer Grundstellung, sondern auch in Umkehrungen greifen.

Ein plastisches Beispiel für diese Anwendung sind die ersten Takte des berühmten Oldies „A wither shade of pale“ von Procul Harum: Die Harmonie wechselt von C-Dur über e-Moll nach a-Moll. Doch der Bass bestreitet, anstatt quer durch die Gegend zu hüpfen, eine abwärtsgerichtete Linie aus den Tönen C – H (=Quinte von e-Moll) – A.

Track 24

Kreativität mit der On Bass-Funktion.

„A whiter shade of pale“ gewinnt musikalisch enorm durch den bekannten Bass-Abgang.

Auf dem Keyboard kann man diesen Basslauf exakt nachstellen, indem man von der *On-Bass*-Funktion Gebrauch macht und die Akkorde wie folgt greift:

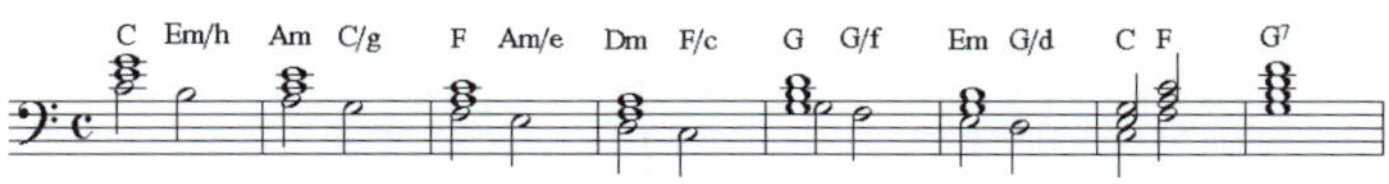

Wichtig: Die *On-Bass*-Funktion ist nur mit dem *Fingered*- oder *Pianist*-Modus nutzbar, nicht aber mit *Single Finger*. Je klarer eine Basslinie in ihrer Grundgestalt strukturiert ist, je leichter lässt sie sich durch die entsprechende Grifftechnik mit der *On-Bass*-Funktion steuern. So gibt es ein paar Bassfiguren, die geradezu prädestiniert dafür sind, manuell beeinflusst zu werden:

Was bietet eine gute Begleitautomatik musikalisch?

Eine Leitfrage, an der sich die Qualität einer Begleitautomatik messen lassen muss, lautet: Was spiele ich – was höre ich? Das klassische Beispiel: Beim Spiel mit einem lateinamerikanischen Style, der mit charakteristischen Major-Akkorden arbeitet (große Septime), gibt man einen C-Dur-Akkord ein, hört aber in der Begleitautomatik zusätzlich noch ein H. Das klingt zwar reizvoll, und den Anfänger, der die Begleitung nur mit einem Finger steuert, mag es ungeheuer beeindrucken, dass selbst er so einen Akkord hervorbringen kann – doch die Freude währt nicht lange. Was passiert, wenn man G-Dur eingibt? Dann ertönt in der Begleitung zusätzlich ein Fis, aber das gehört überhaupt nicht zum Tonvorrat der Grundtonart C-Dur. Wenn sich jetzt noch ein F in der Melodie befindet, ist der Wohlklang dahin.

„Hänschen Klein", unterlegt mit dem Bossa Nova einer schlechten Begleitautomatik: Die Reibungen, die sich in den Takten 2 (F gegen Fis) und 4 (Fis gegen G) ergeben, klingen nicht nur fürchterlich falsch, sie stehen auch außerhalb jedes harmonischen Zusammenhangs.

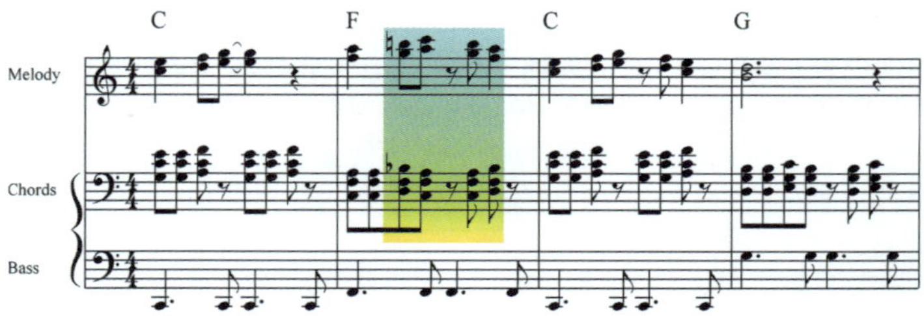

Auch nicht besser: Im ersten Takt kommt in der Begleitung der Ton F vor, eigentlich nicht Bestandteil von C-Dur. Noch geht's gut, aber im Takt 2 passierts: Beim Transponieren nach F-Dur (Subdominante) wird aus dem F ein B^{b}, und das klingt gegen die Durchgangsnote H in der Melodie schlicht falsch.

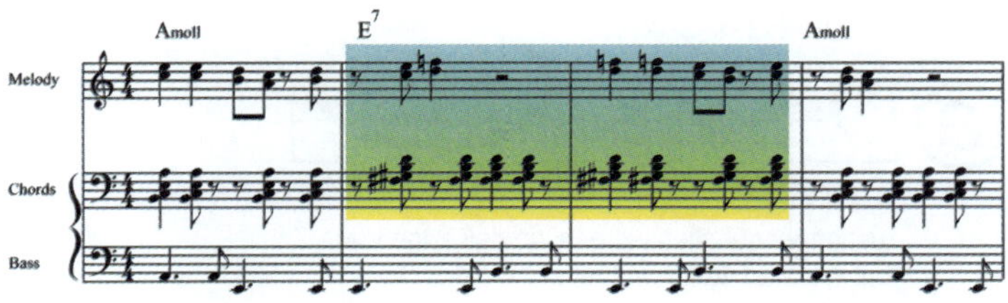

Aus Gründen der Harmonielehre sind Nonen, die man gerne in Latin-Styles findet, ebenso heikel wie Septen. Hier ein Beispiel in a-Moll. Takt 1: Noch stört das H in der Begleitung nicht, aber schon das Fis in Takt 2 (*große* None) reibt sich gegen das F in der Melodie (*kleine* None, eigentlich der hier richtige Ton!).

Track 25

Automatisch hinzugefügte Töne in der Begleitung.

Automatisch hinzugefügte, akkordfremde Töne passen (wenn überhaupt) nur zu einem kleinen Teil der harmonischen Stufen. Deshalb sollten sie, wo gewünscht und musikalisch sinnvoll, vom Spieler selbst gegriffen werden. Standardmäßig haben sie in einer Begleitautomatik nichts zu suchen. Der Spieler soll das hören, was er wirklich spielt, und sonst nichts. Schon gar keine selbstdarstellerischen Programmierversuche von irgendwelchen Ober-Musiktheoretikern. Orientierungsregel: Mit den vorgeblich universell einsetzbaren Styles einer guten Begleitautomatik sollte man grundsätzlich jedes Lied der entsprechenden Taktart spielen können!

Track 26

Sehr komplexe oder überladene Begleitarrangements.

Weitere Beurteilungs-Kriterien: Wie transponiert die Begleitung? Werden bei Harmoniewechseln Akkorde einfach parallel verschoben oder beherrscht die Automatik Lagenwechsel? Selbige Frage gilt auch für den Bass: Wird ein Quint-Wechselbass stur durch alle Tonarten parallel verschoben, immer mit Grundton unten?

Diese Begleitung klingt bestimmt nicht wie eine gute Tanzband, sondern steril nach Automatik. Statt realistisch transponiert, werden die Begleitspuren einfach parallel verschoben, ohne sinnvolle Lagenwechsel (siehe Akkordspur) und ohne Rücksicht auf riesige unmusikalische Sprünge (siehe Bass).

Wie reagiert ein Walking-Bass (Beispiel: die typische Rock 'n' Roll-Bassfigur) auf Akkordwechsel, und wie verhalten sich Bass-Figuren mit zusätzlichen Tönen in verschiedenen Harmonien?

In dieser Bassfigur ist der Ton A als Sexte von C-Dur ein zusätzlicher Ton. Transponiert die Automatik ungeschickt, können dabei so unmusikalische Septsprünge wie in dem unteren Beispiel herauskommen.

Grenzbereiche der Begleitautomatik.

Die Akkorde einer Begleitautomatik können nicht beliebig hoch oder tief spielen. Das ist dasselbe Problem wie bei MIDI-Files: Werden Spuren auch nur einen Halbton zu hoch oder zu tief transponiert, klingen sie einfach nicht mehr – man muss sie oktavieren. Dabei wiederum kann es passieren, dass einzelne Töne in den roten Bereich rutschen und korrigiert werden müssen. Nicht anders bei der Begleitautomatik: Wie verhält sie sich in den Grenzbereichen? An welchen Stellen wird oktaviert? Wie wird oktaviert – einfache Parallelverschiebung nach oben/unten oder musikalisch sinnvolle Lagenwechsel wie sie ein echter Musiker spielen würde? Die meisten Problemstellen treten nicht beim einfachen Vor-sich-hin-laufen-Lassen eines Styles zu Tage, sondern erst bei Harmoniewechseln. Daher sollten Sie sich niemals eine halbe Stunde lang einen Style nur auf einem Akkord anhören und sich über den tollen Sound freuen, sondern unbedingt Harmonieverbindungen, einfache wie möglichst komplexe, spielen.

Beim Testen sollte der berühmte erste Eindruck nicht davon abhalten, diesen konkreten Fragen auf den Grund zu gehen. Nichts desto trotz hat gute Musik auch ganz viel mit Gefühl zu tun. Daher die entscheidende Frage: Kann man mit der Automatik und ihren Styles spontan loslegen, als hätte man noch nie mit etwas anderem gespielt? Das heißt für Sie: Fühlen Sie sich mit dieser Automatik ganz einfach wohl?

Was die Begleitung können muss

INFO

10 Tipps zum Antesten beim Keyboard-Kauf.

- Timing: Steht die Automatik rhythmisch „wie eine eins"? Spricht sie präzise an?
- Harmonie-Repertoire: Welche und wie viele Akkordtypen werden erkannt?
- Flexibilität: Wie viele Takte pro Stylebaustein sind erlaubt?
- Wie sieht's aus mit Bedienfreundlichkeit und Übersichtlichkeit?
- Klingen die Sounds des Keyboards nur für sich genommen gut, oder mischen sie sich in der Begleitung zu einem organischen Ganzen?
- Passt die Auswahl der angebotenen Styles zum eigenen Repertoire?
- Gibt es jeweils mehrere Styles eines Genres, damit Abwechslung möglich ist? Sind weitere Styles über Diskette nachladbar?
- Kann man Styles auf einer Festplatte unterbringen, um Nachladezeiten von Diskette zu vermeiden?
- Sind die vorhandenen Styles editierbar?
- Können eigene Styles programmiert werden?

5. Aufzeichnen mit dem Keyboard

Die meisten Keyboards – ab der Mittelklasse eigentlich alle – besitzen die Möglichkeit, das eigene Spiel in verschiedenen Formen aufzuzeichnen und wiederzugeben. Für professionelle Anwendungen nutzt man diesbezüglich zwar heute den PC, aber manchmal kann es sehr hilfreich sein, unterwegs am Instrument schnell etwas aufnehmen zu können. Und in die Verlegenheit, bereits vorhandene Aufnahmen von Diskette ins Keyboard zu laden und abzuspielen, kommen Keyboarder fast täglich. Diesen eingebauten Software-Recorder und -Player bezeichnet man als *Sequencer*. Etwas missverständlich ist die Bezeichnung, denn auch die Begleitautomatik eines Keyboards ist letztlich ein mehrspuriger Sequencer (siehe das vorige Kapitel, Abschnitt „Die technische Funktionsweise von Styles"). Allerdings begegnet dieser Begriff in der Praxis dem Anwender am häufigsten bei der internen Aufzeichnung, und last not least bezeichnet man die Resultate als Sequenzen, so dass die Terminologie hier beibehalten werden soll.

Einige Hersteller haben den Aufzeichnungs- und Abspielmöglichkeiten Namen wie *Song Creator* oder *Song Composer* gegeben. Solche Bezeichnungen bringen bereits auf den Punkt, worum es eigentlich geht: das Aufzeichnen, Nachbearbeiten und Wiedergeben von kompletten Songs. Allen drei Punkten kommt grundsätzlich zwar gleichermaßen große Bedeutung zu. Allerdings wird ein Anwender, der viel einspielt und aufnimmt, das heutzutage über einen PC tun. Dass die Keyboard-Sequencer in der Lage sind, eigene Aufnahmen wie auch handelsübliche Songs abzuspielen, wird ohnehin vorausgesetzt. So ist das Hauptaugenmerk auf die Qualitäten zu richten, die ein Sequencer in punkto Bearbeitungsmöglichkeiten zu bieten hat.

INFO

Was muss ein Sequencer können?

Die wichtigsten Fragen zur Leistungsfähigkeit eines Sequencers:

- Wie viele Events kann der Sequenzer verarbeiten?
- Besitzt er eine Quantisierungsfunktion, d. h. kann das Eingespielte im Timing korrigiert und geradegezogen werden?
- Wie viele und welche Quantisierungswerte gibt es?
- Können Quantisierungen rückgängig gemacht werden?
- Können Instrumentierungen, Lautstärken, Transponierungen, Stereo-Panorama und Hall auch nachträglich jederzeit verändert werden?
- Gibt es eine Masterspur, über die Tempo- und Taktartwechsel eingefügt bzw. editiert werden können?
- Gibt es eine Solo-Funktion, mit der man sich einzelne Spuren allein anhören kann?
- Kann man die Events der Spuren einzeln editieren (zum Beispiel einzelne Töne in ihrer Lautstärke oder Länge verändern)?

Was tut ein Sequencer?

Ein Sequencer ist in gewissem Sinne einem Mehrspur-Tonbandgerät vergleichbar, und es lassen sich mit ihm Songs beinahe wie in einem Tonstudio produzieren. Konkret heißt das: Man kann mit seiner Hilfe viel mehr zum Klingen bringen, als man mit zwei Händen allein spielen könnte. Technisch sind es im Unterschied zu echten Tonaufnahmegeräten keine Klänge, die von einem Sequencer aufgezeichnet und wiedergegeben werden, sondern wieder einmal digitale MIDI-Daten, die dem Keyboard mitteilen, was es wann und wie zu spielen hat. Ein Sequencer kann auf einer vorgegebenen Anzahl verschiedener Spuren (meist 16) aufnehmen. Wie viele *Events* (Ereignisse) er insgesamt aufzeichnen kann, hängt von der Größe des Arbeitsspeichers des Keyboards ab. Jedes aufgenommene Ereignis wird als Event bezeichnet: auf dem Keyboard gespielte Töne ebenso wie das Betätigen irgendwelcher Controller oder das Umschalten von Sounds. Ein häufiges Missverständnis: Events sind nicht gleichbedeutend mit Tönen. Deshalb ist es sehr irreführend, wenn in manchen technischen Unterlagen die Begriffe Noten und Events synonym gebraucht werden. Alles, was um das eigentliche Spiel herum mit aufgezeichnet wird, geht gleichermaßen zu Lasten der Kapazität.

Die Kapazität ist nicht unbegrenzt.

Die Sequencer von Oberklasse-Keyboards schlucken derzeit um die 40.000 Events. Das ist auch für komplexe Arrangements in der Regel ausreichend, für kommerzielle MIDI-Files (zu diesen ausführlich im nächsten Kapitel) allemal. Wie viele Songs man gleichzeitig in den Speicher seines Keyboards laden kann, hängt davon ab, zu wie vielen Events sich die einzelnen Songs addieren. Das seitens des Keyboards vorgegebene Maximum gilt nicht pro Song, sondern insgesamt.

Von Hersteller zu Hersteller präsentiert sich jeder Sequencer mit einer anderen Bedienoberfläche. Einige arbeiten sehr grafisch orientiert und gefallen durch gute Übersichtlichkeit. Manche Oberflächen sind sogar an große PC-Sequencer-Programme angelehnt.

Doch schindet nicht allein eine professionelle Oberfläche Eindruck, vielmehr müssen auch die inneren Werte stimmen. Ein wichtiges Qualitäts-Kriterium ist, wie umfangreich, komfortabel und übersichtlich die Nachbearbeitungsmöglichkeiten eines Sequencers sind. Außer dem eigenen Material müssen auch gekaufte MIDI-Files oft in verschiedenen Punkten nachbearbeitet werden. Insbesondere die Anwender, die noch nicht mit einem PC arbeiten, sind hier auf leistungsfähige keyboard-interne Sequencer angewiesen.

Tape Sequence und Multi Tracking

Der eingebaute Sequencer eines guten Keyboards kann auf zwei Arten Songs aufzeichnen. Das erste Verfahren bezeichnet man als *Tape Sequence*, von einigen Herstellern auch *Backing Sequence*, *Realtime Record* oder ähnlich genannt. Bereits das Wort *Tape* erinnert an *Tonband*, und in der Tat kann man in diesem Modus sein Spiel wie mit einem (quasi unsichtbaren) Kassettenrecorder aufnehmen. Auch die Bezeichnung *Realtime Record* trifft den Nagel auf den Kopf, denn das Spiel wird in Echtzeit mitgeschnitten. Der Keyboarder stellt alles, was zu seinem Spiel dazugehört, wie gewohnt ein: die richtigen Sounds, Lautstärken, Styles usw. Sobald die Begleitsektion einen Start-Befehl erhält, startet die Aufnahme. Nun spielt man wie gewohnt, und wirklich *alles*, was während dessen am Gerät geschieht, wird aufgenommen. Sobald die Begleitsektion einen Stopp-Befehl erhält, wird auch die Aufnahme gestoppt.

INFO

Die Vorteile des Tape Sequencing:

- Man kann auch mit sämtlichen Style-Funktionen seines Keyboards Aufnahmen machen. Selbiges ist zwar bei einer Spur-für-Spur-Einspielung technisch auch möglich, aber es ist dort nicht üblich und meistens auch wenig sinnvoll.
- Die Zuordnung des Gespielten zu den Spuren des Sequencers geschieht automatisch, und der Spieler braucht sich um technische Fragen überhaupt nicht zu kümmern.

Dieses Aufnahme-Verfahren eignet sich vor allem, wenn schnell ein Playback gebraucht wird, zum Beispiel für Sänger oder Bläser, aber nicht viel Zeit zur Verfügung steht oder nicht das nötige musikalisch-technische Know How vorhanden ist, maßgeschneiderte Arrangements für einen Titel auszutüfteln. Praktisch ist, dass sich die Aufnahme noch weiter bearbeiten lässt. Zum Beispiel kann man in weiteren Aufnahmeschritten zusätzliche Spuren darüber spielen, sofern noch welche frei sind. Ein weiterer Vorteil : Das Gesamt-Playback klingt nicht zu orchestral. Auf Grund der Verwendung von Styles als Grundlage lässt sich noch erkennen, dass hier tatsächlich ein Keyboard tätig ist, und nicht ein Sinfonieorchester.

Sehr hilfreich, um spontane Einfälle mitzuschneiden: das Easy-Record-Verfahren (auch Backing-Sequence oder Tape-Sequence genannt).

Zwei Aufnahme-Philosophien: Multi-Tracking oder Tape Sequence.

Für Keyboarder dürfte es wenig interessant sein, solche Sequenzen als Playbacks zu verwenden, um rein instrumental auf demselben Instrument dazu zu spielen. Wenn schon eine Sequenz für die reine Keyboard-Anwendung, dann eine richtige – womit wir beim zweiten Aufnahmeverfahren wären: dem *Multi Tracking*. Hier obliegt es dem Keyboarder, alles einzeln einzuspielen. Im Gegensatz zur Tape Sequence handelt es sich nicht um eine Echtzeit-Aufnahme, sondern ein Stepp-by-Stepp-Verfahren (Schritt für Schritt). Hier ist es technisch möglich, jedoch nicht üblich, mit den Styles des Keyboards zu arbeiten. Üblicherweise wird alles inklusive des Schlagzeugs auf jeder Spur Ton für Ton von Hand programmiert. Je nach Länge und Komplexität des Arrangements kann dies mühsam bis unrealistisch werden, wenn man es ohne das Hilfsmittel PC nur am Instrument versucht. Übersicht wäre dann schon bald keine mehr vorhanden, und von Komfort und entspanntem Arbeiten könnte kaum noch die Rede sein. Längere und wirklich professionelle Arrangements auf diese Weise von Hand zu erstellen, ist quasi aussichtslos.

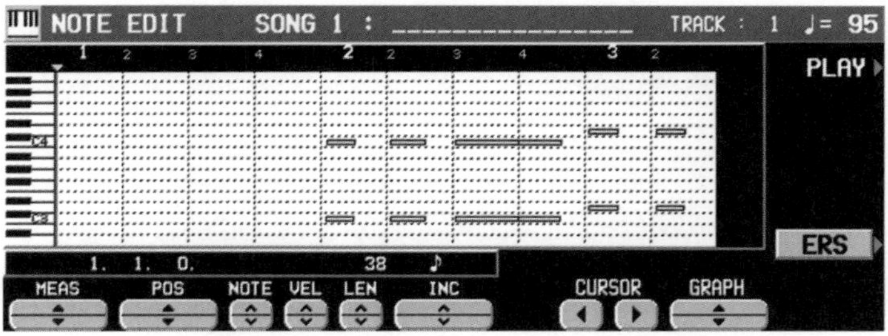

Einen Song durcharrangiert und Spur für Spur wie in einem richtigen Tonstudio aufnehmen, das können Keyboarder mit dem Multi-Tracking-Verfahren. Ohne PC zum übersichtlichen Arbeiten wird's allerdings schwierig.

Trotzdem ist dieser Aufnahme-Modus im Vergleich zum Tape Sequencing der musikalisch interessantere. Man ist hier an keinen Style und überhaupt nichts gebunden, sondern setzt bis ins kleinste Detail seine eigenen Arrangements um. Eben dies ist aber der Inbegriff und eigentliche Sinn einer Sequenz. In jedem Tonstudio wird nach dem Multi-Tracking-Prinzip gearbeitet, d. h. es wird nicht alles auf einen Rutsch aufgenommen, sondern nach Spuren geordnet. Auch kommerzielle Keyboard-Sequenzen werden Spur für Spur eingespielt – orchestrale Soundtracks lassen sich nur so realisieren.

Kommt man beim eigenen professionellen Einspielen um den PC fast nicht herum (nähere Informationen über Verfahren und geeignete Programme im Sonderteil), ist das Bearbeiten oder Ergänzen von gekauften Mehrspur-Sequenzen indes auch von Hand am Instrument möglich. Wer nur in gekauften MIDI-Files ein paar Spuren stumm schalten, Lautstärken und Instrumentierungen verändern und noch ein paar Einwürfe drüber spielen will, kann das problemlos am Instrument bewerkstelligen.

6. MIDI, Files & Co

Seit knapp zwei Jahrzehnten ist die Abkürzung *MIDI* in aller Munde, und man darf wohl sagen, dass die Einführung des MIDI-Standards für eine Revolution in der Musikwelt gesorgt hat. Die Abkürzung bedeutet Musical Instrument Digital Interface, was so viel heißt wie: digitale Schnittstelle für Musikinstrumente. 1983 kamen die ersten Musikinstrumente mit MIDI auf den Markt. Nachdem verschiedene Hersteller zuvor schon eigene Versuche zur Entwicklung digitaler Schnittstellen unternommen hatten, war der MIDI-Standard das gemeinsame Resultat der Hersteller Sequential Circuits, Roland, Yamaha, Kawai und Korg. Die Idee, die ursprünglich dahinter stand: Instrumente beliebiger Hersteller sollten auf Grund eines gemeinsamen Standards miteinander verbunden werden können. So konnte man die Sounds des einen Gerätes über die Tastatur eines anderen spielen, es quasi fernsteuern. Daraus ergab sich die reizvolle Möglichkeit, Sounds verschiedener Geräte miteinander zu mischen und wie selbstverständlich über eine Tastatur zu spielen. Es eröffnete dies auch die Möglichkeit, Klangerzeuger ohne eigene Tastatur, so genannte Expander und Soundmodule, zu bauen: wozu jedes Gerät mit einer eigenen Tastatur versehen, wenn es auch viel Platz sparender geht? Es genügt, verschiedene Geräte über eine MIDI-fähige Tastatur anzusteuern. So kann man ganze Berge von Klangerzeugern in Racks unterbringen und theoretisch über eine einzige Tastatur spielen.

MIDI – die richtige Verbindung.

Die Verbindung der beteiligten Instrumente erfolgt denkbar einfach über MIDI-Kabel. Diese lassen sich äußerlich nicht unterscheiden von normalen fünfpoligen DIN-Überspiel-Kabeln, von denen intern allerdings nur zwei Pole belegt sind. Ein dritter ist ausgangsseitig geerdet. Jedes MIDI-Gerät muss mindestens je einen MIDI-Ein- und Ausgang besitzen. (Abgesehen von Masterkeyboards, die als reine MIDI-fähige Tastaturen in der Regel keinen MIDI-in besitzen). Will man mit einem Keyboard ein externes Soundmodul ansteuern, verbindet man die *out*-Buchse des Signale sendenden Keyboards mit der *in*-Buchse des empfangenden Soundmoduls. Die ersten MIDI-Instrumente in den 1980er Jahren besaßen tatsächlich nur in- und out-Buchsen. Später kam noch eine thru-Buchse hinzu, die heute fest zum Standard gehört. Bei MIDI-thru handelt es sich um einen Ausgang, an dem die exakte Kopie der über MIDI-in empfangenen Daten anliegt. MIDI-thru wird zum Durchschleifen von MIDI-Informationen verwendet.

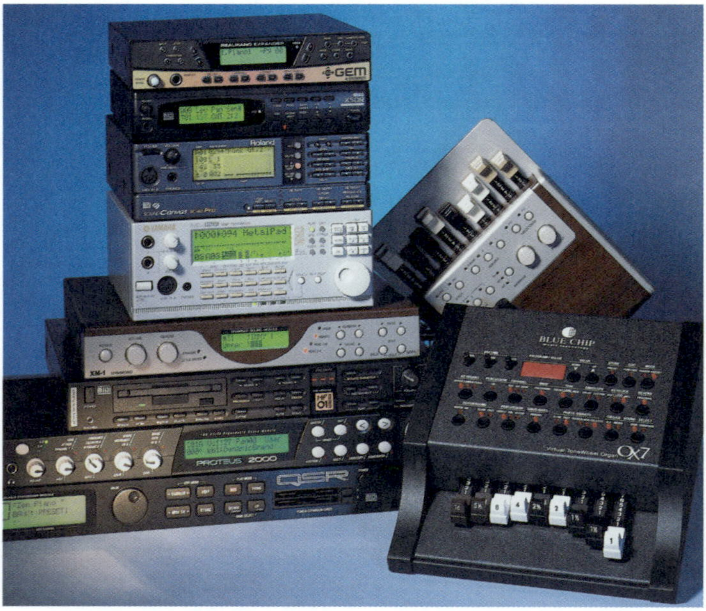

Berge von Klangerzeugern gleichzeitig im Einsatz - MIDI macht's möglich.

MIDI-thru-Ketten

Beispiel: Ein Keyboard soll mehrere Module ansteuern. Das erste schließt man wie oben beschrieben an (in/out). Nun nimmt man ein weiteres MIDI-Kabel und verbindet die thru-Buchse des ersten Moduls mit der in-Buchse des nächsten usw. So wird das auf dem Keyboard gespielte Signal über MIDI-thru an alle angeschlossenen Geräte weitergegeben, und es entsteht eine so genannte *MIDI-thru-Kette*. So eine Kette kann in der Theorie zwar beliebig lang sein, doch irgendwann entstehen Verzögerungen. Soll tatsächlich eine größere Anzahl von Empfängern angesteuert werden, nimmt man dafür ein so genanntes *Master-Keyboard* – eine Tastatur ohne eigene Klangerzeugung, dafür aber ausgestattet mit umfangreichen MIDI-Funktionen, unter anderem mehreren Ausgängen, die man speziell für solche Zwecke nutzt. Es gibt heute auch schon Portable Keyboards mit einem zweiten MIDI-Ausgang.

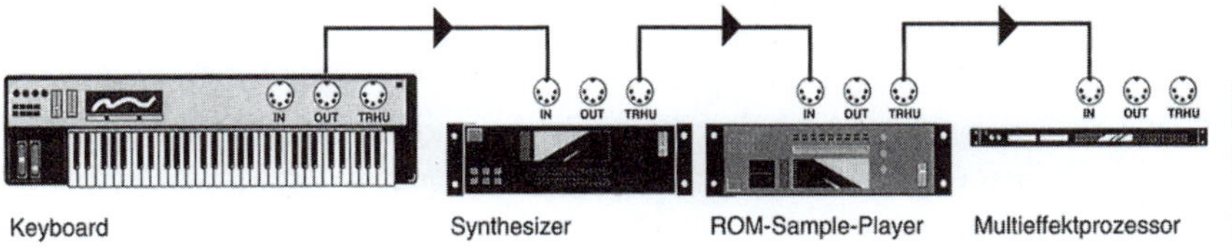

Ähnlich wie „stille Post": die Verkabelung über MIDI-thru. Das ursprüngliche MIDI-Signal wird von jedem Instrument ans nächste weitergereicht.

Technisch sollte man sich eines klar machen: Die MIDI-Schnittstelle überträgt keine Audio-Daten, sondern nur Ereignisse und Informationen, die auf dem Keyboard stattfinden und digital codiert werden. Außer dem Drücken und Loslassen der Tasten gehört dazu ferner auch das Betätigen der Pitch-Bend- und Modulations-Räder links neben der Tastatur, das Treten von Fußcontrollern und das Drücken von Knöpfchen am Gerät. Es ist wohl möglich, durch MIDI die Sounds eines Instruments über die Tastatur eines anderen zu spielen, nicht aber, Sounds von einem Instrument auf ein anderes zu übertragen.

INFO

MIDI – die gemeinsame Sprache

Es gibt 16 MIDI-Kanäle, auf denen die Daten gesendet und empfangen werden. Sende- und Empfangskanal müssen dabei übereinstimmen. Sendet der Absender (das kann jedes MIDI-fähige Gerät sein: Keyboard, Orgel, E-Piano, Computer usw.) Informationen auf Kanal 1, muss der Empfänger diese Daten ebenfalls auf Kanal 1 empfangen. In der Praxis resultieren Probleme mit MIDI nicht selten aus falschen Kanaleinstellungen. Eine wichtige Anforderung an MIDI-Instrumente lautet, dass sie im Multi-Mode arbeiten, d. h. auf alle 16 Kanäle gleichzeitig zugreifen können. So kann man jedem Kanal einen anderen Sound zuweisen und voneinander völlig unabhängige Spuren programmieren. Auf diese Weise entsteht ein durcharrangierter mehrspuriger Song – und genau das ist ein MIDI-File (mehr darüber im nachfolgenden Kapitel).

Fast alles, was der Spieler am Keyboard einstellen und verändern kann, lässt sich auch über MIDI steuern und in MIDI-Files als Spielanweisung an das empfangende Instrument einprogrammieren. Die Steuerbefehle nennt man Controller. Davon gibt es 128. Sie sind durchnummeriert, aber nicht alle 128 sind tatsächlich belegt.

Bis heute wird weltweit mit MIDI gearbeitet, und vor allem in der Studio-Welt läuft ohne MIDI so gut wie nichts mehr. Und obwohl MIDI eigentlich ein Ausstattungsmerkmal digitaler Musikinstrumente ist, kann man nicht nur alte, analoge Musikinstrumente (zum Beispiel E-Orgeln aus der Keyboard-Urzeit), sondern sogar gänzlich unelektronische Instrumente wie Akkordeons mit MIDI nachrüsten. Der Akkordeonist kann nun auf einmal mit seinem Schifferklavier ein externes Modul ansteuern und sein Spiel mit einer Rhythmus-Begleitautomatik unterlegen. Vor einigen Jahrzehnten wäre das noch unvorstellbar gewesen!

Selbst traditionelle Musiker können der MIDI-Faszination kaum entgehen.

MIDI – Standard bis heute.

Obwohl es auch Kritik am MIDI-Standard gab und gibt, dahingehend, dass er zu langsam sei, ist bis heute kein neuer in Sicht. Das ist sehr bemerkenswert, denn die Einführung 1983 liegt für die Verhältnisse der Digitaltechnik geradezu eine Ewigkeit zurück. Weiterentwicklungen fanden seit dieser Zeit aber doch statt: In der Abkürzung MIDI ist zwar nur von Musical Instrument die Rede, doch der Standard geht inzwischen weit über Musikinstrumente hinaus – zum Beispiel haben auch Digital-Mischpulte MIDI-Schnittstellen, über die sie sich fernsteuern lassen. Vor allem hat inzwischen fast jeder Computer eine MIDI-Schnittstelle. In der Theorie ist es zwar möglich, durch das Bilden von MIDI-thru-Ketten mit nur einem MIDI-out mehrere Klangerzeuger anzusteuern. Will man allerdings eine größere Zahl von MIDI-Instrumenten an seinen Computer an-

INFO

Anweisungen für das Instrument: 128 MIDI-Controller

0 .... Bank Select MSB
.... (MSB = Most Significant Byte)
1 .... Modulation
2 .... Breath Control (Blaswandler)
3 .... nicht belegt
4 .... Foot Control (Pedal)
5 .... Portamento-Zeit
6 .... Data MSB
7 .... Main Volume
8 .... Balance
9 .... nicht belegt
10 .... Panorama
11 .... Expression
12-15 ...... nicht belegt
16 .... Gen.Purp.1 (General MIDI Bank #1)
17 .... Gen.Purp.2
18 .... Gen.Purp.3
19 .... Gen.Purp.4
20-31 ...... nicht belegt
32 .... Bank Select LSB
.... (LSB = Least Significant Byte)
33 .... Modulation LSB
34 .... Breath Control LSB
35 .... nicht belegt
36 .... Foot Control LSB
37 .... Portamento-Zeit LSB
38 .... Data LSB
39 .... Main Volume LSB
40 .... Balance LSB
41 .... nicht belegt
42 .... Panorama LSB
43 .... Expression LSB
44-47 ...... nicht belegt
48 .... Gen.Purp.1 LSB
49 .... Gen.Purp.2 LSB
50 .... Gen.Purp.3 LSB
51 .... Gen.Purp.4 LSB
52-63 ...... nicht belegt
64 .... Damper Pedal
65 .... Portamento Pedal
66 .... Sostenuto
67 .... Soft Pedal
68 .... nicht belegt
69 .... Hold 2
70 .... nicht belegt
71 .... Harmonic (Filter-Resonanz)
72 .... Release Time
73 .... Attack Time
74 .... Brightness
.... (Filter-Cutoff-Frequenz)
75-79 ...... nicht belegt
80 .... Gen.Purp.5
81 .... Gen.Purp.6
82 .... Gen.Purp.7
83 .... Gen.Purp.8
84 .... Portamento Ctrl
85-90 ...... nicht belegt
91 .... Effekt-Intensität
92 .... Tremolo-Intensität
93 .... Chorus-Intensität
94 .... Celeste-Instensität
95 .... Phaser-Intensität
96 .... Data Increment („+“-Taste)
97 .... Data Decrement („-„-Taste)
98 .... NRPN LSB
.... (NRPN = Non-Registered
.... Parameter Number)
99 .... NRPN MSB
100 .... RPN LSB (RPN = Registered
.... Parameter Number)
101 .... RPN MSB
102-119 .. nicht belegt
120 .... All Send Off
121 .... Reset Controllers
122 .... Local Control
123 .... All Note Off
124 .... Omni Mode Off
125 .... Omni Mode On
126 .... Mono Mode On
127 .... Poly Mode On

Die Liste der 128 MIDI-Controller, die von Haus aus nicht alle belegt sind.

schließen, für die man jeweils alle 16 MIDI-Kanäle zur Verfügung haben möchte, benötigt man größere Interfaces mit separaten MIDI-outs für jedes Instrument. Aber auch die sind heutzutage bezahlbar, die dazugehörigen Kabel sowieso, und so ist die Arbeit mit MIDI absolut erschwinglich.

Große Interfaces wie das amt8 von Emagic erlauben den Anschluss einer ganzen MIDI-Batterie an den Computer.

Keyboards können sogar mit sich selbst in MIDI-Kontakt treten. Wie wir gesehen haben, lebt die Begleitautomatik ebenso davon wie der Sequencer. Der Spieler kriegt technisch von all dem nichts mit, weil er dafür nichts verkabeln muss, kommt aber in den vollen Genuss der Möglichkeiten. Der heutige Keyboarder lebt – bewusst oder unbewusst – in einer MIDIfizierten Welt.

GM, GM 2, GS und XG – wozu Standards?

Eines Tages sind findige Menschen auf die Idee gekommen, mit ihrem Keyboard Songs einzuspielen, auf Diskette zu ziehen und zu veräußern. Damit diese Songs auf so vielen Instrumenten wie möglich abspielbar sind, wurden standardisierte MIDI-Dateien benötigt. Die Idee zu *StandardMIDIFiles* (SMF) war geboren. Zunächst konnte aber von Standard keine Rede sein, denn es gab noch keinerlei Einheitlichkeit in der MIDI-Welt. Tausend Menschen besitzen zweitausend verschiedene Keyboards, und auf jedem klingt es anders.

Ein Keyboard arbeitet intern wie ein Computer – und den interessieren nur Zahlen. Mit anderen Worten: Ein Keyboard ist in der Lage, eine bestimmte Soundnummer abzuspielen. Ob der nun ein Klavier, eine Trompete oder ein Dudelsack zugeordnet ist, ist dem Keyboard völlig egal. Wenn aber bei jedem Hersteller auf jeder Soundnummer ein anderer Klang liegt, ist es aussichtslos, universell verwendbare MIDI-Songs zu produzieren. Man müsste quasi ein und denselben Song eigens für jedes gängige Instrument programmieren. „So kann das nicht weitergehen“, sagten sich da viele Hersteller, entwickelten Ideen zur Vereinheitlichung und kreierten 1990 den *General-MIDI-*Standard (GM). Im Folgejahr wurde das Ergebnis auch schon für die Anwender greifbar, als die ersten GM-kompatiblen Klangerzeuger in Serie gingen. General MIDI beschreibt nicht mehr als eine Mindestausstattung (siehe Kasten).

Der Eintritt zur GM-Familie

INFO

Folgende Kriterien muss ein Keyboard erfüllen, wenn es dem GM-Standard genügen will:

- mindestens 24-stimmig polyphon
- zwei System-Effekte: Hall und Chorus
- gleichzeitiger Zugriff auf alle 16 MIDI-Kanäle möglich (sog. Multi-Mode)
- das Keyboard erkennt und verarbeitet bestimmte MIDI-Controller (Modulation, Volume, Panorama, Expression, Sustain, Reset All Controllers, All Notes Off)
- 128 vorgegebene Sounds sind bestimmten Speicherplätzen und -nummern fest zugeordnet
- in MIDI-Files und beim Programmieren werden im GM-Modus die Schlagzeug-Informationen üblicherweise auf Kanal 10 übertragen
- dies gibt ein einheitliches GM-Drumset, d. h. zur korrekten Wiedergabe der Schlagzeug-Programmierung sind die Keyboard-Noten vorgegebenen Schlagzeug- und Percussion-Sounds fest zugeordnet.

Weltweite Universalität mit GM.

Vor allem ist im GM-Standard eine bestimmte Anzahl von Sounds sowie deren feste Zuordnung geregelt. 128 GM-Sounds gibt es, und jeder von ihnen hat eine Nummer. Im GM-Modus entspricht von Los Angeles bis Peking überall auf der Welt jeder Sound derselben Nummer. So findet man ein Vibraphon unter Nummer 12, die Panflöte erhält die 76, und von 121 bis 128 gibt es lustige Soundeffekte, vom Vogelzwitschern über den Helikopter bis zum gesampelten Applaus, falls das Publikum einmal nicht so klatschfreudig drauf sein sollte.

Instrumentengruppen von GM

Programmnummer	Instrumentengruppe
001 – 008	Pianos
009 – 016	Perkussive Instrumente (Chromatic Percussion)
017 – 024	Orgeln
025 – 032	Gitarre
033 – 040	Bässe
041 – 048	Streicher & Orchesterklänge
049 – 056	Ensembleklänge
057 – 064	Blechbläser (Brass)
065 – 072	Rohrblattbläser (Reed)
073 – 080	Flöten (Pipe)
081 – 088	Solo-Synthesizer (Synth Lead)
089 – 096	Synhtesizer-Flächen (Synth Pad)
097 – 104	Synthesizer-Effektklänge (Synth SFX)
105 – 112	Klänge aus aller Welt (Ethnic)
113 – 120	Perkussion-Klänge
121 –128	Klang-Effekte (SFX)

Im GM-Modus sind 128 Sounds fest nach Gruppen geordnet.

Heute kann man GM-kompatible Klangerzeuger, Keyboards wie auch externe Soundmodule, in fast allen Preis- und Güteklassen erwerben, und quasi alle Keyboards, die neu auf den Markt kommen, tragen das berühmte General MIDI-Logo.

Sorgte für eine Revolution auf dem Musikmarkt: General MIDI.

Nicht nur Portable Keyboards, auch die meisten Orgeln und Digital-Ensemble-Pianos sind heute GM-kompatibel, und auch viele Synthesizer bieten eine Bank mit den GM-Sounds. Umgekehrt ist das Software-Angebot dementsprechend: Zwar gibt es Anbieter, die sich auf bestimmte Instrumente spezialisiert haben und exklusiv für diese programmieren, aber die Mehrheit der auf dem Markt erhältlichen Song-Disketten trägt ihrerseits auch das GM-Logo und ist so universell einsetzbar. Für den Anwender bringt das nicht zuletzt den Vorteil, dass er seine Songs auch bei einem Instrumentenwechsel weiter nutzen kann.

General Standards (GS)

Roland und Yamaha waren die Grenzen des GM-Standards zu eng gesteckt. Zeitgleich mit der Einführung von GM stellte Roland seinen hauseigenen GS-Standard (*General Standard*) vor, der drei wichtige Erweiterung bietet: Die GS-Klänge sind in Bänken zu je 128 Sounds organisiert, und rein rechnerisch können über 2 Millionen Sounds verwaltet werden (128^3). Kein Keyboard bietet so viele Klangfarben, aber Soundmodule wie das Roland SC-8850 liefern rund 1700 Sounds, die über GS adressierbar sind. Die Auswahl geschieht mit Hilfe der erwähnten MIDI-Controller (hier *Bank Select* und *Programm Change*). Darüber hinaus bietet der Standard je acht Hall- und Delay- sowie sieben verschiedene Chorus-Typen, ferner sind verschiedene Equalizer-Einstellungen und Insert-Effekte vorgesehen. Schließlich kann man über GS Effekte und Veränderungen der Klangfarbe (zum Beispiel Filterfrequenzen, Release-Zeiten, Hüllkurveneinstellungen) über Midi-Controller und SysEx-Datenketten steuern. *SysEx* sind *systemexklusive Daten*, d. h. Informationen, die exklusiv für ein bestimmtes Instrument aufgebaut sind und nur von diesem verstanden werden.

Extended GM (XG)

Ähnliche Erweiterungen gegenüber GM bietet der XG-Standard (Extended GM) der Firma Yamaha, den es mittlerweile in drei Levels gibt. Schon im XG-Level 1, zur Zeit noch immer der gängigste, sind mindestens 480 standardisierte XG-Sounds an Bord der Klangerzeuger, außerdem unterstützt der Standard externe Audio-Eingänge, die mit Effekten bearbeitet werden können. Im XG-Level 2 liegt die Polyphonie bereits bei 64 Stimmen, und im Top-Level 3 werden gar eine Polyphonie von 128 Tönen sowie bis zu vier MIDI-Ins, d. h. 64 Midi-Spuren (4*16 Kanäle) verwaltet. Schließlich unterstützt XG polyphonen Aftertouch, das bedeutet, dass bei Akkorden der Aftertouch-Effekt nur auf einzelne Tasten wirkt, die stärker gedrückt werden. Da es allerdings kein Portable Keyboard gibt, das polyphonen Aftertouch erzeugt, hat diese Funktion für die Live-Anwendung nur theoretische Bedeutung, wohl aber ist sie für programmierte MIDI-Files interessant.

GM, GS und XG

So revolutionär die Einführung des GM-Standards marktpolitisch auch war, so schnell stößt dieser Standard an technische und musikalische Grenzen. 128 Sounds sind nicht viel, sondern nur ein Bruchteil der Klänge, die viele moderne Keyboards insgesamt bieten. Dabei liegen sehr viele wirklich interessante Sounds außerhalb der GM-Bank. So besteht beim Einsatz von der Stange gekaufter

General-MIDI-Files die Gefahr, dass instrumentenspezifische Sounds und Effekte ungenutzt bleiben. Um diese Grenzen wenigstens ein Stück zu erweitern, wurde 1998 der GM-Level 2 eingeführt. In diesem sind nun alle 128 MIDI-Controller belegt, und statt der 128 Sounds beinhaltet er 256 – immerhin die doppelte Menge. Eine der neuesten Meldungen lautet übrigens, dass Roland und Yamaha zukünftig ihre Produkte im Hinblick auf GM2, GS und XG harmonisieren wollen. So sind Hard- und Softwareprodukte geplant, die alle drei Formate unterstützen. Auch will man an andere Hersteller herantreten mit der Bitte, sich diesem Abkommen anzuschließen, und GM2 soll der wichtigste Standard weltweit werden.

GM klingt nicht überall gleich.

Dennoch bleiben grundsätzliche Erwägungen im Raum stehen. Die standardisierten Sounds, seien es nun 128 oder 256, sind auf jedem Instrument die selben, so dass ein gekaufter MIDI-Song überall und bei jedem Anwender gleich instrumentiert ist. Allerdings heißt das noch nicht, dass er auch bei jedem gleich (gut) klingt: GM schreibt nur vor, auf welchen Nummern die 128 Sounds zu liegen haben, nicht aber, nach welcher Art sie technisch erzeugt werden müssen. Sie könnten absolut billig klingen oder genauso gut professionelle Stereo-Samples sein. Die genannten Kriterien für GM sind Minimalforderungen, die sich außerhalb der 128 Sounds vor allem auf MIDI-Anforderungen konzentrieren. Aber die MIDI-Implementation entscheidet nicht allein über die Qualität eines Instruments. Und eine Polyphonie von 24 Stimmen wäre geradezu spartanisch, so viel boten ja bereits viele E-Orgeln in den 1980er Jahren. So gesehen darf man mit Verlaub sagen, dass keine übermäßig hohen Qualitätsvoraussetzungen an GM-Klangerzeuger herangetragen werden. Das macht solche auf der einen Seite erschwinglich und schließt auf der anderen Seite nicht aus, dass es auch welche gibt, die qualitativ hochwertige GM-Sounds vorlegen.

Doch schaut man sich die Auswahl der 128 GM-Klänge an, stellt man fest, dass es sich dabei zum großen Teil um „Brot und Butter-Sounds“ handelt – nichts Spektakuläres eben. Zweifellos universelle Sounds, die man im Alltagsbetrieb sehr oft braucht. Vor allem die traditionellen Musikstile wird man weitgehend damit abdecken können – so das Repertoire der Standard-Tanzmusik, Schlager sowie viele volkstümliche Titel. Es sind auch zu einem großen Anteil Tanzmusiker, die GM-Files einsetzen, und gerade für diese Zielgruppe gibt es inzwischen ein unüberschaubares Software-Angebot. Aber spätestens bei der Reproduktion aktueller Chart-Titel stößt man mit GM an Grenzen bzw. an professionelle Studio-Sounds, die – wenn überhaupt – nur mit erheblichem Aufwand auf einem Portable Keyboard nachzubilden sind und dann außerhalb der GM-Bank liegen. Wer seinem Instrument das Maximum entlocken will, kommt nicht umhin, es gezielt auf seine spezifischen Möglichkeiten und Stärken zu programmieren – jedes Keyboard hat eben andere Highlights. Die Kompatibilität, die durch GM auf den Markt gekommen ist, hat zwar die Produktion und massenhafte Verbreitung von standardisierten MIDI-Songs erst ermöglicht – musikalisch ist es allerdings zweifelhaft, verschiedenste Stile von Soul bis zu den Wildecker Herzbuben auf 128 genormte Sounds reduzieren zu wollen.

Standards über Standards – der gewaltigen Flut an MIDI-Files öffnen sie zwar erst die Schleusen, aber es werden ihnen immer Grenzen gesteckt bleiben; gute Musik kann man nicht standardisieren.

Was sind MIDI-Files, Sequenzen und Waves?

In der musikalischen Praxis präsentieren sich MIDI-Files als vorproduzierte, mehrspurige, im Idealfall musikalisch durcharrangierte Songs, die entweder am Instrument selbst oder extern über MIDI eingespielt wurden und nun von Diskette gelesen und wiedergegeben werden können. Wichtig dabei ist, dass es sich um MIDI-Informationen, nicht aber um aufgezeichnete Klänge handelt, also keine Audiodaten. Vielmehr teilt eine solche Song-Datei dem Keyboard nur intern über MIDI mit, wann es was zu tun hat. Technisch gesehen ist ein MIDI-File also eine Datei, welche die Steuerdaten dafür enthält, wie ein Song abzulaufen und zu funktionieren hat. Außer den rein musikalischen Informationen selbst zählen dazu auch die Rohdaten für die richtige Einstellung des Instruments, d. h. Instrumentierung der einzelnen Spuren, Zuweisung von Effekten usw.

In die Tat umsetzen muss all diese Informationen das Keyboard, auf dem das File abgespielt wird. Wie ein MIDI-File klingt, hängt aber immer von dem verwendeten Equipment ab. Es kann darauf ganz anders klingen, als es der Programmierer beim Einspielen auf seinem Instrument gehört hat. Am besten klingt es meistens auf dem Gerät, mit dem eingespielt wurde.

Standard MIDI-Files (SMF).

Von der Idee her sind MIDI-Files standardisierte und damit plattformübergreifende Programmierungen. Mit anderen Worten: Unabhängig davon, wie unterschiedlich sie auf verschiedenen Instrumenten nachher klingen mögen, sollten sie zunächst mal auf so vielen Instrumenten wie möglich grundsätzlich lauffähig sein – das ist die Idee des so genannten StandardMIDIFiles (SMF). SMFs benötigen also ein standardisiertes Speicherformat (.mid), das Equipment-unabhängig gelesen werden und MIDI-Informationen zwischen verschiedenen Instrumenten austauschen kann. Wohlbemerkt muss ein SMF aber nicht zwangsläufig einem Standard wie GM, GS oder XG gehorchen. Tut es das nicht, ist eben nicht gewährleistet, dass es zum Beispiel von der Zuordnung der Sounds her auf jedem Instrument so klingt wie vom Programmierer vorgesehen (siehe Abschnitt GM, GM 2, GS und XG – wozu Standards?). Auf die grundsätzliche Lauffähigkeit eines Files hat das aber zunächst mal keine Auswirkung. Nur werden in diesem Fall meistens umfangreichere Anpassungsarbeiten an das eigene Instrument vonnöten sein.

Bei den Styles von Keyboards handelt es sich um Patterns. Auch wenn sie inzwischen noch so lebendig klingen, laufen sie technisch im Kreis. Außerdem sind sie auf die Eingabe von Harmonien angewiesen, und vorgegebene Figuren sind für bestimmte Harmonietypen immer dieselben. Anders beim MIDI-File: Hier kann man jedes kleinste Ereignis, das in einem Song geschieht, berücksichtigen, ohne dass es sich nach einer Anzahl von Takten wiederholt. Ein MIDI-File läuft linear ab, d. h. einmal vom Anfang bis zum Ende durch. Es kennt daher auch die Einmaligkeit von Ereignissen. Beim Programmieren eines MIDI-Files wird ein Song detailgenau durcharrangiert, bis jeder einzelne Beckenschlag punktgenau sitzt. Ein MIDI-File ist das Arrangement eines ganz speziellen Titels und nur für diesen verwendbar; es kennt keinerlei Universalität.

Format 0 und 1.

MIDI-Files setzen sich aus voneinander unabhängigen und unterschiedlich instrumentierten Spuren zusammen. In kommerziellen Files liegt die Obergrenze bei 16 Spuren, denn jede Spur bekommt einen eigenen MIDI-Kanal zugewiesen, auf dem nur sie sendet (und es gibt nur 16 MIDI-Kanäle). Außerdem verfügen auch die meisten eingebauten Keyboard-Sequencer über diese Anzahl von Spuren, so dass sie eine größere Menge gar nicht verarbeiten könnten. Das standardisierte Speicherformat .mid von MIDI-Files gibt es in zwei Varianten, die sich allerdings nicht inhaltlich, sondern nur in der Form der Darstellung unterscheiden: Format 0 und Format 1. Im Format 0 sind die Informationen aller MIDI-Kanäle auf einer einzigen Spur zusammengeführt (in der Fachsprache sagt man *gemergt*, wörtlich verschmolzen). Diese Spur lässt sich (zum Beispiel auf dem PC mit einem Sequencer-Programm) entmischen. Dabei werden die Informationen nach MIDI-Kanälen getrennt und mit einer eigenen Spur pro Kanal dargestellt. Diese (zum Bearbeiten ungleich übersichtlichere) Form der Darstellung entspricht dann dem Format 1 – also keine Verschmelzung von Daten, sondern eine Spur pro Kanal. Das Format 1 kann bisweilen von älteren Instrumenten nicht gelesen werden, aber bei den neueren Keyboards ist das, von wenigen Ausnahmen abgesehen, kein Problem mehr. Die meisten kommerziellen MIDI-Files liegen übrigens im Format 0 vor. Schreiben Keyboards selbst MIDI-Files auf Diskette, tun viele Instrumente dies im Format 0, manche aber auch im Format 1.

Die Spuren reagieren in keiner Weise darauf, was auf den Keyboard-Tasten gegriffen wird, denn das MIDI-File spult völlig ungerührt sein

Programm ab. So kann der Keyboarder mit beiden Händen Klavier spielen und braucht sich um Akkordumkehrungen und Fingering-Modi überhaupt nicht zu kümmern. Wichtig: Auch wenn ein Klangerzeuger MIDI-Daten empfängt, bleibt er an seine Polyphonie gebunden! Ist ein Keyboard 64-stimmig polyphon, wird ein bombastisch arrangiertes MIDI-File davon schon mal einiges für sich in Anspruch nehmen, und zum eigenen Dazuspielen steht weniger zur Verfügung. Will man die Tonart eines MIDI-Files verändern, lassen sich die relevanten Spuren transponieren. Auch wenn einige Geräte die Möglichkeit bieten, mit Funktionen wie „Phrase Repeat" Abschnitte eines MIDI-Files zu loopen, d. h. im Kreis laufen zu lassen, kann man den Song selbst weder spontan verlängern noch verkürzen - sein Ablauf ist vorproduziert und lässt sich nur durch Eingriff in die Programmierung verändern.

Sequenz und MIDI-File.

Neben dem weit verbreiteten Begriff MIDI-File spricht oder liest man da und dort auch von (MIDI-)Sequenzen. Zwei Begriffe, die man inhaltlich nicht scharf voneinander trennen kann, weil sie im Grunde technisch identische Produkte beschreiben. Sequenz bedeutet sprachlich ja nichts anderes als Folge oder Reihenfolge, und so gesehen impliziert der Terminus MIDI-File den Begriff Sequence, denn nichts anderes ist ein MIDI-File: eine exakt bestimmte, nicht zufällige, da vorprogrammierte Abfolge von Events (Ereignissen).

Allenfalls im allgemeinen Sprachgebrauch lässt sich vielleicht ein Unterscheidungsmerkmal ausmachen: der Begriff Sequence wird gerne verwendet für MIDI-Programmierungen, die maßgeschneidert und optimal an die spezifischen klanglichen Möglichkeiten eines konkreten Instruments angepasst sind und oftmals statt im standardisierten MIDI-File-Format in einem herstellereigenen Songformat abgespeichert werden und somit auch nur auf diesen speziellen Geräten verwendet werden können. Mit MIDI-File hingegen meint man meistens die universell lauffähigen, standardisierten und massenhaft kommerziell verbreiteten MIDI-Songs, die zumeist an der Dateiendung .mid erkennbar sind. (Anmerkung: der Blick auf die Dateiendung, d. h. das Speicherformat, ist in beiden Fällen leider nur ein sehr unzuverlässiges Kriterium, da viele Keyboards selbst die speziell für sie angepassten, gerätespezifischen Sequencen im Standard-MIDI-Format ablegen, etwa um die Weiterbearbeitung am PC zu erleichtern).

Waves – Audio-Playbacks als Alternative zum MIDI-Song

Nun hat man nach mühsamer Produktionsarbeit endlich eine MIDI-Sequenz auf Diskette gespeichert, und es stellt sich die Frage: Wie kann man sie auf der Bühne wieder genau so abspielen? Im Live-Betrieb verwendet man in der Regel andere Instrumente als im Tonstudio. Hat man aber im Studio eine beeindruckende Sequenz programmiert und dazu Sounds aus zehn verschiedenen Klangerzeugern geholt – die man aber nicht alle zum Auftritt mitnimmt –, kann man jetzt auf der Bühne nicht einfach die Diskette ins Laufwerk seines Keyboards einlegen und erwarten, dass es exakt so klingt, wie man es bei der Produktion gehört hat. Jedes Mal das Studio zu entkabeln und mit auf die Bühne zu schleppen, ist aber auch keine Lösung. Doch es gibt eine interessante Variante: Audioplaybacks.

Man fertigt eine Audio-Aufnahme der Sequenz an und spielt diese anstelle der MIDI-Datei ab. Eine solche Aufnahme kann mit dem PC erfolgen. Über die Soundkarte des Rechners kann man Audiodaten aufzeichnen, die auf der Festplatte gespeichert werden und dort die Datei-Endung .wav erhalten. Es handelt sich dabei um so genannte Waves. Ein Wave (engl. Welle) ist eine digitalisierte Audioaufnahme. Um auf der Bühne komplette Musikstücke (Audioplaybacks) als Waves abzufahren, benötigt man einen externen Waveplayer.

Ein Profigerät, das alles in einem bietet: der MP 88-CDW von Miditemp. Spielt MIDI-Files und Waves ab, kann MIDI und Audio kombinieren, besitzt Diskettenlaufwerk, Festplatte, SCSI CD-ROM-Laufwerk, Schacht für Smartmedia Cards und für die Bühne eine große Fernbedienung.

Waves – ihre Vor- und Nachteile.

Waves haben zwei Nachteile. Der erste und wesentliche besteht darin, dass man sie im Gegensatz zu MIDI-Files weder transponieren noch in der Abspielgeschwindigkeit verändern kann (das Problem begegnete uns schon im Zusammenhang mit Sampling, Stichwort Totaltransposition). Der zweite Nachteil ist inzwischen kein wirklich ernst zu nehmender mehr: Sie sind einigermaßen speicherintensiv. Im wav-Format benötigt eine Minute Musik in CD-Qualität (44,1 kHz, 16 Bit Stereo) zirka 10 MB Speicherplatz, und zwar unabhängig von Anzahl und Dichte der Events. Das heißt: Ob man ein hundertköpfiges Sinfonieorchester in voller Fahrt oder das Schweigen im Walde aufnimmt, hat auf den Speicherbedarf nicht die geringste Auswirkung. Will ein Entertainer eine Stunde Programm mit Waves bestreiten, ist das eine Datenmenge von 600 MB. So viel passt auf eine CD (CDs „schlucken" 650 MB), und fast jeder, der mit Waves arbeitet, dürfte auch einen CD-Brenner in seinem Rechner haben – und CD-Rohlinge sind unwahrscheinlich günstig geworden. Noch vor wenigen Jahren hätte man für dieselbe Datenmenge 430 Disketten gebraucht – so ändern sich die Zeiten. Wer mit Waves arbeiten will, sollte unbedingt seinen Waveplayer mit einer angemessen großen Festplatte ausstatten. Wer ausschließlich mit Audio-Playbacks arbeitet, ist mit einem ganz normalen CD- oder MiniDisc-Player womöglich besser und vor allem kostengünstiger beraten als mit einem teuren Waveplayer. Eine besondere Spezialität von Geräten wie dem oben abgebildeten Multiplayer ist die Kombination von MIDI- und Audiospuren.

PRAXIS

MD-Player – die Alternative

Eine interessante Alternative zum Wave-Player sind Audio-Aufnahmen der Sequenzen auf Medien wie MiniDisc (MD). Die MD ist in Musikerkreisen seit einiger Zeit stark auf dem Vormarsch. MDs arbeiten zwar mit Datenreduktion und sind daher nicht für den Studiobetrieb tauglich, live sind sie jedoch ideal. Auf eine MD passen 74 bis 80 Minuten Musik, und selbst im Unterschied zur CD hat sie einige Vorteile: Man kann den einzelnen Tracks Namen geben, die im Display angezeigt werden, die Reihenfolge der Tracks kann jederzeit verschoben werden, Tracks können jederzeit einzeln gelöscht werden, und die gesamte MD ist bis zu einer Millionen Mal wieder beschreibbar.

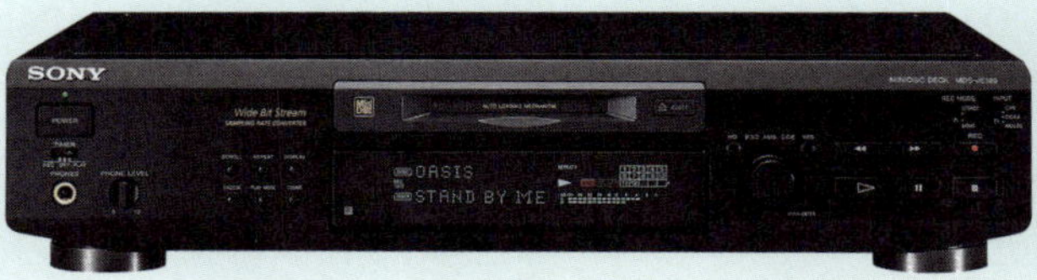

INFO

Audio versus MIDI

Grundsätzlich bietet die Verwendung von Audio-Playbacks gegenüber MIDI-Equipments (insbesondere umfangreicheren) eindeutige Vorteile:

- Man kann auch Sounds von Instrumenten abfahren, die man nicht auf der Bühne dabei hat.
- Man kann mit seinen Playbacks auch dann arbeiten, wenn eines der benötigten MIDI-Instrumente mal zur Reparatur ist.
- Man muss außer seinem Keyboard überhaupt keine zusätzlichen Soundmodule mitschleppen, die von irgendwelchen MIDI-Files angesteuert werden.
- Man braucht sich nicht mit großartigen Verkabelungen aufzuhalten.
- Man muss sich nicht mit MIDI-Problemen herum ärgern.
- Man hat weniger potenzielle Fehlerquellen auf der Bühne.
- Man kann Audio-Playbacks auch wunderbar als Pianist, Sänger oder sonstiger Natur-Instrumentalist einsetzen.
- Ein Audio-Playback braucht nicht nur die Aufnahme einer MIDI-Sequenz zu sein – auch akustisch aufgenommene Spuren wie ein live geblasenes Saxophon oder eine zweite Gesangsstimme können integriert werden. Die Kombination aus Live plus MIDI sorgt für ungeahnte Lebendigkeit und stellt jedes reine MIDI-File in den Schatten!

Wie werden MIDI-Files abgespielt?

Um überhaupt MIDI-Files abspielen zu können, braucht das Keyboard einen eingebauten Sequencer bzw. MIDI-File-Player und ein Diskettenlaufwerk. Verfügt es über beides nicht, gibt es externe MIDI-File-Player, die das Keyboard über MIDI von außen ansteuern oder sogar eine eigene Klangerzeugung besitzen. MIDI-Files werden auf herkömmlichen 3,5-Zoll-Computerdisketten gespeichert. Das Abspielen der MIDI-Songs wird von verschiedenen Keyboards unterschiedlich gehandhabt, es gibt dafür folgende technische Varianten:

MIDI-Files auf Keyboards ohne Festplatte.

Fall a. Das Keyboard hat keine eingebaute Festplatte, die Songs werden von Diskette abgespielt:

- Der ausgewählte Song wird zunächst komplett von der Diskette in den Arbeitsspeicher des Keyboards geladen und kann erst dann gestartet werden. Vorteil: Die Diskette muss während des Abspielens nicht im Laufwerk liegen, man kann bereits eine andere einlegen. Nachteil: Man hat Wartezeiten während des Ladens. Auf der Bühne ist das schlecht.

- Eine gewisse Anzahl von Songs (abhängig von deren Größe) wird auf einmal von Diskette in den Arbeitsspeicher geladen und von dort aus abgespielt. Vorteil: Man kann die geladenen Songs en bloc hintereinander weg spielen. Nachteil: Wartezeit, bis alle Songs geladen sind; Begrenztheit des Arbeitsspeichers limitiert Anzahl der zu ladenden Songs

- Der Song wird direkt von der Diskette abgespielt, das Laufwerk ist während des Spiels ständig am Arbeiten. Vorteil: Man hat keine Wartezeiten, bis ein Song geladen ist. Nachteil: Da das Laufwerk bis zum letzten Ton arbeitet, können Disketten nicht während eines Titels herausgenommen und gewechselt werden. Dadurch entstehen unter Umständen anderweitige Wartezeiten.

Fall b. Das Keyboard hat eine eingebaute Festplatte, auf der alle MIDI-Files untergebracht sind. Vorteile: Je nach Geschwindigkeit des Betriebssystems des Keyboards (wie lange braucht es, um den Verzeichnisinhalt anzuzeigen?) gibt es quasi keine Wartezeiten mehr (die eigentliche Zugriffszeit der Festplatte beträgt Sekundenbruchteile). Kein lästiges Suchen von Disketten mehr und auch keine Diskettenschieberei auf der Bühne. Hunderte von Files sind auf der Festplatte speicherbar und können in verschiedene Verzeichnisse sortiert werden, etwa nach musikalischer Stilrichtung.

MIDI-Files auf Keyboards ohne Festplatte.

Vorteile: Es gibt quasi keine Wartezeiten mehr (Sekundenbruchteile je nach Festplattengeschwindigkeit), auch kein lästiges Suchen oder Diskettenschieberei auf der Bühne. Hunderte von Files sind auf der Festplatte speicherbar.

Nachteil: Festplatten können kaputt gehen. Wenn das passiert, sind schlimmstenfalls alle Daten weg. Deshalb muss man sich um regelmäßige Datensicherung bemühen.Selbst bei manchen Top-Keyboards fällt eine Festplatte unter die Rubrik Sonderausstattung. Wird sie allerdings grundsätzlich für ein Instrument angeboten, kann man sie auch später immer noch nachrüsten, es ist also keine endgültige Entscheidung. Außer Festplatten gibt es heute noch andere interessante Massenspeicher-Medien wie ZIP-Disks. Auch auf solchen lassen sich ungleich größere Datenmengen unterbringen als auf herkömmlichen Disketten.

Juke Box

Manche Keyboards bieten übrigens zum Abspielen von MIDI-Dateien eine interessante Funktion, die sich *Juke Box, Song Chain* oder ähnlich nennt. Damit ist es möglich, eine Kette von MIDI-Songs festzulegen, die in der Reihenfolge aufgerufen und abgespielt werden (vergleichbar der Titelprogrammierung beim CD-Player).

Wer nur zum Spaß und für den Hausgebrauch spielt, kann vielleicht auf solchen Luxus verzichten, doch jedem, der mit seinem Keyboard auf die Bühne geht, kann eine Festplatte oder ähnliches nur wärmstens empfohlen werden – eine inzwischen erschwingliche Investition, die sich auf jeden Fall lohnt.

MIDI-Files oder Styles? – eine Frage der Philosophie

Diese Frage ist wohl eine der meist diskutierten in der Keyboard-Szene überhaupt und darf deshalb auch hier nicht fehlen. Eine allgemein gültige Antwort gibt es nicht, dafür aber für beide Seiten Argumente. Viele Keyboarder und Organisten werden nicht müde zu betonen, sie spielten alles „live“, ihre Musik sei „ehrlich“ und „handgemacht“ und sie würden auf den Einsatz von Sequenzen gänzlich verzichten. So publikumswirksam solche Versicherungen auch sein mögen, so wenig lässt sich der Einsatz von Sequenzen pauschal als Betrug verurteilen. Davon einmal abgesehen: Spielt man mit Sequenzen wirklich nicht mehr live?

MIDI-Files – pro und contra.

Es gibt Situationen, in denen man um Sequenzen gar nicht herumkommt: Ein Titel, der wie „Music“ von John Miles aus sieben musikalisch völlig gegensätzlichen Teilen besteht (einer davon im 7/4-Takt) lässt sich mit Styles und Begleitautomatik nicht professionell realisieren. Doch es gibt noch grundsätzlichere Argumente: Von Seiten der MIDI-File-Hersteller etwa wird betont, das Publikum erwarte mittlerweile vom Musiker das Repertoire eines DJs. Da man stets alle aktuellen Scheiben parat haben soll, sei es legitim, sich der Songfiles zu bedienen. Viele Grooves seien zudem live gar nicht mehr spielbar. Auch gerate man schnell in Zugzwang, wenn die Konkurrenten perfekte Sounds lieferten. Und schließlich seien heute nicht nur musikalische, sondern Entertainer-Qualitäten gefragt; da könne sich der Entertainer dank des einfachen Handlings von MIDI-Files voll auf sein Publikum einstellen.

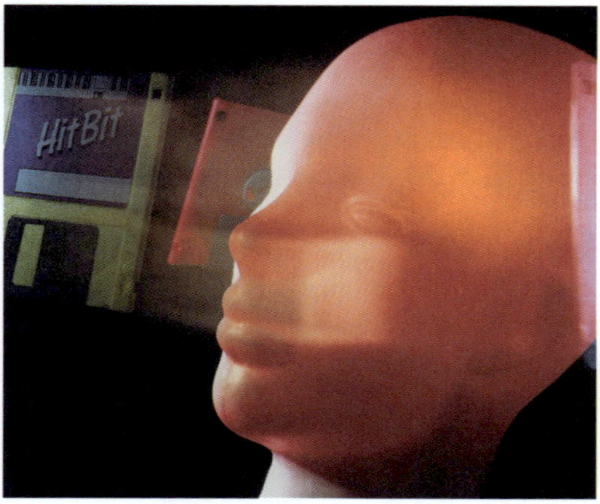

Kaum ein Entertainer kommt heutzutage noch ohne MIDI-Files aus. Die Anbieter der Files können indes nicht einfach drauflos programmieren, sondern folgen meistens einer durchdachten Philosophie.

Sinn von MIDI-Files ist es jedenfalls nicht, den Musiker zu ersetzen und möglichst viel von Diskette kommen zu lassen. Allenfalls könnte ein Dilettant damit vorübergehend seine musikalischen Schwächen kaschieren, doch auf Dauer befriedigen kann diese Lösung nicht. Spätestens, wenn einem mal jemand über die Schulter schaut, käme man zudem ganz schön ins Schwitzen. Letztlich würde man sogar sich selbst verleugnen, weil man sich hinter einem Keyboard versteckte, das dann tatsächlich Maschine und nicht mehr Musikinstrument wäre. Sinnvoller und nebenbei seriöser ist es, MIDI-Files bei den Songs, die nicht ohne auskommen, als Halbplayback zu verwenden, also nicht nur die Melodie, sondern auch alle anderen Dinge, für die man noch Kapazitäten frei hat, live dazu zu spielen.

Natürlich kann ein MIDI-File auch für Solisten hilfreich sein, die ein Begleitplayback benötigen, aber beide Hände anderweitig belegt haben und nicht auch noch ein Keyboard steuern können. Doch schon hier fängt es an, gefährlich zu werden: Hat das Publikum erst mal mitgekriegt, dass das Keyboard auch allein spielen kann, warum sollte es einem dann noch glauben, dass er sich selbst an den Tasten abschuftet und nicht nur eine Show abliefert, mit der er das Publikum verlädt? Keyboarder, die allein auftreten und noch ein Nebeninstrument spielen, mit dem sie Show-Blöcke gestalten, sind besser beraten, die Playbacks, die sie dafür benötigen, von einem offensichtlich anderen Medium, zum Beispiel CD oder MiniDisc, abzufahren. Es kann grundsätzlich nur abgeraten werden, ein Keyboard sichtbar als Playback-Maschine zu missbrauchen. Der Außenstehende (und selbst mancher Insider) kann heute stellenweise nicht mehr unterscheiden, was live gespielt wird und was von Diskette kommt – und genau hier liegt das Problem.

PRAXIS

Die Show muss stimmen

Wenn jemand ein orchestrales Arrangement geschaffen hat und seinem Publikum einen Sound präsentiert, den einer allein schon aus rein anatomischen Gründen gar nicht produzieren kann, muss das nicht von vorneherein illegitim sein. Aber auch der Zuhörer merkt, dass Vieles aus der elektronischen Konserve kommen muss. Die Glaubwürdigkeit wird neben Qualität und Originalität des Arrangements vor allem davon abhängen, wie gut man das Ganze verkauft. Es kann nicht angehen, dass aus den Boxen ein ganzes Orchester dröhnt, und der Musiker spielt selbst ausgerechnet die Tracks live dazu, die am wenigsten spektakulär sind und ihm die wenigste Arbeit machen. Die ganze Art, einen Titel zu inszenieren, mit einem Wort: die Show, muss zur Musik passen. Ob Styles oder Files – man muss dem Musiker anmerken, dass er sich selbst wohl fühlt mit dem, was er macht. Sound und Performance müssen eine organische Einheit bilden!

MIDI-Files – die eigene Kreativität ist (selbst hier) gefragt.

Um das Verkommen der selbst gemachten Musik zur Diskettenschieberei darf es nicht gehen. Sequenzen sollen Hilfsmittel sein, die das Können des Musikers noch pointierter zur Geltung bringen – nicht weniger, aber auch nicht mehr. Handgemachte Musik ist und bleibt der Maßstab. Aus genau diesem Grund ist es auch ein Unterschied, ob man MIDI-Files von der Stange kauft und unkritisch einsetzt, oder ob man sie selbst programmiert. Im ersten Fall klingt das Arrangement eines Titels von Hamburg bis München überall gleich. Leider eben so, wie es irgendein Programmierer vorgegeben hat. Wo bleibt die eigene musikalische Aussage? Im zweiten Fall kann man den Titel in jeder Hinsicht nach den eigenen musikalischen Ideen gestalten. Man hätte sogar Leistungen als Arrangeur und Programmierer erbracht und würde mit einem File auf die Bühne gehen, dass nicht Tausend andere ebenso besitzen. Dann kann aber auch schwerlich von Betrug die Rede sein, selbst wenn Spuren aus einer Sequenz kommen, weil nun mal kein Mensch mehr als zwei Hände hat. Bei der Frage nach der viel zitierten Ehrlichkeit geht es letztlich nicht allein um die Frage nach dem Sequencer, sondern auch darum, ob es wirklich die eigene Musik ist, mit der man auf die Bühne geht – und eben das ist heute wichtiger denn je.

Eine sehr professionelle Lösung wäre es, jeden Song, zu dem man ein MIDI-File hat, auch mit verschiedenen Styles spielen zu können (abgesehen von Titeln, die ohne Sequenz nicht zu realisieren sind). Das kommt vor allem dann ziemlich gut, wenn man spontan mit Fremd-Keyboards konfrontiert wird, auf denen man vorher nicht seine hunderttausend Disketten installieren konnte. Es wirkt souverän, gibt einem selbst ein gutes Gefühl und zeigt letztlich den wahren Musiker.

Soweit zur Philosophie. Abgesehen von derlei Grundsatzerwägungen gibt es auch eine Reihe ganz musikalisch-praktischer Gründe, die wechselseitig für und gegen den Einsatz von MIDI-Files respektive Styles sprechen:

Das spricht für MIDI-Files

Ein MIDI-File erlaubt es viel präziser als ein Style, den musikalischen Ablauf eines Songs darzustellen. Es wird nicht mit Patterns gearbeitet, jedes kleinste Event ist minutiös programmiert.

- Bestimmte Songs sind ohne Sequenz kaum spielbar. Ein Arrangement, das viele Rhythmus-, Tempo- und Taktartwechsel beinhaltet, lässt sich an den Übergängen durch das Umschalten von Styles allein nicht realisieren.
- Ein MIDI-File enthält alle Harmoniewechsel und reagiert nicht auf die vom Spieler gegriffenen Akkorde. So können sich Melodieverläufe in der Sequenz ungestört entfalten, und der Spieler hat seinerseits beide Hände frei für pianistisches Spiel und atemberaubende Soli.
- MIDI-Sequenzen können auf eine Vielzahl von Spuren zugreifen. In der modernen MIDI-Welt gibt es hinsichtlich der Anzahl der Spuren quasi keine Beschränkung mehr. So kann man unzählige Sounds unabhängig voneinander einspielen und selbst orchestrale Soundtracks überzeugend zum Klingen bringen.

Das spricht für Styles

Mit Styles ist der Musiker flexibler als mit MIDI-Files. Durch Wahl eines anderen Styles kann er je nach Stimmung und Publikum den selben Song in ganz unterschiedlichen Versionen interpretieren.

- Dass man bei einem Style die Harmonien selbst greifen muss, kann auch Vorteile haben: Will man einen Song jazzig spielen, kann man ihn anders harmonisieren, als wenn es eine Polka werden soll.
- Der Ablauf einer MIDI-Sequenz ist immer derselbe, und vor allem ist sie immer gleich lang; sie kann weder verlängert noch verkürzt werden, selbst wenn die Situation es erfordert. Mit einem Style hingegen kann der Musiker in beide Richtungen flexibel reagieren und zudem auch spontan Medleys bilden.
- Soll Publikumsgesang begleitet werden, kommen nur Styles in Frage. Eine „singende Masse“ singt meist so weiter, wie sie den Song im Ohr hat. Ob an der betreffenden Stelle gerade ein mühevoll programmiertes zweitaktiges Zwischenspiel kommt oder ein Halbton nach oben transponiert wird, interessiert niemanden – der Spieler allerdings kommt ins Schwitzen.

Wege zum eigenen MIDI-File

Auch bei MIDI-Files ist Anbieter nicht gleich

Zugegeben, nicht jeder kann eigene MIDI-Files von Grund auf programmieren. Mit gekauften Files zu arbeiten, ist zwar grundsätzlich in Ordnung, doch zunächst einmal muss man überhaupt geeignete Files finden. Jeder Programmierer arbeitet anders und hat andere Vorlieben. Deshalb kann es bei den Files verschiedener Anbieter zu ein und demselben Song erhebliche Unterschiede geben. Auch sind die Angebote ganz unterschiedlich ausgestattet, zum Beispiel was beigefügte Spurenpläne und sonstiges Zusatzmaterial angeht. Manche liefern auch zu einem Titel gleich mehrere Speicherversionen, eine davon zum Beispiel mit getrennten Drum-Spuren, d. h. bei der Darstellung auf dem PC Aufschlüsselung des Schlagzeugs in seine Einzelbestandteile. Solches ist natürlich im Hinblick auf eine Nachbearbeitung besonders komfortabel. Es lohnt sich daher, nicht blind zu kaufen, sondern die Angebote verschiedener Hersteller zu vergleichen. Ist man fündig geworden, gibt es noch immer genügend Möglichkeiten, dem File Individualität zu verpassen – und das sind bereits Schritte auf dem Weg zum eigenen File.

Selbst Hand Anlegen ist gefragt.

- Wer die Wahl hat, sollte Sounds austauschen und auf mehrere Klangerzeuger verteilen. Manche Geräte bieten besonders tolle Bässe, andere sind für Drumsounds prädestiniert. Diese klanglichen Stärken sollte man kennen und nutzen. Bei vielen Profi-Musikern gehört übrigens ein Sampler zum Equipment. Damit lässt sich selbst man einfach gestricktes File um Klassen besser zum Klingen bringen als mit jeder General-MIDI-Dose.

- In vielen Fällen werden Lautstärkeanpassungen nötig sein, vor allem wenn Sounds ausgetauscht wurden. Doch selbst wenn ein MIDI-File nur mit den internen Sounds eines einzigen Instruments abgespielt wird, passen die Lautstärken nicht immer. Jeder Hersteller programmiert seine eigenen Sounds (auch seine eigene GM-Bank), und jedes Instrument hat in sich andere Lautstärkeabstimmungen.

- Auch durch das Verändern von Hall-, Chorus-, sonstigen Effekt- sowie Panorama-Einstellungen kann man das Klangbild nachhaltig beeinflussen.

Wie kann man ein MIDI-File aufpeppen?

- Ein alter Trick: Sofern man noch Spuren frei hat, kann man eine vorhandene Spur einfach kopieren. Beide legt man nun im Stereo-Panorama auf Extremwerte: die eine nach ganz links, die andere nach ganz rechts. Wenn man jetzt eine davon noch minimal im Timing verändert und um ein paar Ticks verschiebt, also ein leichtes Delay simuliert, entsteht viel mehr Live-Feeling und Raum-Klang. Natürlich kann man diese Spielerei nicht mit allen Sounds machen, aber manche eignen sich besonders dafür, zum Beispiel Akkord-Gitarren.

- Spuren dürfen verändert, neu aufgenommen, ersetzt oder sogar ganz gelöscht werden. Dem Musiker muss es gefallen, und sein Spiel muss zur Geltung kommen.

- Die Arrangements müssen genug Luft zum eigenen Spiel und zu Improvisationen lassen. Alles, was musikalisch überflüssig ist oder die eigene Kreativität einengt – weg damit!

- Alles, was man selbst spielen kann und will, sollte man stumm schalten oder ganz löschen. In einem gekauften File ist zunächst einmal alles inklusive der Melodie enthalten. Das heißt aber nicht, dass auf der Bühne auch alles von Diskette kommen soll. Im Gegenteil: Gerade beim Einsatz von MIDI-Files kann und soll man noch immer selbst live spielen.

- Es lohnt sich, die Originalaufnahme eines Titel mit dem MIDI-File zu vergleichen. Erstaunlich, wie viele falsche Harmonien einem dabei begegnen – haben Sie keine Hemmungen, diese zu verändern.

- Thema Tonart: Die meisten MIDI-Files sind in der Original-Tonart der Songs programmiert, was auch richtig ist. Aber diese Tonarten liegen auf den Tasten nicht immer angenehm für das eigene Spiel. Und sie entsprechen auch nicht zwangsläufig den stimmlichen Fähigkeiten vieler Hobbysänger. Daher muss man Files manchmal transponieren und darauf achten, dass nicht alle Spuren global um ein paar Halbtöne verschoben werden. Manche könnten dabei zu hoch oder tief rutschen, so dass sie einfach nicht mehr klingen. Dann werden dezidiertere Eingriffe nötig. Wichtig: nicht die Schlagzeugspur transponieren!

- Auch das vorgegebene Tempo von MIDI-Files ist nicht immer das einzig wahre. Es kann zum Beispiel ungünstig für Tänzer sein oder ganz einfach dem eigenen Temperament nicht entsprechen. Deshalb kritisch prüfen und korrigieren.

- Der Ablauf kommerzieller MIDI-Files wird meistens am Original entlang programmiert. Das muss aber nicht live-gerecht sein. Macht es Sinn, mit einem lang(weilig)en Intro einzusteigen, einen Refrain 20mal zu wiederholen und mit einem Fade out zu enden? Man sollte ruhig in Abläufe eingreifen und sie den eigenen Anwendungsbedingungen anpassen, d. h. wenn es sein muss Songteile aus dem MIDI-File entfernen oder umgekehrt bei Bedarf auch ergänzen.

Eigene MIDI-Files: die Tücke sitzt meist im Detail.

Auch an klanglicher Feinarbeit kann man meist noch sehr viel leisten. Zum Beispiel an Streicherlinien oder Akkordteppichen: Echte Streicher lassen (je nach musikalischer Stilistik) den Ton oft weich einschwingen. Dieses Klangverhalten kann man durch MIDI-Controller wie *Expression* recht gut nachstellen, und vor allem solche subtilen Feinheiten entscheiden nachher darüber, wie authentisch oder synthetisch der Gesamtsound wirkt. Doch viele MIDI-Files sind in dieser Hinsicht äußerst rudimentär programmiert.

Track 27

MIDI-File im GM-Format contra studiotauglich bearbeitete Sequenz.

Im Idealfall hat der Profi nun noch sämtliche Einzelausgänge seiner Klangerzeuger auf separate Mischpult-Kanäle gelegt, so dass er das Ganze auch noch tontechnisch bearbeiten kann. Dann ist es durchaus möglich, ein handelsübliches GM-File CD-reif zu bekommen. Doch das kostet Zeit: An einem hervorragenden Arrangement sitzt man mindestens einen Tag, selbst wenn nur Sounds ausgetauscht und nachbearbeitet werden. Damit ist es aber meistens nicht getan. Wenn in musikalische Abläufe eingegriffen werden soll, Teile hinzu programmiert werden müssen und obendrein vielleicht auch noch Fehler zu beheben sind, ist das echte Arbeit. So stehen viele Studio-Profis auf dem Standpunkt, dass man in der Zeit, bis man ein gekauftes File studiotauglich umgearbeitet hat, es genauso gut selbst programmiert hätte.

Die genannten Vorschläge kann man zwar grundsätzlich am Instrument zu realisieren versuchen, komfortabler und übersichtlicher ist es aber ohne Frage an einem PC. Ausführliche Hinweise dazu gibts im Sonderteil dieses Buchs.

7. Sonderteil Keyboard und Computer

Welt der unbegrenzten Möglichkeiten?

Philosophie: Musikinstrument contra Computer?

Computer sind hoch technisierte, leblose Kisten, die viele Möglichkeiten bieten, noch mehr Probleme bereiten und für sich genommen ganz einfach blöd sind. Musikinstrumente hingegen haben eine Seele, sind nicht bloß Apparate und nicht nach ein paar Monaten veraltet. Vor allem: Wir können mit ihnen unsere Gefühle ausdrücken. Keyboards nehmen in gewisser Weise eine Mittelstellung ein: Obwohl man ausdrucksvoll auf ihnen spielen kann, beinhalten sie Technologie, die aus dem Computerbereich stammt, und so arbeiten sie intern auch zu weiten Teilen wie ein Computer. Betrachtet man eine Platine aus dem Innenleben eines Keyboards, wird sie sich für den Laien äußerlich kaum von einer Computerplatine unterscheiden lassen. Aber dafür bieten Keyboards ja auch viele Möglichkeiten, von denen akustische Instrumentalisten nur träumen können – wer ist schon sein eigener Orchesterchef? Die altbekannte Diskussion, ob digitale Klangerzeuger überhaupt Anspruch erheben dürfen, „echte Musikinstrumente" zu sein, wird allmählich ziemlich leidlig – denn selbst wenn sie es nicht dürften, würde in vielen Musikbereichen längst kein Weg mehr an ihnen vorbei führen.

Die Beschäftigung mit dem Computer und auch die Verbindung von Keyboard und Computer sind für den modernen Keyboarder fast unumgänglich – jedenfalls, wenn man professionell arbeiten will. Wer ohnehin mit High-Tech-Instrumenten auf die Bühne geht, dürfte wohl kaum Berührungsängste mit dem Computer haben. Es lohnt sich, denn die Kombination bietet dezidierte Zugriffs- und Editiermöglichkeiten sowie Arbeitserleichterung in allen Bereichen, die mit Programmierung zu tun haben (Sounds, Styles, MIDI-Files, Sequenzen usw.). Vorausgesetzt natürlich, man weiß, wie's geht, und beherrscht sein PC-System, anstatt sich von ihm beherrschen zu lassen, was zugegebenermaßen einige Einarbeitungszeit erfordert. Der Umgang mit dem Computer stellt für sich genommen wieder vor neue Herausforderungen und hat schon so manchen Eheleuten ebenso die Nacht verkürzt wie das Keyboard („Schatz, kommst Du endlich?").

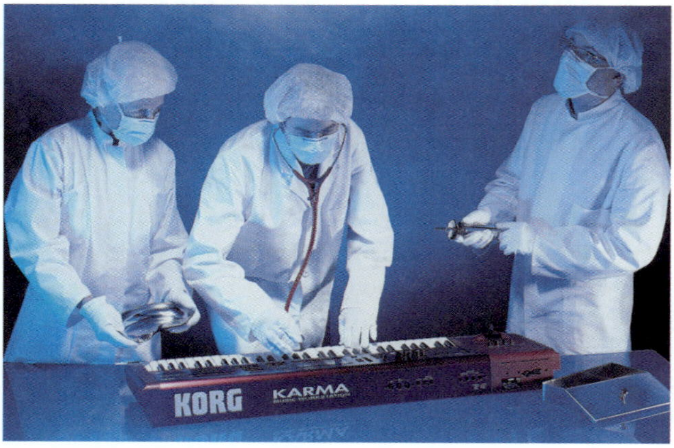

Das Innenleben moderner Keyboards hat zwar einiges mit Computern gemeinsam, sterile Kisten sind die aktuellen Profigeräte aber längst nicht mehr.

Einem Trugschluss sollte man von vornherein nicht unterliegen: Nur weil ein Keyboard mit dem Computer verbunden ist, leistet es nicht plötzlich mehr als vorher. Die Streicher eines Instruments für 350 Euro aus der Spielwarenabteilung klingen nicht auf einmal wie bei einem Top-Keyboards für das Zehnfache. Allerdings kann der Computer neue Arbeitstechniken und Möglichkeiten eröffnen, das Vorhandene optimal zu nutzen und in Szene zu setzen.

Auf neuen Wegen: Die Verbindung des Equipments mit einem PC eröffnet ungeahnte Möglichkeiten. Wunder vollbringt der Computer aber nicht.

Leider bringt das bloße Anschließen eines Computers ans Keyboard noch gar nichts, denn die *Hardware* eines Rechners (seine Bauteile) kann noch so gut sein – ohne *Software* ist er völlig hilflos. Bevor es also richtig losgehen kann, benötigt der Rechner für die gewünschte Anwendung geeignete Programme. Viele Einstellungen oder Einspielungen, die man über Computer vornimmt, wären grundsätzlich auch am Instrument selbst möglich. So befindet sich wenigstens niemand in dem Zwang, zum teuren Keyboard auch gleich noch einen Rechner kaufen zu müssen. Aber Übersichtlichkeit und systematisches Arbeiten haben viel für sich, etwa beim MIDI-File-Programmieren oder beim Aufnehmen der eigenen CD.

Optimale Programme sind entscheidend.

Wie kommunizieren Keyboard und Computer?

Die gängigste Methode, PC und digitale Musikinstrument miteinander kommunizieren zu lassen, ist die MIDI-Schnittstelle. Von der wurde ja bereits gesagt, dass sie längst viel mehr Möglichkeiten eröffnet, als nur Instrumente untereinander zu verbinden. Noch vor zehn Jahren waren die Rechner der Firma Atari die Musiker-PCs überhaupt, weil sie bereits damals serienmäßig über so eine eingebaute Schnittstelle verfügten. Bei den IBM-kompatiblen PCs ist das übrigens bis heute nicht selbstverständlich, dort gehört die MIDI-Verbindung nach wie vor zu einer gewissen Sonderausstattung: Die meisten PCs, die man heute neu kauft, besitzen bereits eine eingebaute Soundkarte, was bis vor ein paar Jahren auch noch nicht selbstverständlich war, und diese Soundkarten stellen einen MIDI-Anschluss zur Verfügung. Allerdings nicht in direkter Form, sondern über den so genannten *Gameport*, das ist der Anschluss für Spiel-Steuergeräte wie Joysticks, die ebenfalls über die Soundkarte laufen. Da diese Gerätschaften jedoch ganz andere Stecker haben, braucht man Adapterkabel oder -stecker, die aber in der Regel nicht beiliegen, sondern im Fachhandel separat erworben werden müssen. Mit der „Soundkarten-MIDI"-Lösung kann man fürs erste arbeiten, auch wenn diese Schnittstelle meistens nicht so schnell ist wie spezielle MIDI-Interfaces.

MIDI, Soundkarte, Gameport.

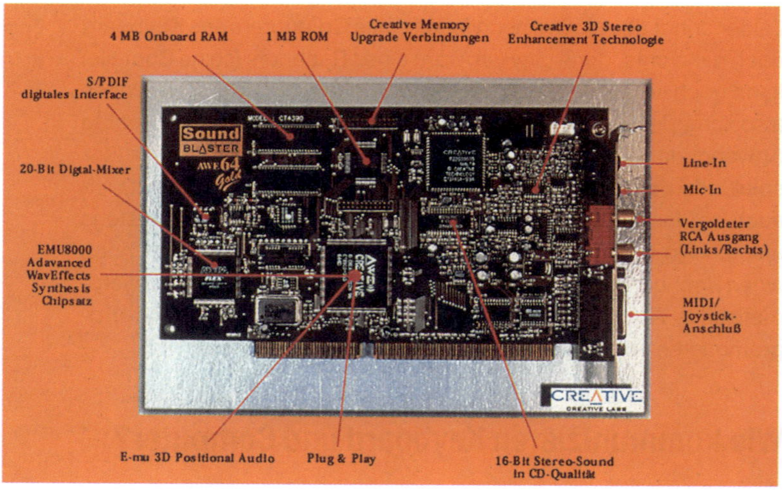

So siehts auf einer Soundkarte aus.

Verfügt ein PC nicht von Haus aus über eine Soundkarte, welche MIDI unterstützt, kann man eine solche Karte nachrüsten. Will man mit dem PC nicht nur MIDI-Instrumente ansteuern, sondern auch mit *HardDisk-Recording* arbeiten (dazu später mehr), benötigt man spätestens dafür sowieso eine Sound- bzw. Recordingkarte, denn die eingebauten Standard-Soundkarten reichen für solche Zwecke normalerweise nicht aus.

INFO

Hinweise zu Soundkarten

Eine gute Soundkarte kann man auf seinem PC immer gebrauchen, selbst wenn man nicht ihre MIDI-Anschlüsse nutzen möchte. Das beginnt schon, wenn man sich nur mal eben ein paar MIDI-Files über den PC anhören will. In einer Fragebogenaktion von ***Tastenwelt*** zum Thema „Software für Keyboarder" beklagte sich ein MIDI-File-Produzent einmal darüber, manche Musiker würden Demo-Files aus dem Internet runterladen, auf einer billigen Soundkarte probehören und sich dann bei der Hotline des Anbieters über die schlechte Qualität der Files auslassen (vgl. Ausgabe 2/01, S. 27). Seine Anforderungen an vorinstallierte Soundkarten auf so genannten Multimedia-PCs im Sonderangebot sollte man nicht zu hoch schrauben, vor allem, was auch die GM-Wiedergabe anbelangt. Soll der Computer-Sound diesbezüglich dem Keyboard Konkurrenz machen können, braucht man auch eine entsprechend professionelle Soundkarte.

Konkurrenz fürs Keyboard aus dem PC? Dafür muss eine Soundkarte sehr gut sein und – etwa für das Anhören von MIDI-Files – nach dem gleichen Standard arbeiten wie das verwendete Keyboard. Im Bild die SW1000XG von Yamaha.

Soundkarten sind nicht die einzige Möglichkeit, PCs MIDI-fähig zu machen. Spezielle MIDI-Interfaces gibt es in verschiedenen Ausführungen und Preislagen, etwa als Karten zum Einbauen in den PC oder als externe Kästchen zum Anschluss an den Druckerport. Will man nicht nur ein Instrument mit dem PC verbinden, sondern gleich ein ganzes Studio, kommt man nicht um große MIDI-Interfaces herum. Das sind Geräte im 19-Zoll'-Format, die über die serielle oder die parallele Schnittstelle oder neuerdings auch über USB an den PC angeschlossen werden und bis zu acht MIDI-ins und -outs gleichzeitig und unabhängig voneinander verwalten können.

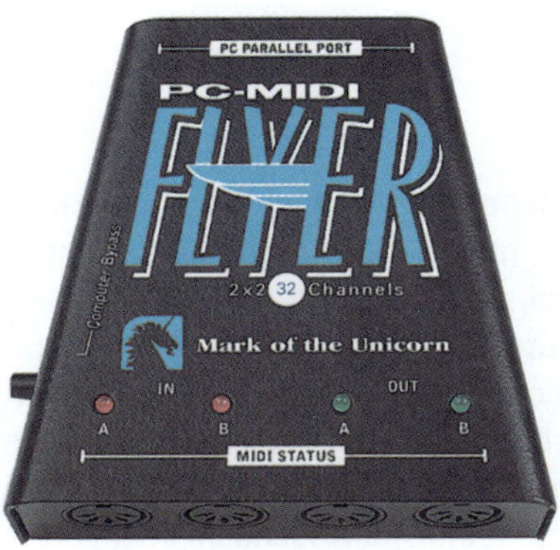

Der MIDI-Flyer von MOTU wird an die parallele Schnittstelle angeschlossen und bietet je zwei MIDI-ins und -outs.

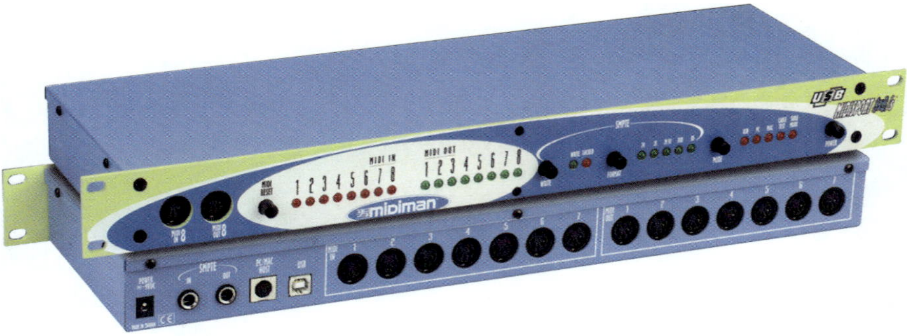

Das MIDISport 8x8/s-Interface von Midiman wird über USB (alternativ über die serielle Schnittstelle) an den Rechner angeschlossen und bietet acht separate MIDI-Ein- und Ausgänge.

Eine weitere Möglichkeit, Keyboard und PC kommunizieren zu lassen, besteht in der *To-host*-Schnittstelle, die im Kapitel „Das moderne Portable Keyboard“ vorgestellt wurde. Wie dort gezeigt, ist *To host* kein grundsätzlich anderes Übertragungssystem, sondern arbeitet genauso mit MIDI-Daten. *To host* kommt vor allem dann sinnvoll zum Einsatz, wenn der PC nicht über eine MIDI-Schnittstelle bzw. einen Gameport verfügt (etwa Notebooks).

Wann ist der PC gefragt?

Eine vollständige Übersicht über alle Bereiche, in denen sich der Einsatz des PCs für Musiker lohnt, und über alle konkreten Programme in den einzelnen Bereichen ist schier unmöglich. Die nachfolgende Zusammenstellung erhebt auch keinen Anspruch auf Vollständigkeit, will aber Grundsätzliches zu den verschiedenen Einsatzgebieten sagen:

Sequencing

Dem Anwendungsbereich Sequencing kommt bei der Verbindung von Keyboard und PC wohl die größte Bedeutung zu. Im Unterschied zu *Hardware-Sequencern*, die als eigenständigerGeräte existieren, bezeichnet man Computer-Programme, um die es im Folgenden geht, als *Software-Sequencer*. Eingebauten Keyboard-Sequencern und Hardware-Sequencern gegenüber sind sie teils haushoch überlegen. Das beginnt schon mit der Optik: Ein 17- oder gar 19-Zoll-Computermonitor gewährleistet wesentlich übersichtlicheres und angenehmeres Arbeiten als sämtliche Geräte-Displays. Alle modernen Software-Sequencer arbeiten mit einer benutzerfreundlichen grafischen Oberfläche, d. h. einer sehr bildhaften Darstellung der einzelnen Elemente und Arbeitsbereiche. Die Bedienung erfolgt größtenteils über die Maus, nur wenige Dinge brauchen überhaupt noch über die Tastatur eingegeben zu werden. Das Eintippen irgendwelcher mathematischer Befehlszeilen gehört auf jeden Fall der grauen Vorzeit an. Die wichtigsten und namhaften Programme auf dem Markt sind von den Herstellern in mehreren Versionen erhältlich. Sie beginnen mit einer kostengünstigen, zwar abgespeckten; aber arbeitsfähigen Einsteigerversion und gehen bis hin zur voll ausgestatteten Profiversion.

Moderne Software-Sequencer bleiben nicht beim MIDI-Sequencing stehen.

Die einzelnen Versionen unterscheiden sich nicht nur in ihrem Funktionsumfang, sondern damit verbunden auch in den Hardware-Anforderungen, die sie an den PC stellen – und nicht zuletzt natürlich im Preis. Je nach dem, was man musikalisch vor hat, muss man also nicht gleich zum Einstieg die teure Vollversion eines Programms zuzüglich eines noch teureren Profi-PCs kaufen. In der Regel werden Upgrades angeboten, d. h. man kann als registrierter Besitzer einer Version jederzeit zu einer höheren aufsteigen. Die aktuellen Profiversionen gehen in ihrer Ausstattung deutlich über bloße Aufzeichnungs- und Editiermöglichkeiten hinaus. Meistens bieten sie ausgefeilte Notendruckfunktionen, aber selbst das ist heutzutage nichts Besonderes mehr. Interessant ist, dass sie außer den eigentlichen Sequencer-Spuren, die MIDI-Daten aufzeichnen, auch Audio-Spuren aufnehmen können. So sind sie MIDI-Sequenzer und HardDisk-Recording-Programm in einem. Moderne Profi-Programme verfügen zudem über virtuelle Mischpulte und eine große Zahl von *Plug In*-Effekten und können so auf Computerbasis ein komplettes Tonstudio ersetzen. (Plug-ins kann man sich als kleine Zusatzprogramme vorstellen, die vom Hauptprogramm aufgerufen werden. Vorteil: Sie sind voll ins Geschehen integriert, und man kann mit einer einheitlichen Bedienoberfläche arbeiten. Alle bekannten Effekte kann man inzwischen, auch von Drittanbietern, als Plug-ins in verschiedenen Preis- und Güteklassen erwerben.)

Da digitale Sequencer keine Klänge, sondern MIDI-Daten aufzeichnen (abgesehen natürlich von den Audiospuren, die in diesem Zusammenhang allerdings nicht interessieren), bezeichnet man sie auch als *MIDI-Sequencer*. Was ein PC also aufzeichnet, sind nur die

Anweisungen für alles, was in einem Song zu welchem Zeitpunkt geschieht. Drückt man die virtuelle Play-Taste des Programms, werden die Informationen über MIDI-out nach draußen an die Klangerzeuger geschickt. So spielt der PC quasi live die angeschlossenen Instrumente von außen über MIDI. Die computergestützte MIDI-Aufnahmetechnik bietet gegenüber dem traditionellen Tonbandaufnahme-Verfahren unschätzbare Vorteile: Das Tempo kann jederzeit – auch nachträglich – in einem größtmöglichen Spielraum verändert werden, noch dazu in wesentlich kleineren und präziseren Unterteilungen als auf jedem Keyboard – eben bis auf Sekundenbruchteile genau. Im Gegensatz zu akustischen Aufnahmen, bei denen das beschleunigte oder verlangsamte Abspielen eine Frequenzmodulation nach sich zieht, geht auf MIDI-Ebene eine Tempoänderung nicht mit einer Tonhöhenänderung einher. Die Möglichkeit des jederzeit änderbaren Tempos bezieht sich gleichermaßen auf das Aufnahme- wie auf das Wiedergabetempo. So ist es gar kein Problem, schwierige Stellen ganz langsam einzuspielen und das Aufgenommene dann auf ein Tempo zu beschleunigen, das für die Hände gar nicht mehr leistbar wäre. Nicht nur das globale Songtempo, sondern alles eingespielte Material, alle Parameter und Einstellungen, kann zu jeder Zeit ausgetauscht, korrigiert, ergänzt oder gelöscht werden, und das nicht nur pro Spur, sondern sogar für Einzeltöne – etwa in den Parametern Anschlagstärke, Tonhöhe, -länge usw. Auch Accellerandi und Ritardandi (Schneller-/Langsamerwerden) und Taktartwechsel lassen sich über eine Masterspur jederzeit einbauen. Die Liste ließe sich fortsetzen.

Große Spielräume beim Bearbeiten.

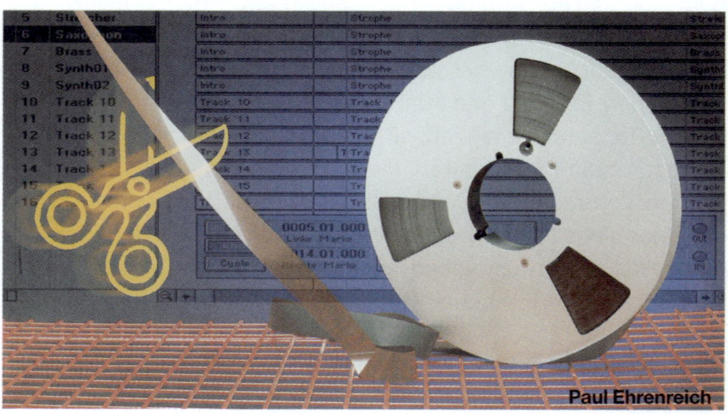

MIDI-Sequencing und Audio-Recording – im Computer vereinigt sich das beste aus zwei Welten, die alte Bandschere hat ausgedient.

Weitere Vorteile des MIDI-Sequencers

- Zu jedem Zeitpunkt können Takte in beliebiger Anzahl eingefügt und ausgeschnitten werden, können musikalische Abschnitte hinzukomponiert, ergänzt, verschoben, an andere Stellen kopiert oder auch entfernt werden.
- Sequencer-Programme stellen verschiedene Editoren zur Verfügung. So kann das Songmaterial aus unterschiedlichsten Perspektiven gesichtet und bearbeitet werden.
- Ein MIDI-Sequenzer auf einem PC geht niemals kaputt, denn er besitzt keine mechanischen Teile, die verschleißen könnten. Im Gegenteil: Kommt eine neue, höhere Version des Programms auf den Markt, erhält man meist sehr kostengünstig, bestenfalls kostenlos ein Update.
- Im Verhältnis zu Audiofiles benötigen MIDI-Aufnahmen so gut wie keinen Speicherplatz (am Speicherintensivsten sind Controller-Daten). Anhaltswert: Je nach Länge und Komplexität lassen sich selbst auf einer herkömmlichen Diskette um die 20 MIDI-Sequenzen speichern. CDs, die man zur Datensicherung brennt, haben gar bis zu mehr als 450 Mal so viel Kapazität. So braucht man für das Arbeiten mit MIDI-Dateien auch keine besonders große Festplatte in seinem PC.
- Viele Instrumente bieten die Möglichkeit, einen MIDI-Dump auszulagern. Das ist eine „1:1-Fotografie" des Instruments mit allen Einstellungen. Gute MIDI-Sequenzer sind der Lage, solche Dumps in Form von SysEx-Daten aufzuzeichnen. So kann man auf dem PC unendlich viele Geräteeinstellungen speichern, entweder als eigenständige Dateien oder integriert in Songs, so dass beim Wieder-Laden und Abspielen von Sequenzen die angeschlossenen Geräte automatisch in die richtigen Einstellungen versetzt werden. Das ist nicht nur einfach und übersichtlich, sondern spart gegenüber den meist teuren Speicherkarten für viele Instrumente bares Geld.
- Sogar Mischpulte und Bandmaschinen lassen sich von Sequencer-Programmen aus fernsteuern.

Professionelle MIDI-Sequencer unterstützen SMPTE. Damit wird die aktuelle Songposition nicht als Taktposition angezeigt, sondern im Timecode-Format, d. h. in einer exakten Zeitangabe bis auf 1/1000 Sekunde genau. So wird professionelle Synchronisation im Bereich Film- oder Werbemusik möglich.

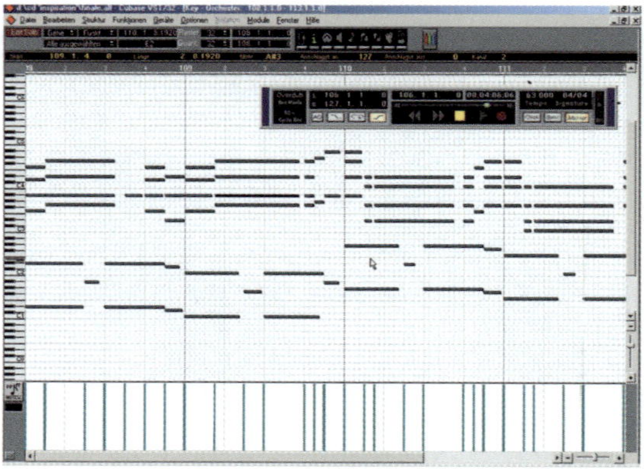

Der Balken-Editor (auch Key-, Grid-Editor oder Matrix Edit).
Die Töne werden als waagrechte, über- und nebeneinander liegende Balken dargestellt. Das Ganze sieht aus wie die Anordnung von Tönen auf einer Walze. Sehr gut geeignet, um Tonhöhen und -längen grafisch zu editieren.

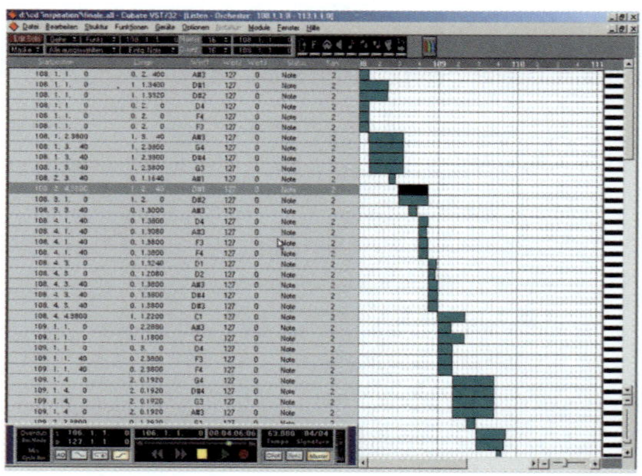

Dieselben Töne aus Sicht des Listen-Editors. Dieser führt in strenger Reihenfolge alle stattfindenden Events mit detaillierten Informationen in Listenform auf. Mathematischer orientiert, dafür aber besser geeignet, um ganz exakte Werte zu setzen. Bei guten Editoren befindet sich rechts noch eine grafische Darstellung, die jener des Balken-Editors ähnelt und die Auflistung optisch ergänzt.

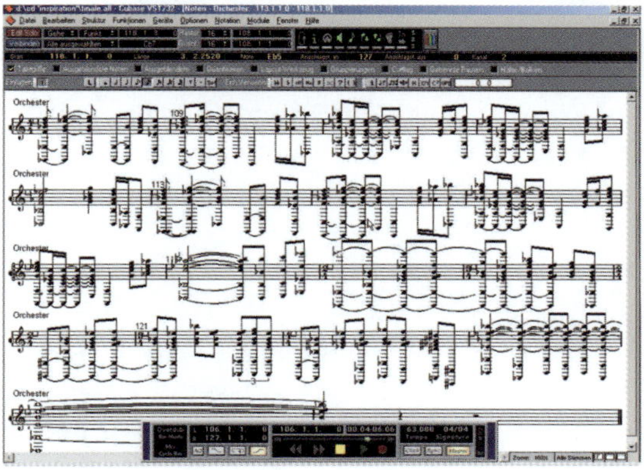

Dasselbe nochmal aus einer dritten Perspektive: dem Noten-Editor.

Zusammengefasst lässt sich sagen: Mit dem PC und einem entsprechenden Sequencer-Programm kann man Songs so bearbeiten, dass kein Ton auf dem anderen bleibt. Die Möglichkeiten, die sich daraus ergeben, sind vielfältiger und in punkto Übersicht um ein Vielfaches komfortabler als auf jedem Hardwaregerät oder eingebautem Keyboard-Sequencer.

Alles im Blick: Eine solche Arbeitsoberfläche stellt jedes Keyboard-Display in den Schatten und ist für lange Arrangements das einzig Wahre!

PRAXIS

Quantisieren contra Live-Feeling

Unter Quantisieren versteht man eine Korrektur des Timings. Dabei werden Töne so verschoben, dass sie auf einen voreingestellten Notenwert „gerundet", d. h. metronomisch exakt positioniert werden. Das ist oft nötig, weil kein Mensch so exakt spielen kann wie ein Metronom. An der Frage, wie weit man quantisieren sollte und ob überhaupt, scheiden sich jedoch die Geister. Manche behaupten, durch das Quantisieren werde die Musik leblos, denn mathematisch exakt könne nur ein Computer klingen, aber eben kein Mensch. Deshalb ist in Interviews auch immer wieder von Musikern zu lesen, sie lehnten jede Quantisierung ab, um ihrer Musik größtmögliches Live-Feeling zu bewahren. Gut, so lange das Resultat überzeugt, kann man das nur akzeptieren. Es kann aber nicht darüber hinwegtäuschen, dass in modernen Popmusik-Produktionen gnadenlos alles plattquantisiert wird. Dies prägt unsere Hörgewohnheiten, weil wir derlei Produkte tagtäglich in Radio und Fernsehen serviert bekommen.

Statisch klingen darf natürlich überhaupt nichts, aber zumindest die Rhythmusgruppe (Schlagzeug, Bass, rhythmisch-akzentuierte Begleitfiguren von Gitarren, Pianos usw.) sollte im Timing schon stehen „wie eine eins". Deshalb könnte es ein Kompromiss sein, die Begleitspuren zu quantisieren und die Solospuren unquantisiert zu belassen. Schließlich spielt ein Keyboarder live ja auch ohne Quantisierung. Außerdem bieten die Editoren von Sequencer-Programmen auch die Möglichkeit, einzelne Töne im Timing zu korrigieren, wenn man nicht gleich die komplette Spur quantisieren will. Zu guter Letzt kommt es immer noch auf die Musikrichtung an. Im Volksmund sagt man immer, Swing sei „triolisch" (und liefert damit eine folgenschwere Übersetzung des ebenso unglückseligen Begriffs „ternär"). Einem echten Jazzer stehen allerdings die Haare zu Berge, wenn er dies hört. Echtes Jazz-Feeling entsteht nicht durch Zählen in Triolen – es entzieht sich vielmehr einer mathematischen Definition. Eine Swingnummer würde man daher ziemlich kaputt machen, wenn man sie global mit allen Spuren im Rechner quantisierte. Einer Dancefloor-Nummer hingegen macht es überhaupt nichts aus, quantisiert zu werden. Im Gegenteil: Hier darf nichts wackeln.

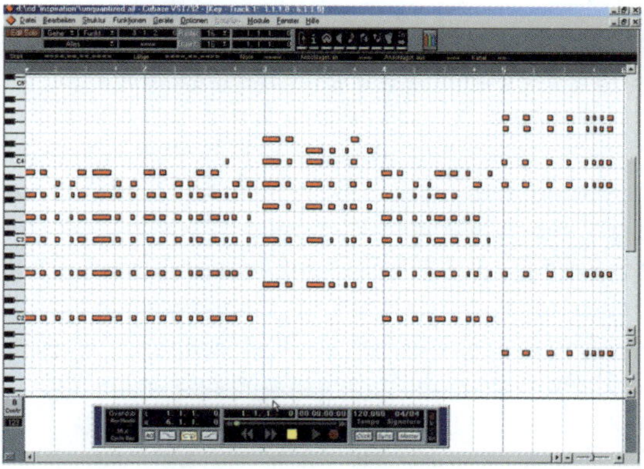

Streitfrage – „Live Feeling“ oder einfach ungenau? Unquantisierte Spur im Grid-Editor von Cubase.

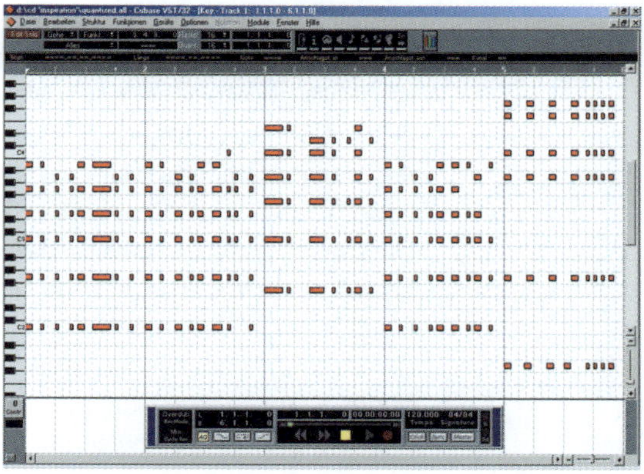

Zum Vergleich dieselbe Spur, quantisiert ohne Rücksicht auf Verluste.

Die Anzahl der Spuren

Der Anzahl der Spuren ist heute keine Grenze mehr gesetzt. Sie ist nur noch durch die Größe des PC-Arbeitsspeichers begrenzt. Dabei gibt es doch nur 16 MIDI-Kanäle. Des Rätsels Lösung: Man verwendet eines der oben vorgestellten großen MIDI-Interfaces mit acht MIDI-Outs und entsprechend viele Klangerzeuger. Jeder der acht MIDI-Outputs verwaltet 16 MIDI-Kanäle, das ergibt insgesamt schon 128 MIDI-Spuren. Durch Hinzunahme und Kopplung weiterer solcher MIDI-Interfaces lässt sich diese Zahl noch steigern. Von dem im MIDI-Kapitel abgebildeten Interface AMT8 der Firma Emagic etwa lassen sich pro serieller PC-Schnittstelle bzw. USB-Port bis zu acht Geräte miteinander vernetzen (*kaskadieren* in der Fachsprache). So kommt man bereits auf die stolze Zahl von 64 MIDI-Ports bzw. 1024 MIDI-Kanälen. Und wem das immer noch nicht genügt, der kann die zweite serielle Schnittstelle seines Rechners bzw. einen weiteren USB-Port nochmal mit derselben Anzahl an Interfaces zupflastern. Bei zwei seriellen und einer USB-Schnittstelle lassen sich somit 24 MIDI-Interfaces an ein und denselben Rechner anschließen. Das ergibt die sagenhafte Summe von 192 MIDI-Ports und 3072 direkt adressierbaren MIDI-Spuren! Jetzt braucht man nur noch genügend Instrumente, auf die man das Ganze verteilen kann. Doch wen es tröstet: Schon mit weniger als 3072 Spuren kann man Soundtracks produzieren, die jedes Orchester erblassen lassen.

MIDI und das Geschwindigkeitsprobleme.

Im Kapitel „MIDI“ wurde bereits die Kritik am MIDI-Standard erwähnt, er sei zu langsam. Vor allem bei der Arbeit mit sehr komplexen Sequenzen macht sich dies bemerkbar: MIDI ist eine *serielle* Schnittstelle. Das bedeutet: Die zu übermittelnden Daten gehen nicht alle gleichzeitig durchs Kabel (das würde man dann als *parallel* bezeichnen), sondern in Serie, also nacheinander und schön brav der Reihe nach. Das ist zwar anständig von den MIDI-Daten – aber in der Praxis führt es bei großen Datenmengen zu Verzögerungen. Die Übertragung eines MIDI-Befehls dauert in etwa 1/1000 Sekunde (1 ms). Dann finden aber zehn eigentlich gleichzeitig zu erzeugende Befehle oder Töne nicht wirklich gleichzeitig, sondern hintereinander statt, und der erste und der letzte liegen bereits 10 ms auseinander. Es müssen ja nicht nur die Informationen für Töne übertragen werden, sondern dazwischen auch jede Menge Controller-Daten. So summieren sich mit zunehmender Spurenzahl und Informationsdichte die Verzögerungen ganz ordentlich. Um dem zu begegnen, ist beispielsweise das schon mehrfach genannte AMT8-Interface mit einem Pufferspeicher ausgerüstet, in dem die Daten auflaufen. Diese Technologie wird vom Hersteller Emagic als *AMT* – Active MIDI Transmission bezeichnet. Damit soll auch für größere Setups bestmögliches MIDI-Timing gewährleistet werden. Doch bestmöglich heißt nicht unbegrenzt, und nicht alle auf dem Markt befindlichen Sequencer-Programme unterstützen AMT. Insofern gehören Probleme mit dem MIDI-Timing noch immer nicht der Vergangenheit an.

Experten-Tipp zum MIDI-Timing

In welcher Reihenfolge werden eigentlich die MIDI-Daten übers Kabel geschickt? Sequencer-Programme wie Cubase arbeiten die Spuren von oben nach unten ab, und zwar unabhängig von ihrem MIDI-Kanal, sondern tatsächlich in der Bildschirm-Reihenfolge. Deshalb der Experten-Tipp, sämtliche Schlagzeug-Spuren ganz nach oben zu legen. Man sollte alle Spuren nach funktionaler Wichtigkeit anordnen. Alles, was präzise im Timing stehen muss und am wenigsten Spielraum verträgt, gehört so weit wie möglich nach oben. Doch auch das ist noch kein Allheilmittel. Wirklich dicke Sequenzen im Profi-Bereich haben 40 Spuren und mehr. In solchen Größenordnungen kann das Timing hörbar wackeln. Dann kann es nötig werden, einzelne Spuren über den Delay-Parameter im Timing zu verschieben, wenngleich sie von der Einspielung her exakt richtig sind. Im Zweifelsfall hilft nur noch, die Spuren gruppenweise als Audiodaten auf die Festplatte zu überspielen und den Song auf HardDisk-Recording-Ebene zusammenzubauen.

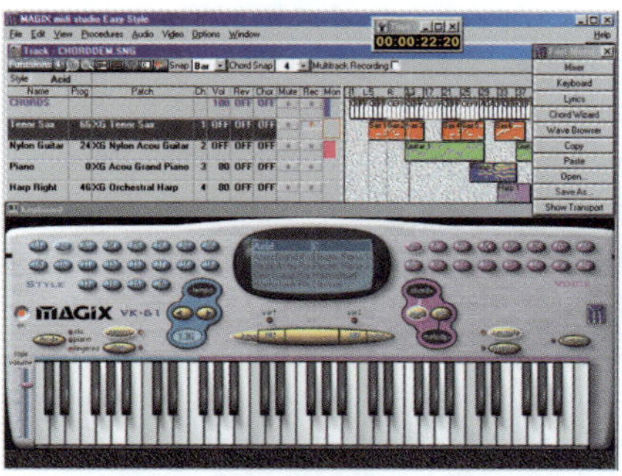

Billiger als ein Abendessen zu zweit, Features wie manche Großen: „Music Studio Easyplay“ von Magix, ein MIDI/Audio-Sequencer für den PC mit Begleitautomatik, Karaoke-Seite und Noteneditor.

Für die Profiprogramme, die ein komplettes Tonstudio im Rechner bieten und ganze Produktionen quasi im Alleingang realisieren, kommt man in den Vollversionen in eine preisliche Region von 750 bis 1000 Euro. Nicht mitgerechnet sind dabei die Kosten für die anzuschaffende Hardware, sprich den PC selbst mit allem Zubehör; ein Profiprogramm stellt ungleich höhere Anforderungen an die Systemvoraussetzungen. Auch wenn bestimmte Programme für sich genommen noch so empfehlenswert sind, können sie im Einzelfall unsinnig sein, da sie für geplante Anwendungen viel zu komplexe Funktionen zur Verfügung stellen, die niemals alle genutzt werden. Wer nur hin und wieder mal ein paar MIDI-Files nachbearbeiten will, braucht dafür nicht notwendig dasselbe Programm, mit dem Chart-Hits oder Filmmusiken produziert werden. Zwei Programme haben internationale Standards gesetzt: *Cubase* aus dem Hause Steinberg und *Logic* von Emagic. Beide kombinieren MIDI- und Audiospuren miteinander; sie sind Sequencer- und HardDisk-Recording-Programm in einem. Außerdem gibts reichhaltige Plug-ins, diverse virtuelle Mischer und mancherlei Luxus mehr. Cubase etwa trägt den Namenszusatz *VST*, was Virtual Studio Technology bedeutet. Im Vollausbau hat man dann tatsächlich ein komplettes (virtuelles) Tonstudio in seinem Rechner. Es gibt inzwischen eine Reihe von Zusatzprogrammen (z. B. Software-Sampler; siehe unten), auch von Drittanbietern, die sich unter VST in die Programmoberfläche integrieren lassen. Ein direkter Vergleichstest der beiden Programme erschien in der ***Tastenwelt***-Ausgabe 1/01, Seiten 78-83.

INFO

Die Hersteller und ihre Programme

Es gibt auf dem Markt eine Fülle von Software in allen Preislagen. Einsteigen kann man schon mit unter 100 Mark. Einen absoluten Hammer stellt etwa das Programm Music Studio Easyplay von der Firma Magix dar: Für zirka 25 Euro verfügt der Software-Sequencer über 128 MIDI-Spuren und 12 Audio-Spuren. Auch gibt es einen Grid-, einen Drum- und einen Event-Editor, über eine Masterspur sind Tempo- und Taktartwechsel möglich, und wenn zu einem MIDI-File auch Text gehört, lassen sich die Lyrics in einem separaten Fenster zu Karaoke-Zwecken anzeigen. Ähnliche Funktionen also wie bei den Großen. Um mal schnell ein MIDI-File nachzubearbeiten, ist dies eine optimale Lösung (ausführlich getestet in ***Tastenwelt*** 1/00, S. 74).

MIDI- und Audio-Sequencing in Vollendung: Cubase VST von Steinberg und Logic Audio von Emagic bieten im Vollausbau ein komplettes Tonstudio im Rechner mit herausragenden Werkzeugen, Equalizer- und Dynamikeffekten und reichhaltigen Plug ins.

HardDisk-Recording

Der Speicherbedarf von HD-Recording ist nicht zu unterschätzen.

Eine weitere wichtige musikalische PC-Anwendung ist das *Hard-Disk-Recording*, das aus dem modernen Studio-Betrieb kaum noch wegzudenken ist. Eine HardDisk (HD) ist eine Festplatte, und so versteht man unter HD-Recording die digitale Aufnahme von Audiodaten direkt auf eine Festplatte. Wohlbemerkt werden hier tatsächlich einmal Audiodaten aufgenommen und keine MIDI-Informationen. HD-Recording ist die neuzeitlich-digitale Version der guten alten Mehrspur-Bandmaschine. In CD-Qualität (d. h. 44,1 kHz, 16 Bit-Auflösung, Stereo) benötigt eine Minute Musik allerdings zirka 10 MB Speicherplatz. Dementsprechend groß sind die Datenmengen, die beim HD-Recording auflaufen. Will man eine CD-Produktion auf HD-Ebene realisieren, benötigt man bereits für eine Demo-CD von 20 Minuten Länge über 200 MB freien Festplattenspeicher. So sind fürs HD-Recording an eine Festplatte die Anforderungen zu stellen, dass sie genügend Kapazität hat und schnell genug ist, um bei schnellstmöglichen Zugriffszeiten auch große Datenmengen zu verarbeiten. Dank immer weiter gefallener Speicherpreise bekommt man heute sehr schnelle und große Festplatten zu moderaten Preisen.

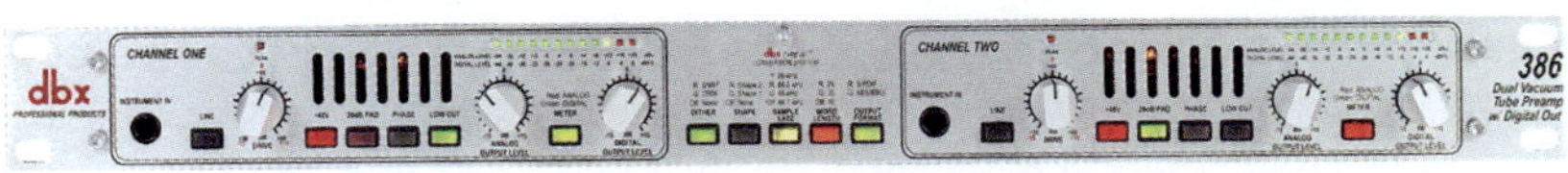

Hochwertige Wandler und Vorverstärker machen das Salz in der Suppe beim HD-Recording aus.

A/D- und D/A-Wandler.

HD-Recording-Systeme gibt es in zwei Erscheinungsformen: entweder als *Stand-Alone*-Geräte, d. h. eigenständige Hardware-Teile, oder als Software-Programme für den PC. Für das vorliegende Kapitel interessiert wiederum nur die zweite Form. Um Audiodaten auf die Festplatte des PC zu bekommen, braucht es einen *A/D-Wandler* (Analog-Digital-Wandler). Umgekehrt müssen später zur Wiedergabe die digital gespeicherten Audio-Informationen auf der Festplatte wieder zurückübersetzt werden in analoge Signale (*D/A-Wandler*). Die erforderlichen Wandler sitzen auf der Soundkarte des Rechners. Für HD-Recording braucht man neben leistungsfähigen Festplatten gleichermaßen hochwertige Wandler. Schließlich besteht ja die größte Hürde genau darin, die Audio-Signale möglichst verlustfrei auf die Festplatte und nachher ebenso verlustfrei wieder von dort zurück zu bekommen. Wer möchte, kann sich auch externe Recording-Vorverstärker leisten, die mit hochwertigen A/D-

INFO

Welche Festplatte ist die richtige?

Beim HD-Recording steht und fällt vieles mit der Kapazität, Geschwindigkeit und Qualität der Festplatte. Auf den handelsüblichen PCs für private Anwendungen sind sog. IDE-Platten installiert. Man muss diese nicht aus dem Rechner entfernen, denn heutzutage kann man auch in punkto HD-Recording gut mit ihnen arbeiten, sofern sie ein paar Voraussetzungen erfüllen. Früher verwendete man dafür ausschließlich SCSI-Platten, die im übrigen auch noch heute volle Daseinsberechtigung haben und insbesondere auf Profi-Systemen nach wie vor zum Einsatz kommen. Bei einer IDE-Platte sollten die Festplatte und der dazugehörige Controller UDMA (Ultra Direct Memory Acces) unterstützen. In diesem Fall schreibt der Controller die Daten direkt, ohne Mithilfe des Prozessors in den Arbeitsspeicher. Achten sollte man auf die Umdrehungsgeschwindigkeit, da Platten mit höherer Geschwindigkeit einen größeren Datendurchsatz liefern. Die auf PCs vorinstallierten IDE-Platten laufen standardmäßig mit 5400 Umdrehungen pro Minute (UPM). Speziell für HD-Recording sollte man sich jedoch für die schnelleren Versionen mit 7200 UPM entscheiden. Die neuesten und schnellsten SCSI-Platten bringen 15.000 UPM. Im Gegenzug sind sie allerdings auch unverschämt teuer. Anders dagegen IDE-Platten: Bei identischer Kapazität und Geschwindigkeit sind sie zwar in der Herstellung nicht viel billiger als SCSI-Platten, doch es herrscht inzwischen so großer Konkurrenzdruck auf dem Markt, dass sie für den Endverbraucher immer billiger werden und die Hersteller kaum noch etwas daran verdienen; immer mehr verschwinden sogar vom Markt.

Ein anderer Gesichtspunkt: Woher kommt zusätzlicher Speicherplatz, wenn die Platte mal voll ist? Aktuelle IDE-Mainboards haben zwei Controller, und pro Controller können zwei Geräte angeschlossen werden, d. h. insgesamt vier. Dazu zählen aber auch CD-Laufwerk, CD-Brenner, DVD-Laufwerk usw. Zum Anschluss zusätzlicher IDE-Platten hat man also nicht mehr sehr viel Platz. Bei SCSI-Systemen hingegen lassen sich je nach Controller bis zu 15 Geräte pro Controller anschließen! Nachteil: Den Controller zur Festplatte muss man separat kaufen, er kostet zusätzlich zwischen 300 und 450 Euro. Bei schnellen Platten ab 7200 UPM (egal ob IDE oder SCSI) sollte man auf Grund der Wärmeentwicklung nicht mehr als zwei oder maximal drei übereinander einbauen. Eventuell muss man sogar einen extra Festplattenlüfter installieren, doch der liefert auch wieder zusätzliche Geräusche. Überhaupt können Lüftergeräusche für akustische HD-Aufnahmen problematisch werden, wenn sie etwa von empfindlichen Kondensator-Mikrofonen mit eingefangen werden. Schließlich vertragen IDE-Platten sehr viele Starts und Stopps, dafür ist aber die Anzahl der Stunden, die sie am Stück arbeiten können, geringer als bei SCSI-Platten.

und D/A-Wandlern ausgestattet sind, aber das ist nicht unbedingt notwendig. Wohl aber die Wahl einer guten Audiokarte!

Recording-Karten

Für HD-Recording eindeutig attraktiver als die handelsüblichen Soundkarten sind spezielle *Recording*-Karten. Das sind keine Soundkarten, denn sie besitzen keinen Synthesizer-Chip und können keine Klänge erzeugen. Wohl aber zeichnen sie Klänge auf, und eben das ist ihre eigentliche Spezialität. Neben mehreren Ein- und Ausgängen verfügen solche Karten über hochwertige A/D- und D/A-Wandler. Vor allem wenn man mit einem digitalen Mischpult arbeitet, sind Karten mit digitalem Ein- und Ausgang interessant. Dann kann man nämlich die Signale schon digital und damit verlustfrei auf die Festplatte aufnehmen und entsprechend wieder herausgeben. In diesem Fall tut's sogar eine billige Karte, weil man sie nur zur digitalen Kommunikation braucht, sie aber ansonsten gar nicht interessiert – Hauptsache, sie hat einen digitalen Ein- und Ausgang. Die erforderlichen Wandler sitzen dann im Mischpult.

Kontakt zur Außenwelt in Hülle und Fülle: zwei analoge Eingänge, acht Ausgänge und darüber hinaus digitale Ein- und Ausgänge bietet die „Audiowerk8“ von Emagic.

INFO

Das Problem mit der Latenzzeit

So viele Vorteile PC-gestütztes HD-Recording eröffnet, so sehr gibt es ein grundlegendes Problem: die Latenzzeit. Die Audiodaten müssen sowohl bei der Aufnahme wie auch bei der Wiedergabe etliche Zwischenstationen, so genannte Puffer, durchlaufen, und das kostet Zeit. Bis die aufzunehmenden Daten endlich auf der Festplatte und wieder zurück am Audioausgang ankommen, können schon ein paar hundert Millisekunden vergehen. Im echten Leben zwar eine kaum wahrnehmbare Größenordnung, in diesem Fall aber eindeutig und wahrnehmbar zu viel! Wenn man ein Signal lediglich durchschleifen möchte, spätestens aber wenn man Plug-ins in Echtzeit nutzen oder Software-Synthesizer in Echtzeit spielen möchte, wird selbst eine solche vermeintlich kleine Verzögerung ziemlich lästig. Verzögerungszeiten unter 10 ms sind dafür unbedingt wünschenswert. Hier hat sich die Firma Steinberg mit dem ASIO-Protokoll etwas einfallen lassen. Dieses macht den Weg zwischen Programm und Audiokarte extrem kurz und ermöglicht so minimalste Latenzzeiten von nur wenigen Millisekunden. Voraussetzung ist natürlich, dass sowohl Karte als auch Programm diesen Standard unterstützen. Bei der Anschaffung einer Recording-Karte sollte man darauf also unbedingt achten.

Was Programme angeht, so unterstützen die aktuellen Cubase VST-Versionen ASIO. Erfreulicherweise zieht auch die Logic-Programmfamilie mit. Trotz alledem ließ Emagic es sich nicht nehmen, seinerseits etwas Ähnliches auf den Markt zu bringen und EASI (Enhanced Audio Streaming Interface) einzuführen, ein eigener Standard, der ebenso hardware-beschleunigte Audio-Datenverarbeitung unterstützt.

HD-Recording in der Praxis: Mastering

Eine ganz wesentliche Anwendung von HD-Recording ist das *Mastering*. Signale von Keyboards und Mikrofonen werden meistens zunächst mal auf ein Mischpult geschickt, von wo aus man sie bereits in vielfältiger Weise tontechnisch bearbeiten und abmischen kann. Doch irgendwann ist ein Mix fertig und klingt zwar nicht schlecht, man weiß auch nicht so genau, was man noch dran machen soll, aber an den Sound von kommerziellen CDs kommt er noch nicht heran. Er klingt nicht richtig laut, nicht wirklich druckvoll und insgesamt einfach nicht fett genug, obwohl das Arrangement musikalisch mehr als dicht ist. Jetzt ist es Zeit für ein Mastering, d. h. die tontechnische Endbearbeitung und Optimierung von eigentlich fertiger Musik. Beim HD-Recording stehen ungeahnte Möglichkeiten zur Verfügung, Audiomaterial diesbezüglich zu bearbeiten. Zunächst gibt es die Funktion *Level normalisieren*. Bei der Normalisierung wird der gesamte Pegel einer Audioaufzeichnung so angehoben, dass die lauteste Stelle 0 dB (Dezibel) beträgt. Die Lautstärke-Verhältnisse in sich, d. h. Pegelschwankungen, bleiben dabei aber zunächst erhalten. Mit anderen Mastering-Effekten wie Kompressor, Noise Gate, Limiter, Expander ist es nun aber möglich, Pegelschwankungen auszugleichen und zu nivellieren. Man könnte auch sagen: „die Nummer dynamisch platt zu fahren". Konkret bedeutet dies, dass Pegelspitzen oberhalb eines bestimmten Werts abgeschnitten und leise Stellen entsprechend angehoben werden.

HD-Recording – Mastering.

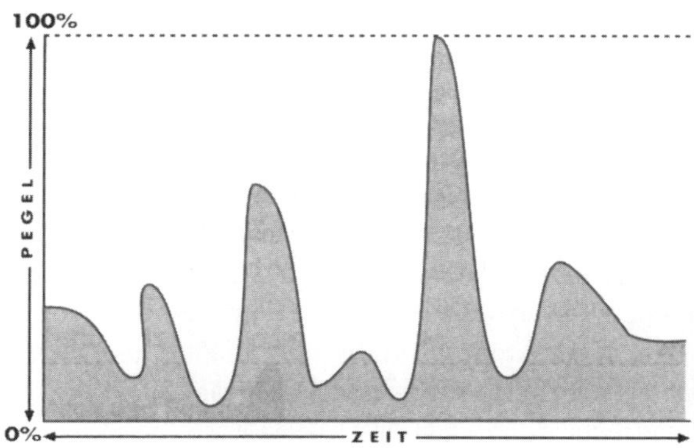

Darstellung einer unbearbeiteten Audio-Aufnahme. Die Pegelspitze erreicht immerhin schon kurz die 0 dB-Marke, aber die Pegelschwankungen sind noch sehr groß, und insgesamt ist die Aufnahme sehr leise.

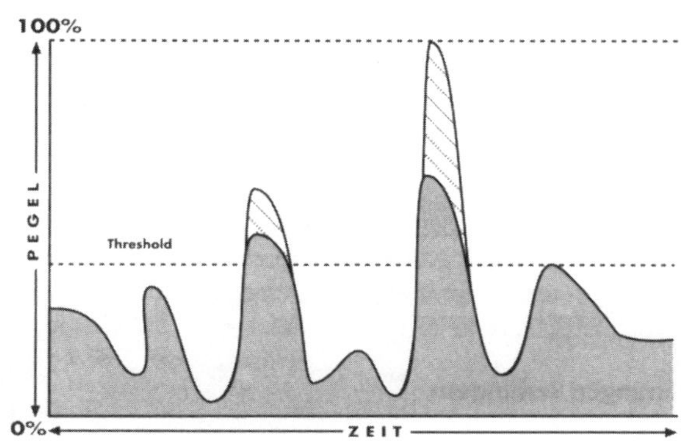

Im zweiten Schritt werden die Pegelspitzen (alles, was oberhalb des sog. „Treshold" liegt) abgeschnitten. Dadurch wird zwar insgesamt alles noch leiser, aber die Dynamik ist komprimiert, d. h. die Pegelschwankungen viel kleiner.

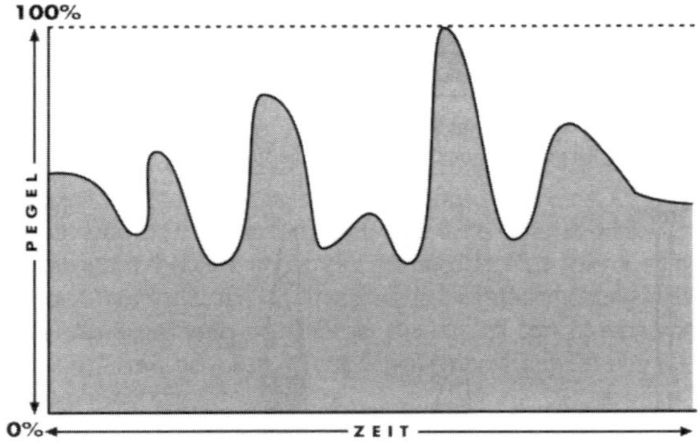

Die insgesamt leise, aber dynamisch komprimierte Aufnahme wird zu guter Letzt global im Pegel angehoben und hat nun deutlich mehr Druck als ursprünglich.

Mastering

Popmusik kennt im Vergleich zu klassischer Musik nur sehr wenig Dynamik. In klassischen Produktionen kann zwischen der leisesten und der lautesten Stelle gut und gerne eine Differenz von 40 dB liegen. Hier mastert man nur minimal oder gar nicht, weil diese extreme dynamische Bandbreite gewollt ist und sogar in den Noten steht. Im Popbereich braucht jedoch kein Mensch Lautstärkedifferenzen dieser Größenordnung. Pegelschwankungen werden hier auf ein Minimum komprimiert. Die Differenz zwischen der leisesten und der lautesten Stelle beträgt dann vielleicht nur noch 10 dB. Ein modernes Produktionskriterium besagt, dass Popmusik auch noch bei Tempo 200 (gemeint sind dabei km/h im Auto) gleichmäßig hörbar sein muss – sonst drehte man bei extrem leisen Stellen die Lautstärke bis hinten hin auf, und wenn dann unvermittelt ein lauter Schlag kommt, kann man seine Boxen wegschmeißen. Im Popbereich werden Produktionen heute möglichst laut gemastert. Wer an seiner Stereo-Anlage einen Spectrum-Analyzer besitzt, lege einmal eine moderne Produktion ein, beispielsweise eine Michael Jackson-CD, und beobachte, wie der Pegel buchstäblich an der 0 dB-Marke klebt. Zum Vergleich dann einmal mit derselben Lautstärke-Einstellung eine Klassik-CD.

Pegelkomprimierung

Mastering – nur eine Geschmacksfrage?

Das Nivellieren von Dynamik ist immer eine Gratwanderung, weil sich ab einer gewissen Größenordnung Einbußen im musikalischen Ausdruck einstellen. So machen Studiogäste immer wieder die Erfahrung, dass die ungemasterte Version ihres Titels eigentlich besser klang. Doch nimmt man das meistens nur wahr, wenn man beide Versionen im direkten Vergleich hört. Am Endprodukt, einer in ihrer Gesamtheit gemasterten CD, wird man in der Regel nichts mehr auszusetzen haben, weil unsere Hörgewohnheiten derartig geprägt sind. Ungemasterte Produktionen, die deutlich gegenüber anderen abfallen, haben im kommerziellen Bereich keine Chance. Ein interessantes Feature beim Mastern ist auch die Verbreiterung der Stereo-Basis. Die gesamte Produktion wirkt größer und räumlicher. Schließlich kann man fertig gemischte Songs noch mit Effekten wie Hall bearbeiten, Frequenzen korrigieren und verschiedenste Equalizer-Einstellungen vornehmen. Auch lassen sich Ein- und Ausblendeffekte realisieren, dazu noch viel präziser und feingliedriger als auf MIDI-Ebene.

Tracks 27+28

Studiobearbeitung einer Sequenz (Track 27: ungemastert, Track 28: gemastert).

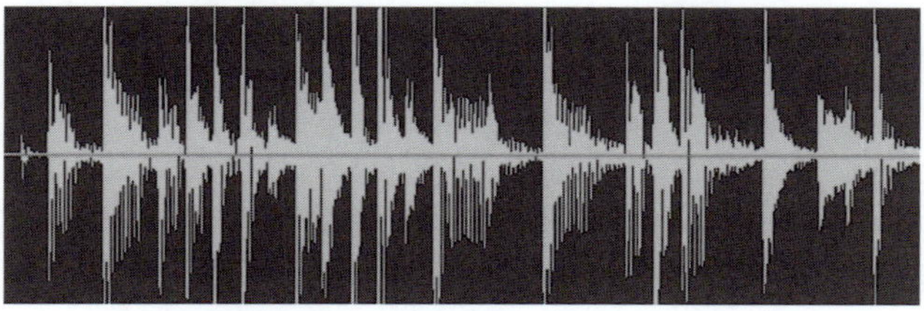

So sieht eine unkomprimierte Aufnahme aus.

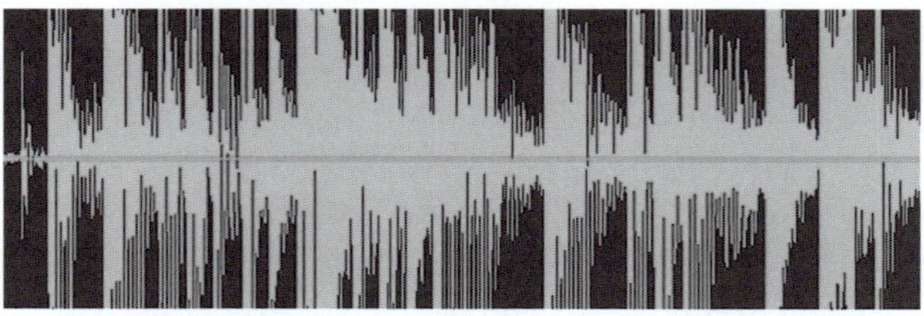

Dieselbe Aufnahme, stark komprimiert. Die Gesamtlautstärke ist deutlich höher, der Bauch der einzelnen Wellenformen dicker, die Pegeldifferenzen wesentlich kleiner.

Digitalschnitt und Jonglieren mit Audio-Material.

Beim HD-Recording ist es wie beim MIDI-Sequencing möglich, Spuren zu kopieren, verschieben und sogar zu schneiden. Ein gesungener Refrain etwa muss also nur einmal aufgenommen werden und kann dann einfach an alle erforderlichen Stellen kopiert werden. Schließlich ist die Möglichkeit, Audio-Spuren zu schneiden, insbesondere für nicht MIDI-basierte Musik, d. h. rein akustische Aufnahmen, äußerst interessant. So werden heute auch klassische Produktionen digital auf HD-Recording-Ebene geschnitten. HD-Recording-Bearbeitungen haben den grundsätzlichen Vorteil, dass sie *nicht-destruktiv* sind. Nicht benötigte Spuren kann man stummschalten, jedoch auf der Festplatte belassen. Man muss sie also nicht löschen und kann so zu einem späteren Zeitpunkt auf sie zurückgreifen.

Eines sollte abschließend allerdings dennoch klargestellt werden: Audiosignale kann man nicht unbegrenzt verbiegen, ohne sich irgendwann hörbare Qualitätsverluste einzuhandeln. Im Gegensatz zur MIDI-Ebene, auf der man ungestraft modifizieren kann, greift man hier tatsächlich in klangliches Material ein. Deshalb sollte das zu bearbeitende Audiomaterial bereits so perfekt wie möglich vorliegen. Übersteuerungen (*Peaks*) machen sich auf digitaler Ebene bereits bei minimalem Ausschlag über 0 dB bemerkbar und sind völlig unbrauchbar. Steuert man allerdings aus lauter Vorsicht zu niedrig aus, verschenkt man wiederum wertvolle Auflösung des A/D-Wandlers.

INFO

HD-Recording-Programme – der Markt

Der Trend geht dahin, dass sich MIDI-Sequencer und HD-Recording-Programm vereinigen. So kann man mit Programmen wie Cubase VST oder Logic Audio neben unbegrenzt vielen MIDI-Spuren bis zu 128 Audio-Spuren aufzeichnen und mit anspruchsvollen Audio-Editoren bearbeiten. An speziellen HD-Programmen ist Samplitude von SEK'D zu nennen – ein Multitrack-HD-Recording-Programm, das bis zu 999 Audio-Spuren verwalten kann. Es bietet umfangreichste Mastering-Funktionen mit sehr guten Equalizern und eine Fülle an Effekt-Plug-ins. Sogar ein zweikanaliger Surround-Mixer ist vorhanden. Da das Programm eine CD-Brennfunktion gleich mitliefert, kann man von der Audio-Aufnahme über die komplette Bearbeitung bis hin zur gemasterten, fertig gebrannten CD alles unter einem Dach bewerkstelligen. Eine Besonderheit von Samplitude (allerdings auch enthalten in anderen Programmen) ist die Time Stretching-Funktion. Damit kann man Audio-Aufnahmen in gewissen Grenzen im Wiedergabetempo modifizieren, ohne sie in der Tonhöhe zu verändern.

HD-Recording und Mastering-Programme.

HD-Programme wie Wavelab von Steinberg verstehen sich weniger als mehrspurige HD-Recording-Software, denn als reine Mastering-Programme. Übrigens können sie oftmals über MIDI oder SCSI die Informationen von Samplern direkt übernehmen und bearbeiten. Auch von solchen Programmen aus kann man direkt auf CD brennen. Eines der renommiertesten Profi-Standardprogramme in Sachen HD-Recording und Mastering ist Pro Tools von DigiDesign.

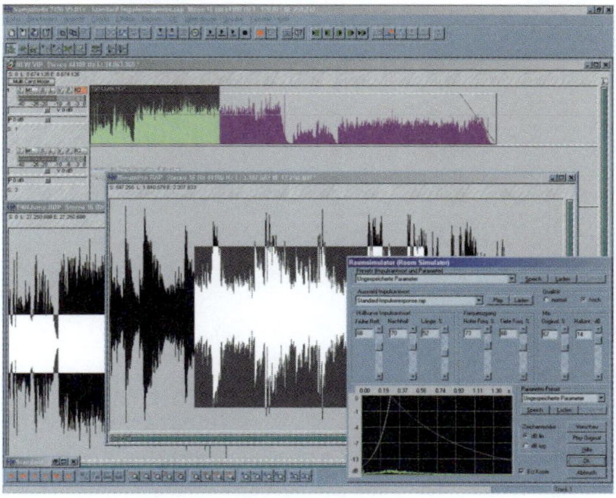

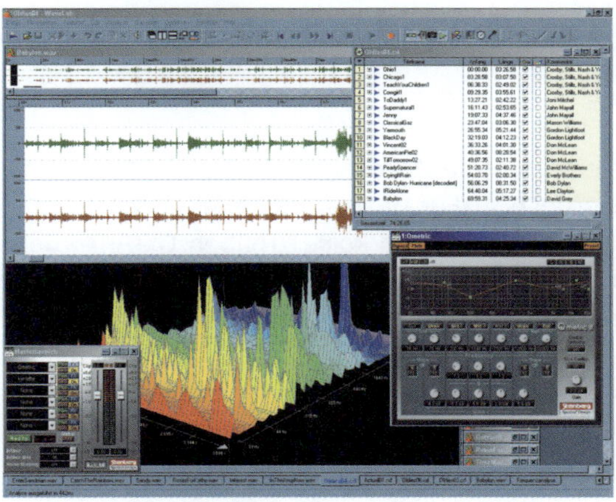

Hohe Schule beim HD-Recording und Mastering mit Samplitude von SEK'D und Wavelab von Steinberg.

Nicht zuletzt ist die Restaurierung von alten oder angeschlagenen Audio-Aufnahmen, zum Beispiel Schallplatten, ein attraktives Feature von Mastering-Programmen. Dafür benötigt man allerdings keine Profi-Programme wie die oben genannten, sondern bereits mit einem Programm wie Clean! von Steinberg für rund 100 Euro kann man Zischen, Rauschen, Knistern und Rumpeln so nachhaltig bearbeiten, dass es fast wie neu klingt.

Aus alt mach neu: Clean! von Steinberg.

Die eigene CD

Die CD ist heute eine bessere Visitenkarte, und jeder Musiker, der etwas auf sich hält, hat eine. Für Musiker mit professionellen Ambitionen ist es sogar eher ein Faux Pas, keine zu haben. Die Ansprüche sind hoch und die Ohren der Zuhörer restlos verwöhnt. Sich von der Masse abheben und auffallen werden daher nur wirklich gut gemachte Produktionen, aber die sind nach wie vor sehr aufwendig und damit entsprechend teuer. Rein technisch gesehen ist es heutzutage möglich, im Alleingang CDs herzustellen, ohne dafür überhaupt das Haus verlassen zu müssen, auch wenn dabei nicht gleich ein Nummer Eins-Hit herauskommt. Was man an Computerprogrammen benötigt, wurde bereits vorgestellt: Einen MIDI-Sequencer und ein HD-Recording-Programm respektive ein aus beidem kombiniertes Programm für Aufnahme, Bearbeitung und Mastering. Je nach Ausstattung und persönlicher Vorliebe kann man entweder komplett PC-gestützt arbeiten und auch die tontechnische Bearbeitung über den Rechner laufen lassen, oder den traditionellen Weg gehen und den Mixdown über ein Mischpult vornehmen. Da wie gesagt viele Programme in der Lage sind, direkt auf CD zu brennen, kann man die fertig bearbeiteten Resultate ohne Umwege auf die Silberscheibe bringen. Dabei ist zu beachten, dass man die Musik nicht in Form von wav-Dateien brennt, denn die kann ein Audio-CD-Player nicht abspielen, sondern im *Red-Book*-kompatiblen Audio-CD-Format. (Einen ausführlichen Beitrag über alles, was beim CD-Brennen an Tipps und Tricks zu beachten ist, gibt's in ***Tastenwelt*** 6/00, Seiten 30-36.)

Man kann CDs heute günstiger produzieren als je zuvor. Wer die eigene CD nur als Demo verstanden wissen will, mag mit der Lösung, im Alleingang vom häuslichen Wohnzimmer aus zu produzieren, sogar gut bedient sein. Wer aber seine Werke verkaufen und auf dem harten Tonträgermarkt nur den Hauch einer Chance haben will, kann sich nicht damit begnügen, auf dem heimischen Keyboard etwas zum besten zu geben und mit Home-PC und Tintenstrahldrucker eigene CDs zu basteln. Eine professionelle Studio-Produktion hat aber auch im Multi-Media-Zeitalter noch immer ihren Preis – zu Recht.

Der Traum vom eigenen Studio. Grundvorsaussetzung sind hochwertige Geräte, und die haben immer noch ihren Preis. Man kann eigene CDs damit produzieren, muss aber sehr gut wissen, wie man die topmodernen Instrumente optimal einsetzt.

Software-Sampler

Auch Sampler gibt es inzwischen als PC-Programme, die man entweder als eigenständige Programme nutzen oder voll in eine VST-Oberfläche integrieren kann. So lassen sich nicht nur Klänge sampeln, sondern auch Samples von Sampling-CDs in allen gängigen Formaten (E-MU, Akai usw.) importieren und direkt in Sequenzen einbinden.

Schon vor einiger Zeit kam der *Gigasampler* von Nemesys als diesbezügliches Programm auf den Markt, und unlängst machte einmal mehr die Firma Steinberg mit *HALion* auf sich aufmerksam, einem Software-Sampler zur Integration in Cubase VST mit umfangreichen Funktionen zum Preis von gerade mal 300 Euro. Das ist eine Preislage, von der man nur träumen kann, wenn es um die Anschaffung von Profi-Geräten im Hardware-Bereich geht. Die Tatsache, dass Arbeitsspeicher und Festplatten von PCs bei immer fallenden Preisen immer größer werden, kommen den Software-Samplern zugute. Das Ergebnis sind extrem kurze Ladezeiten von ein paar Sekunden. Teilweise werden die Samples sogar direkt von der Festplatte aus abgespielt. Damit bewegen wir uns bereits auf einer Ebene, die dem HD-Recording gleichkommt. „Echte" Hardware-Sampler besitzen gewöhnlich nur einen RAM-Speicher, in den sie die Samples laden. Die Einbeziehung der PC-Festplatte eröffnet neue Möglichkeiten: Plötzlich gibt es Flügel-Sounds mit einer Größe von 250 MB – ein Vielfaches des gesamten Sample-ROM-Speichers von Keyboards. Man kann also inzwischen auf PC-Basis schon Sounds erzeugen, bei denen ein durchschnittliches Portable Keyboard nicht mehr mitkommt.

Software-Synthesizer

Software-Synthesizer sind Programme, die Klänge erzeugen. So lassen sich verschiedene Instrumente, die größtenteils bereits als Hardware-Geräte existieren und gewissermaßen für den PC nachgebaut wurden, virtuell über den Rechner spielen. Inzwischen sehen manche nachgebildeten Oberflächen von analogen Synthesizern auf dem Bildschirm schon so realistisch aus wie ihre Vorbilder. An den virtuellen Knöpfchen kann man dann tatsächlich genauso drehen wie an den echten. Zu bekannten Software-Synthies zählen zum Beispiel *ReBirth* von Steinberg oder *Reaktor* von Native Instruments. Und gerade von Native Instruments kommt diesbezüglich noch etwas ganz Besonderes: die Software-Nachbildung einer Hammond B3 (wenngleich das Programm „B4" heißt). Eine echte Hammond-Orgel mit Röhrenverstärker und Leslie-Simulation, die sich virtuell über den PC spielen lässt, sehr authentisch klingt, jedoch ein paar Tonnen weniger wiegt und keinerlei Wartungskosten nach sich zieht – phänomenal! *(Ausführlich getestet in **Tastenwelt** 2/01, S. 44-46).*

Klingt (fast) wie eine Hammond und schont die Bandscheiben: B4 von Native Instruments.

Der Trend scheint dahin zu gehen, dass man überhaupt keine echten Instrumente mehr benötigt, um Musik zu machen – virtuelle Sampler, Synthesizer und Hammond-Orgeln, die auch noch durch klangliche Authentizität und ungeahnte Bearbeitungsmöglichkeiten zu erschwinglichen Preisen bestechen, das alles jetzt noch unter einer VST-Oberfläche, einem virtuellen Tonstudio im PC – damit lassen sich Musikproduktionen ganz ohne Instrumenten-Fuhrpark realisieren. Eigentlich braucht man nur noch eine MIDI-fähige Tastatur und kann alles Weitere mit einem entsprechend ausgestatteten PC erzeugen.

MIDI-Files bearbeiten

Viele keyboardspielende Entertainer und Alleinunterhalter haben gar nicht die Zeit, eigene MIDI-Files zu programmieren. Doch auch an gekauften Files gibt es stets noch allerhand nachzubearbeiten, worüber in diesem Buch auch schon einiges zu lesen war. Die Bear-

Nachbearbeiten von MIDI-Files am PC mit speziellen Programmen.

beitungsmöglichkeiten sind am Besten und Umfangreichsten, wenn man mit einem guten Sequencer-Programm arbeitet. Wem ein solches jedoch zu komplex ist, weil er grundsätzlich nichts Eigenes programmieren will, sondern es ihm tatsächlich *nur* um die Nachbearbeitung von MIDI-Files geht, kann zu diesem Zweck auf spezielle MIDI-File-Editor-Programme zurückgreifen. Zum Beispiel gibt es den *EasyMix Professional* von der Firma Hage Musiksoftware, die ja auch als MIDI-File-Anbieter bekannt ist. Mit diesem Programm kann man nicht nur alle 16 MIDI-Spuren in Lautstärke, Panorama, Oktavlage, Hall-/Chorusanteil und MIDI-Kanal editieren, sondern auch die Sounds der einzelnen Spuren austauschen und sich dabei sogar außerhalb des GM-Soundvorrats begeben, da Sound-Datenbänke zu konkreten Instrumenten für eine individuelle Keyboard-Anpassung zur Verfügung stehen. Auch gibt es einen speziellen Drum-Editor, ein Karaoke-Fenster zur Darstellung der Textspur sowie ein JukeBox-Menü, in dem sich Listen von Songs zusammenstellen lassen, die beim Auftritt in genau dieser Reihenfolge abgespielt werden. Für 90 Euro eine wirklich komfortable Sache. *(Ausführlich getestet in **Tastenwelt** 2/01, S. 40-42.)*

Keine Konkurrenz für Profi-Sequenzer-Programme, aber erschwinglich und prädestiniert, um MIDI-Files maßgeschneidert zu bearbeiten: EasyMix Professional von Hage Musiksoftware.

Programme mit ähnlichen Features sind zum Beispiel *The Player 2* aus dem Hause MIDIart, ein sehr preisgünstiges Programm mit umfangreichen Funktionen *(ausführlich getestet in TASTENWELT 1/99, S. 56-57)*, oder *PROcessor+* von der Firma HitBit *(ausführlich getestet in **Tastenwelt** 2/98, S. 46-47)*.

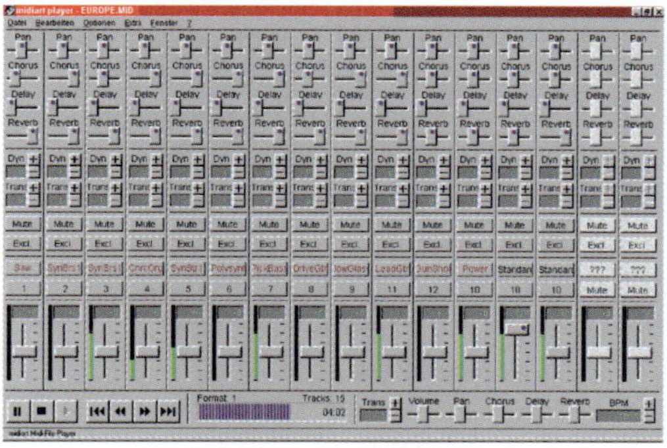

Optimale Mixerfunktionen für MIDI-Files: The Player 2 von MIDIart.

Vom MIDI-File zum „Maxi-File“ mit dem dritten Programm im Bunde: PROcessor+ von HitBit.

Eigene Styles erstellen

Wenn ein Keyboard die Programmierung eigener Styles (User-Styles) erlaubt, stellt es auch einen entsprechenden Editor dafür zur Verfügung. So könnte man also durchaus am Instrument selbst Hand anlegen und eigene Styles produzieren. Leichter und übersichtlicher ist es aber mit dem PC, und zwar auch hier wieder mit einem guten Sequencer-Programm. Da Styles in ihrem Aufbau MIDI-Files sehr ähnlich sind, ist die Art der Programmierung quasi dieselbe. Unterschiede ergeben sich daraus, dass man bei der Style-Programmierung an mehr Vorgaben gebunden ist. So ist etwa vorgegeben, auf welchem MIDI-Kanal die einzelnen Spuren des Styles zu liegen haben. Neben dieser festen Zuordnung ist meistens auch die horizontale Abfolge der einzelnen Bausteine im Sequencer-Programm reglementiert, zum Beispiel Takt 1 das Setup des Instruments, Takte 2 und 3 der Part „Main A“, Takt 4 „Fill-In 1“, Takte 5 und 6 „Intro 1“ usw. Wenn man

Styles erstellen.

bedenkt, aus wie vielen Informationen sich aktuelle Styles zusammensetzen, ist es nur nahe liegend, dass bereits bei der Programmierung eine strukturelle Ordnung herrschen muss, damit nachher die Übertragung der Daten ins Instrument sowie die dortige interne Zuordnung reibungslos funktionieren. Eine Vielzahl von MIDI-Controllern kann ebenfalls in der Style-Programmierung Berücksichtigung finden, und das Setzen bestimmter Controller ist quasi nur über den PC realistisch machbar. Spezielle Programme zum Erstellen von Styles sind nicht hervorzuheben. Sofern es die Style-Abteilung des Keyboards unterstützt, von außen programmiert zu werden, ist dies mit jedem halbwegs leistungsfähigen MIDI-Software-Sequencer möglich.

Styles verschiedener Hersteller

Der PC als Hilfsmittel zum Style-Konvertieren.

Ein Problem, das jeder kennt: Man wechselt das Instrument, schlimmstenfalls sogar das Fabrikat, möchte aber seine vertrauten Styles weiternutzen. Da Styles im Gegensatz zu MIDI-Files nicht in einem genormten Format vorliegen, kommt man in solchen Fällen nicht umhin, sie zu konvertieren, d. h. in ein anderes Format zu übertragen. Selbst hierbei hilft einem der Computer - etwa mit einem Sequencer-Programm (schon wieder). Man bringt die einzelnen Style-Bausteine auf den PC, bearbeitet sie dort weiter, passt sie an das gewünschte Zielinstrument an und überträgt sie schließlich. Dieser Weg erfordert eine gute Kenntnis des verwendeten Equipments und des Sequencers, sowie einige Erfahrung im Umgang mit letzterem. Erleichtern kann man sich die Arbeit, indem man ein speziell für derartige Zwecke konzipiertes Style-Konvertierungsprogramm verwendet. Ein solches kommt zum Beispiel von der Firma EMC und hört auf die Namen *Style Works* bzw. *Style Works Universal*. Dieses Programm bietet die Möglichkeit, aus unzähligen Style-Formaten Begleitmuster in andere Formate zu überführen, sprich zu konvertieren. Die Handhabung ist denkbar einfach: Man legt die Diskette mit dem zu konvertierenden Style in den Rechner, teilt dem Programm über eine Schaltfläche das Fremd-Format mit und markiert den gewünschten Style. Alles weitere erledigt das Programm automatisch. So auch die richtige Zuordnung der Parts und Spuren, um die man sich selbst bemühen müsste, wollte man dasselbe Resultat über ein Sequencer-Programm erzeugen *(ausführlicher Test des Programms in **Tastenwelt** 4/99, S. 50-52).*

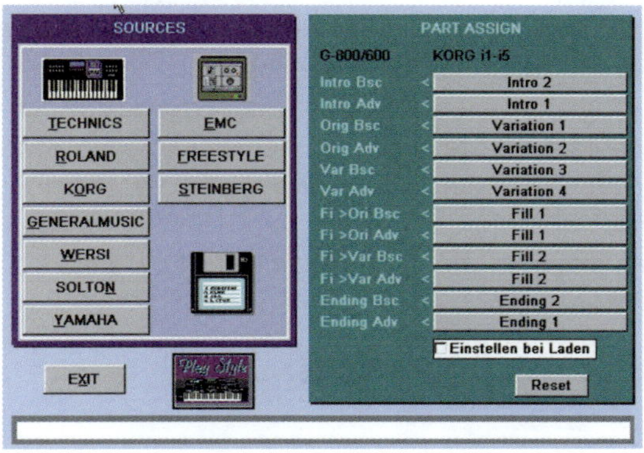

Der kürzeste Weg von A nach B mit Style Works von EMC.

Styles aus MIDI-Files

Mindestens ebenso reizvoll ist es, aus MIDI-Files titelbezogene Styles abzuleiten. Ein auf diesem Weg gewonnener Style passt natürlich zu dem jeweiligen Titel wie die sprichwörtliche Faust aufs Auge und gewährleistet gegenüber der Sequenz gleichzeitig die größere, für das Spiel mit Styles typische Flexibilität. Hier eignet sich ebenfalls ein Sequencer-Programm. Man lädt das MIDI-File, schneidet die Teile des Songs aus, die für die einzelnen Style-Parts (Intro, Main usw.) in Frage kommen, und transponiert sie in eine einheitliche Tonart, idealerweise C-Dur. Die meisten MIDI-Files bestehen aber aus mehr Spuren als eine Style-Begleitautomatik. Also muss man zunächst die Spurenzahl reduzieren und sich die wichtigsten Spuren aus dem File herausnehmen, um sich dann der korrekten Zuordnung der MIDI-Kanäle, Sounds usw. zu widmen. Schließlich müssen die Fragmente, die vom MIDI-File übrig geblieben sind, in die richtige Anordnung und Reihenfolge gemäß der strukturellen Programmiervorgaben des jeweiligen Keyboards gebracht und auf das Instrument übertragen werden. Insgesamt ist hierzu dasselbe zu sagen wie zum Konvertieren von Styles: Es ist ein Weg, der sich lohnt, weil man bis in kleinste Details selbst Hand anlegen kann, aber er kostet einige Zeit und setzt entsprechendes Know How voraus.

Arbeitserleichterung verspricht auch in diesem Fall das bereits genannte Programm *Style Works Universal* von EMC, zu dessen Konvertierungsfunktionen ein *Song to Style Converter* gehört. Die-

Styles aus MIDI-Files.

ser ermöglicht die Überführung von MIDI-Sequenzen in Styles. Die Umwandlungen gehen recht schnell und reibungslos vonstatten. Zudem stellt das Programm auch noch einen Editor mit vielen Funktionen bereit, die fertig abgeleiteten Styles nachzubearbeiten, etwa hinsichtlich Panorama, Effekte, Filtereinstellungen usw. Auch in manche Keyboards selbst wurden und werden zwar Style-Konvertierungsfunktionen integriert, doch übersichtlicher funktioniert es dann doch mit Hilfe des PCs.

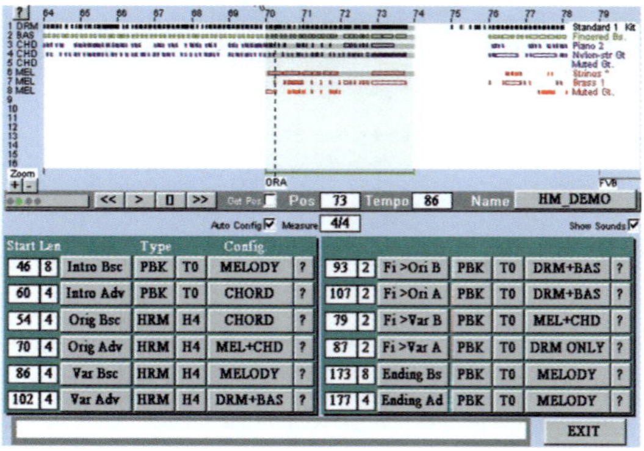

Vom Song zum Style – das geht mit Style Works Universal.

Notation

Auch für Komponisten und Arrangeure ist das digitale Zeitalter längst angebrochen, und heute muss niemand mehr zu Bleistift, Radiergummi und Papier greifen, um Notationen zu Papier zu bringen. Dafür gibt es ebenfalls Computerprogramme in fast allen Preis- und Qualitätsklassen. Viele Sequencer-Programme liefern bereits eine Notenbearbeitungs- und -druckfunktion mit. Die Noteneditoren von Cubase und Logic bieten diesbezüglich sehr ansehnliche Möglichkeiten. Allerdings wird man sich wundern, wie rudimentär eine MIDI-Spur zunächst aussieht, wenn man sie mit dem Noteneditor öffnet. Um hier brauchbare Ergebnisse zu erzielen, die halbwegs an gedruckte Noten heranreichen und auch noch im Bühnenstress gut lesbar sind, muss man schon ordentlich Hand anlegen. Die Noten werden bei Sequencer-Programmen genau so abgebildet, wie sie sich auf MIDI-Ebene darstellen, und dabei entstehen oft musikalisch wenig sinnvolle Druckbilder mit überhängenden 64tel-

Noten usw. Dennoch sind diese Editoren Gold Wert, um schnell mal ein paar Spuren von MIDI-Files auszudrucken.

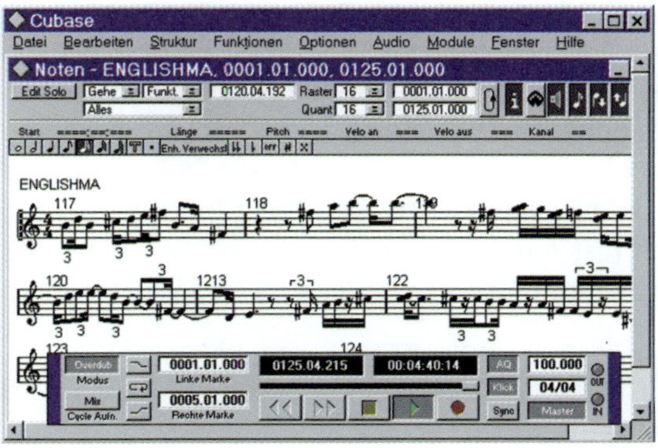

Unbearbeitete Notationsdarstellung einer MIDI-Spur. Korrekte Darstellung der MIDI-Events, aber unspielbar.

Wer allerdings viel mit Noten arbeitet und hochwertige Druckerzeugnisse braucht, kommt nicht um gute Notensatzprogramme herum. Sie sind meist auch im Handling komfortabler, und zumindest für professionelle Anwendungen noch immer vorzuziehen. Solche Programme sind ebenso in der Lage, MIDI-Daten als Noten darzustellen, man kann hier die Noten aber auch von Hand eingeben. Was dabei früher der Bleistift war, ist heute die Maus. Mit einem professionellen Programm ist vom gregorianischen Choral über Leadsheets bis zur kompletten Orchesterpartitur oder sogar grafischer Notation für avantgardistische Literatur alles machbar.

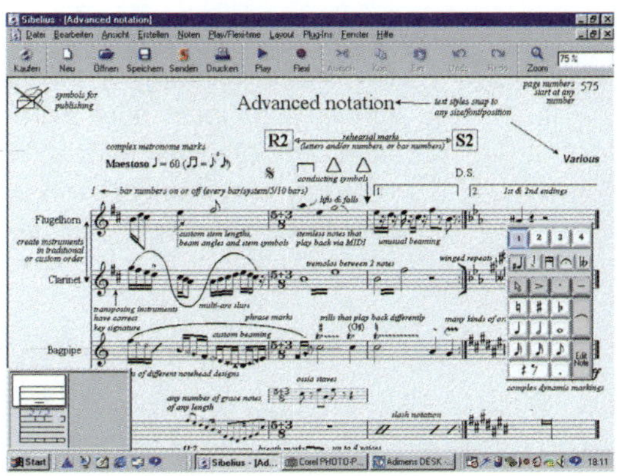

Sieht aus wie gedruckt – auch komplexe Notationen sollten Profi-Notensatz-programmen wie Sibelius keine Probleme bereiten.

Notation, Notendruck.

Exemplarisch genannt sei neben dem Klassiker *Finale* die neuste Version 1.4 von *Sibelius*, einem zeitgemäß aufgemachten, äußerst leistungsfähigen Profi-Notensatzprogramm. Trotz seiner Spezialisierung auf Notendruck stellt es beim Einspielen der Noten über MIDI ausgefuchste Funktionen zur Verfügung, die selbst manchem Sequencer locker paroli bieten. Eingescannte Partituren werden sogar wie programmeigene behandelt. Kein Problem also, eine Beethoven-Sonate schnell mal einen Halbton tiefer zu setzen (ausführlich getestet in ***Tastenwelt*** 4/01, Seite 72-75). Professionelle Qualität hat auch hier ihren Preis: Inklusive der Vollversion des Noten-Scan-Programms muss man für Sibelius immerhin 900 Euro berappen.

Lernprogramme

Wer als Einsteiger nicht die Zeit oder das Geld hat, regelmäßig in eine Musikschule zum Unterricht zu gehen, aber auch nicht genau weiß, wie er autodidaktisch am besten arbeiten soll, kann auf seinem PC Musik-Lernprogramme installieren. Einige davon bemühen sich, einen Instrumentallehrer zu ersetzen. Das funktioniert dann so, dass die Noten eines Stückes auf dem Bildschirm angezeigt werden. Keyboard und PC sind über MIDI verbunden. Der Schüler spielt die Melodie auf dem Bildschirm, und der virtuelle Lehrer kontrolliert. Eine richtig gespielte Note wird dann beispielsweise grün dargestellt, eine falsche rot. Die Programme sind nach fortschreitenden Lektionen aufgebaut, und nicht selten ist noch ein Theorie-Trainer mit dabei, der musiktheoretische und -geschichtliche Kenntnisse vermittelt.

Als Beispiele können etwa der *Piano & Keyboard Workshop* der Firma Magix oder auch *WINLernen Klavier & Keyboard* von der Firma bhv genannt werden. Diese Programme bewegen sich in einem finanziellen Rahmen ungefähr zwischen 25 und 75 Euro. *(Beide wurden ausführlich getestet in* ***Tastenwelt*** *5/00, Seiten 82-83).*

Bei WINLernen gibt's zur Musik gleich noch das passende (romantische) Bild. Keyboard lernen auf spielerische Weise.

Auf neuen Wegen – Lernen über's Internet.

Inzwischen gibt es noch einen ganz neuen Ansatz, mit Hilfe des PCs das Keyboard-Spielen zu erlernen: interaktiv, d. h. über das Internet. Neue Wege bestreitet hier *Learn2play*, die nach wie vor einzige Musikschule im Internet. Verschiedene Instrumente, darunter Orgel und Keyboard, sind hier im Lernangebot. Zu jedem Instrument gibt es zehn Lektionen steigenden Schwierigkeitsgrads, die außer musiktheoretischen Hinweisen auch mit ausgiebigen Bebilderungen und Videos versehen sind. Auch virtuelle Workshops, etwa für Alleinunterhalter zum Thema „richtige Beschallung“, werden angeboten. Interessenten können sich weitergehend informieren unter http://www.learn2play.de.

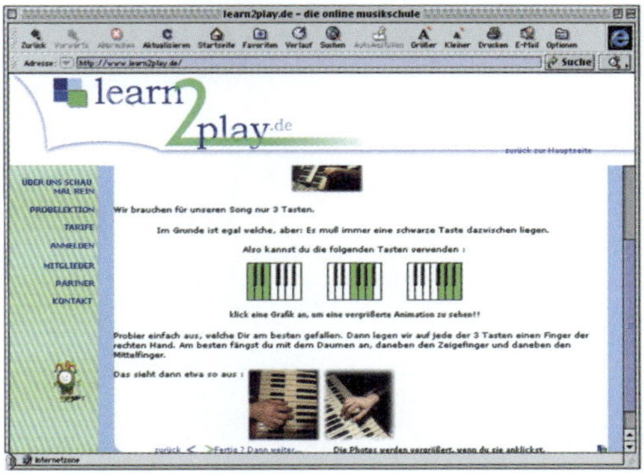

Lernen über die Telefonleitung: Learn2play, die einzige Online-Musikschule, macht's möglich.

„Musiker und Internet“ ist zweifellos ein sehr ergiebiges und wichtiges Thema, dem in Zukunft immer größere Bedeutung zukommen wird. Darauf allerdings auch noch in diesem Buch einzugehen, würde den Rahmen hoffnungslos sprengen.

8. Versuch eines Ausblicks: Das Keyboard der Zukunft

Wo geht die Entwicklung von Keyboards hin? Das ist wohl die spannendste Frage, die sich nach den Betrachtungen rund um Keyboard und Computer stellt. Moderne Keyboards können schon so viel – was will man noch Neues bringen?

Auf die technisch große Nähe von Keyboards und Computern wurde bereits hingewiesen. So geht die technische Entwicklung auf dem Keyboard-Sektor Hand in Hand mit der im Computer-Bereich. Nun sind dort in den letzten Jahren die Speicherpreise immer weiter gefallen, so dass es heute auf ein paar MB mehr oder weniger für Sample-Rom-Speicher, RAM-Speicher usw. nicht mehr ankommt. Kein Wunder also, wenn jedes Instrument immer noch besser klingt als sein Vorgänger, obwohl doch schon vor ein paar Jahren zu hören war, die Sampling-Technologie sei ausgereizt. Ebenso ist beispielsweise die Möglichkeit, Waves abzuspielen, technisch nichts Brandneues, doch als Feature von Keyboards bis heute erst auf wenigen Top-Modellen anzutreffen. In vielen Fällen mag das eher eine Frage von Preispolitik als von technischer Machbarkeit sein, denn schließlich muss man die Geräte ja noch zu realistischen Preisen anbieten können. Doch für den Musiker ist das Ergebnis dasselbe, und da sollten wir einmal ehrlich sein: So schön es ist, wenn das neue Keyboard noch besser klingt als das Vorgängermodell – letztlich ist das nur eine Verbesserung von Software-Kapazitäten, technologisch aber kein Quantensprung. Großartige Neuerungen hat es auf dem Keyboard-Markt in den letzten Jahren kaum gegeben, was allerdings die meisten Hersteller nicht daran hinderte, trotzdem auf fast jeder Musikmesse ein neues Gerät vorzustellen. So gab es dann Instrumente, die immerhin noch 20 Styles und Sounds mehr hatten als ihre Vorgänger, ansonsten aber keine wirklichen Neuheiten waren. Technologisch wäre vieles, was wir heute auf Keyboards als Neuheiten feiern, wohl auch schon vor fünf Jahren möglich gewesen. Von der Kostenfrage abgesehen nicht zuletzt auch marketingstrategisch ein kluger Schachzug, die Neuerungen immer nur häppchenweise einzuführen, denn man muss ja nicht sein ganzes Wissen auf einmal ausspielen.

Spezialität des Yamaha 9000pro: Durch nachzurüstende Plug in-Boards lässt sich das Klangpotenzial in verschiedene Richtungen ausbauen, und das Instrument bleibt auf dem neuesten Stand.

Irgendwann ist allerdings ein Punkt erreicht, an dem es einfach mal wieder Zeit für neue Konzepte wird. Ein erster Schritt in diese Richtung sind mit Sicherheit die realen Audioaufnahmen (*Waves*), die in jüngerer Zeit zumindest auf den Spitzenmodellen etwa als Drum-Loops in der Begleitautomatik zum Einsatz kommen. Auch die Möglichkeit, ein Portable Keyboard mit Plug-in-Boards nachzurüsten und so mit der Klangwelt von Synthesizern zu vereinen, ist eine neue Idee, bislang allerdings noch nicht weit verbreitet. Was wäre für die nahe Zukunft noch wünschenswert? Sicherlich veränderte Bedienkonzepte, wird doch den vorhandenen immer wieder bescheinigt, verbesserungsfähig zu sein. Und mit welchen technischen Fortschritten könnten diese einhergehen? Vielleicht Waves und MP3-Dateien als Audio-Playbacks abspielen, Waves transponieren oder mit Karaoke-Funktion (Text im Display) kombinieren, endlich Styles verschiedener Hersteller auf einem Keyboard nutzen können (funktioniert bislang nur sehr ansatzweise), ein CD-ROM-Laufwerk statt des immer noch üblichen Diskettenlaufwerks, das Instrument ans Internet anschließen und neue Technologien in vorhandene Instrumente einbinden, damit man eben nicht nach jeder Musikmesse ein neues Keyboard kaufen muss? Vieles davon lässt sich durch Zuhilfenahme eines PCs bereits heute realisieren. Die Frage ist, ob wir in Zukunft auf Instrumenten musizieren, die technisch unbegrenzte Möglichkeiten in High-Tech-Perfektion bieten, aber im Grunde nur noch Computer mit hervorragenden Soundkarten sind, angesteuert von schwarzen und weißen Tasten als Relikten aus dem letzten Jahrhundert.

Das Keyboard der Zukunft – wie ein Science Fiction-Film?

Oder sollte sich der Trend gar umkehren und zurück zu Naturinstrumenten gehen? Aus heutiger Sicht eher unwahrscheinlich, Tatsache bleibt aber auch, dass einem echten Flügel und einem echten Sinfonieorchester mit Musikern aus Fleisch und Blut bis heute noch überhaupt nichts den Rang streitig machen konnte. Die Chancen stehen gut, dass es auch in 50 Jahren noch ein Erlebnis sein wird, eine Mahler-Sinfonie live gespielt zu hören und nicht aus einem Sampler, auch wenn die Speicherpreise weiter fallen werden. Zwar kann man die klassischen Instrumente und ihr Repertoire nicht mit modernen Keyboards vergleichen, doch sie sollten zumindest in einer Richtung Vorbild sein: sich bei allem Bemühen um Technik auf das Wesentliche zu konzentrieren – die musikalische Substanz. Ob Ihr Keyboard aber 20 Styles mehr hat oder Sie sich über den Internetanschluss sogar die „Lindenstraße“ im Display anschauen können, ist für Ihren Erfolg absolut zweitrangig. Handgemachte Musik ist und bleibt eben der Maßstab.

Stürzen Sie sich also in das Abenteuer und entwickeln Sie Ihre eigene musikalische Sprache, Ihr eigenes Gesicht. Wenn Ihnen das gelingt und Sie diese Ideen noch mit Hilfe der modernen technischen Möglichkeiten optimal zur Geltung bringen, kann es einfach nicht mit rechten Dingen zugehen, wenn am Ende nicht eines für Sie stünde – mehr Spaß mit Tasten.

Track 30

Tschüss!

9. Lexikon der Keyboard-Fachbegriffe

Active MIDI Transmission (AMT)

Entwickelt von der Firma Emagic. Ausrüstung von MIDI-Interfaces mit einem Pufferspeicher. Gewährleistet auch bei größeren Setups bestmögliches MIDI-Timing.

ADSR-Hüllkurve

siehe >Amplituden-Hüllkurve.

A/D-Wandler

bedeutet „Analog-Digital-Wandler". Bauteil, das analoge in digitale Signale umwandelt, sehr wichtig zum Beispiel beim >HD-Recording, um analoge Audio-Signale überhaupt auf die >Festplatte aufnehmen zu können.

Aftertouch

Druckdynamik. Das Nachdrücken einer bereits „normal", d. h. bis zum eigentlichen Druckpunkt gedrückten Taste kann Geräte-intern bestimmte Funktionen über >MIDI auslösen und steuern, etwa Vibrato. Manche modernen Geräte bieten eine interaktive >Begleitautomatik, bei der über verstärkten Tastendruck (Aftertouch) etwa ein >Fill In zu Überleitungszwecken ausgelöst werden kann. Der Aftertouch wirkt in der Regel global auf alle gedrückten Tasten: wird bei einem Akkord von vier gegriffenen Tasten eine stärker nachgedrückt, wirkt der Aftertouch dennoch auf alle Töne (das Gegenteil wäre >polyphoner Aftertouch).

Aktivboxen

Lautsprecher mit eingebautem Verstärker, können direkt an ein Keyboard oder Mischpult angeschlossen werden. Gegenteil: >Passivboxen.

All Pass-Filter

>Filter, das grundsätzlich alle >Frequenzen passieren lässt und beispielsweise Signale frequenzabhängig verzögert. Kommt etwa bei der Erzeugung von >Phaser zum Einsatz.

Amplituden-Hüllkurve

Darstellung des Lautstärkeverlaufs (der Amplitude, d. h. der Auslenkung) eines Tons von Anfang bis Ende, unterteilt in die vier Phasen >Attack, >Decay, >Sustain und >Release, daher auch bezeichnet als >ADSR-Hüllkurve.

AMT Abkürzung für >Active MIDI Transmission.

ASIO von der Firma Steinberg entwickeltes Protokoll, das den Weg zwischen >HD-Recording-Programm und >Sound-/Recordingkarte extrem kurz macht und minimalste >Latenzzeiten ermöglicht.

Attack-Time Einschwingzeit, die ein Ton benötigt, um auf seinen Spitzenpegel anzusteigen.

Aux-in siehe >Line-in.

Backing Sequence siehe >Tape Sequence.

Bandpassfilter >Filter, die nach oben und unten >Frequenzen abschneiden und nur ein bestimmtes Frequenzband passieren lassen.

Bass Inversion siehe >On Bass.

Begleitautomatik Automatik, die in >Portable Keyboards mit >Styles, bestehend aus Schlagzeug- und diversen Begleitspuren, auf der Grundlage von gegriffenen Akkorden komplette Begleitmuster erzeugt. Diese sind vorprogrammiert oder können auch selbst programmiert werden.

Break übersetzt „Pause“ oder „Bruch“. Im Bereich der >Begleitautomatik schweigen im Unterschied zum >Fill In beim Break die instrumentalen Begleitspuren, es ist, wenn überhaupt, nur das Schlagzeug zu hören. Ein Break ist entweder eine richtige Pause oder hat den Charakter eines Schlagzeugsolos.

Chorus Effekt zur verbreiterten Wirkung eines Sounds.

Controller (MIDI-Controller) Steuerbefehle auf >MIDI-Ebene, die fast alles, was der Spieler am Keyboard einstellen und verändern kann, über MIDI (fern-)steuern können. Werden zum Beispiel in >MIDI-Files als Spielanweisung an das empfangende Instrument einprogrammiert. Es gibt 128 durchnummerierte, jedoch nicht durchgängig belegte Controller.

Cutoff Frequency
Die >Frequenz-Grenze, ab der ein Filter wirkt, nennt man >Filtereck- oder -grenzfrequenz, englisch auch Cutoff Frequency.

D/A-Wandler
Pendant zum >A/D-Wandler: Digital-Analog-Wandler. Bauteil, das digitale Signale in analoge umwandelt, beispielsweise um sie beim >HD-Recording von der >Festplatte ausgeben zu können. Auch notwendig bei CD-Playern.

Decay-Time
Zeit, die ein Ton braucht, um von seiner beim >Attack erreichten lautesten Stelle auf den Haltepegel, den >Sustain-Level, zurückzufallen.

Delay
im allgemeinen Sprachgebrauch dasselbe wie >Echo, eigentlich jedoch weiter gefasst, da übersetzt allgemein „Verzögerung" bedeutend.

Display
Anzeigefenster zur Darstellung aller relevanten Einstellungen eines Instruments, zum Beispiel Sounds, >Styles, >Sequenzen, Tempo usw. Auch alle Editierungen und Programmierungen laufen über das Display, es ist die „Schaltzentrale" eines modernen >Keyboards. Der jeweilige Display-Inhalt hängt vom gerade aktiven Keyboard-Modus ab und wechselt in der Regel mit dem Umschalten eines solchen. Je nach Umfang der gewählten Menüs und Modi verteilt sich der Display-Inhalt oft über mehrere Seiten. Bei den alten, ersten Digitalinstrumenten waren Displays noch gar nicht oder in Form kleiner, zweizeiliger Mini-Fenster vorhanden, auf modernen Geräten teilweise als regelrechter Bildschirm mit farblichen Darstellungen und hoher Auflösung. Displays sind in der Regel mittig angeordnet, nehmen also eine buchstäblich zentrale Stellung auf der >Oberfläche ein.

Drum-Loop
Live aufgenommene, gesampelte Schlagzeug-Figuren, die einem programmierten >Style oder einer >Sequenz beigegeben und als Audioaufnahme abgespielt werden.

DSP
Abkürzung für „Digital Signal Processor". Allgemeiner Oberbegriff für alle Prozessoren, die digitale Signale in Echtzeit bearbeiten können. In Keyboards zum Beispiel zur Erzeugung von >Effekten verwendet.

Dynamik Die Spannweite zwischen allen in einem Musikstück vorkommenden Lautstärken, technisch im Sinne absoluter Pegeldifferenzen. Dynamik geht wahrnehmungspsychologisch jedoch weit über Pegeldifferenzen hinaus, da (zum Beispiel bei einem Flügel) sehr laute Töne auf Grund von Änderungen im Obertonspektrum tatsächlich anders klingen als sehr leise.

Early Reflections bei >Hall die ersten (wörtlich „frühen“) Reflexionen eines Signals. Konkret die Signale, die auf dem Weg von der Schallquelle zum Ohr nur einmal reflektiert wurden. Sind wichtig, um Größe und Beschaffenheit des reflektierenden Raums zu assoziieren, werden aber von schlechten Hallgeräten nicht berücksichtigt.

EASI Enhanced Audio Streaming Interface. Von der Firma Emagic als Pendant zu >ASIO eingeführter eigener Standard, der hardwarebeschleunigte Audio-Datenverarbeitung unterstützt.

Echo schlichteste Form eines Verzögerungseffekts, einfache Wiederholung eines Signals. Mehrfache Wiederholungen entstehen technisch durch Rückkopplung des Ausgangssignals auf den Eingang. Erfolgen die Wiederholungen durch vordefinierte Zeitabstände genau im Rhythmus eines Musikstücks, spricht man vom getakteten oder getimten Echo.

Effekte Nachbildung von akustischen Umgebungssituationen, die Klängen eine bestimmte, zum Beispiel räumliche Wirkung verleihen. Dazu zählen etwa Hall, Echo usw. Andere Effekte zielen weniger auf räumliche Wirkung ab, sondern beeinflussen den Klang selbst durch Modulation der >Frequenzen.

Einzelausgang Ausgang, über den man, anders als beim >Line-out, nicht die Stereosumme, sondern einzelne Signale nach draußen führen kann, etwa zur Regelung und tontechnischen Bearbeitung auf ein Mischpult.

Ending Nachspiel. Analog zum >Intro der musikalische Abspann eines Musikstücks, die Art, wie man aus einem Stück „rausgeht“. Viele Titel haben kein definiertes Ending, sondern enden mit einem >Fade-out.

Ensemble – intensivere Ausprägungsform des >Chorus-Effekts, gerne in Verbindung mit Streicher-Sounds eingesetzt.

Equalizer – Entzerrer. Gerät, das die Anteile einzelner Frequenzbereiche (Bänder) anzeigt und es ermöglicht, solche auszufiltern oder anzuheben. Technisch liegen Equalizern immer >Filter-Schaltungen zu Grunde.

Event – übersetzt „Ereignis". Bezeichnet jedes von einem >Sequencer als >MIDI-Information aufgenommene Ereignis: Noten, >Controller, Umschalten von Sounds usw.

Extended GM (XG) – ähnlich >GS ein von der Firma Yamaha entwickelter, deutlich über >General MIDI hinausgehender Standard.

Fade-in – Beginn eines Musiktitels durch kontinuierliches Einblenden der Lautstärke. Gegenteil zu >Fade-out.

Fade-out – Leiserwerden. Form des >Endings: Beenden eines Titels durch kontinuierliches Ausblenden der Lautstärke.

Festplatte – Massenspeichermedium zum Unterbringen riesiger Datenmengen. Stammen aus dem Computerbereich, sind heute Bestandteil vieler Keyboards, aber auch anderer Geräte wie zum Beispiel >Sampler. Im Prinzip eine „riesige Diskette", auch bezeichnet als HardDisk (HD).

Fill In – Zwischenspiel, das Überleitungen und besondere Betonungen schafft. Im Bereich der >Begleitautomatik verlässt das Schlagzeug dabei kurzfristig seinen durchlaufenden Rhythmus zu Gunsten eines mehr oder weniger virtuosen Einwurfs, während die übrigen Begleitspuren vielleicht auch vorübergehend ihre Figuren verändern, vor allem aber grundsätzlich weiterlaufen.

Filter – Elektronische Bauteile und Schaltungen, die bestimmte Frequenzbereiche aus dem Spektrum herausfiltern bzw. betonen (siehe auch >Tiefpass- (Low Pass), >Hochpass- (High Pass) und >Bandpassfilter).

Filtereckfrequenz – siehe >Cutoff Frequency.

Filter-Resonanz Bei >Filtern die Betonung des Frequenzbereichs rund um die >Cutoff Frequency. Ein hoher Wert des Filter-Resonanz-Parameters kann bis zur Eigenschwingung (Selbstoszillation) eines Filters führen.

Fingered Der gebräuchlichste >Fingering-Modus. Zur Steuerung der >Begleitautomatik müssen in diesem Modus vollständige Akkorde gegriffen werden, auch komplexe, mehr als dreistimmige Akkorde sind darstellbar.

Fingering Die Griffweise, mit der die Akkorde für die >Begleitautomatik erzeugt werden.

Flanger >Chorus-ähnlicher Effekt mit Rückkopplung des verzögerten Signals auf das Eingangssignal (Feedback) und kürzerer Verzögerungszeit (>Delay) gegenüber >Chorus.

Flash ROM Speichertechnologie, die eine Mischform aus >RAM und >ROM darstellt. Demzufolge ein nicht flüchtiger Speicher, dessen Inhalt nach Abschalten des Geräts erhalten bleibt, der aber trotzdem verändert, d. h. gelöscht oder durch eigene Kreationen überschrieben werden kann.

Format 0 Speicherformat von >MIDI-Files, bei dem die Inhalte aller programmierten Spuren als eine einzigen darstellt werden (in der Fachsprache: Die Spuren werden gemerg.). Format fast aller kommerzieller MIDI-Files.

Format 1 Speicherformat von >MIDI-Files, das im Unterschied zum > Format 0 alle Spuren einzeln darstellt. Komplexer als das Format 0, kann von älteren Instrumenten bisweilen nicht gelesen werden.

Frequenz Anzahl von Schwingungen pro definiertem Zeitraum, meistens einer Sekunde. Die Einheit ist dementsprechend 1/sec („pro Sekunde"), definiert als Hertz (Hz). Je schneller eine Saite oder Luftsäule schwingt, desto höher ist der entstehende Ton. Eine Frequenz von 440 Hz entspricht dem Ton a1 (der berühmte „Kammerton a").

Full Keyboard siehe >Pianist.

Gameport Schnittstelle auf der >Soundkarte von Computern, die den Anschluss von Spiel-Steuergeräten ermöglicht. Dient bei PCs ohne separates MIDI->Interface gleichzeitig zum Anschluss von MIDI-Geräten.

General MIDI (GM) 1990 entwickelter Standard für digitale Musikinstrumente zur Produktion und kommerziellen Verbreitung standardisierter >MIDI-Files.

General MIDI 2 (GM 2) >General MIDI-Standard mit erweiterten Spezifikationen.

General Standard (GS) von der Firma Roland entwickelter, über >General MIDI hinausgehender Standard.

GM siehe >General MIDI.

GM2 siehe >General MIDI 2.

GS siehe >General Standard.

Hall Komplexe Reflexion von Schall in Form unzähliger, sich chaotisch, d. h. nicht geordnet überlagernder >Echos.

HardDisk (HD) siehe >Festplatte.

HardDisk-Recording (HD-Recording) digitale Aufnahme von Audiodaten direkt auf eine >Festplatte (HardDisk, HD).

Hardware wörtlich übersetzt „Eisenware“. Begriff aus dem Computerbereich. Die festen Bauteile und Elemente von sämtlichen elektronischen Geräten, die Computer-orientiert arbeiten und programmiert werden können. Davon zu unterscheiden ist die >Software.

HD-Recording siehe >HardDisk-Recording.

High Pass Filter siehe >Hochpassfilter.

Hochpassfilter auch High Pass Filter. Filter, welche nur >Frequenzen oberhalb einer definierten Grenze („Höhen“) passieren lassen.

Hüllkurve siehe >Amplituden-Hüllkurve.

IDE Abkürzung für Intelligent Drive Electronics. Typ von Computer->Festplatten.

Interface englische Bezeichnung für >Schnittstelle.

Intro Kurzform für „Introduction". Einleitung. Vorspiel zu einem Musikstück.

Juke Box Keyboard-Funktion, die es ermöglicht, eine festgelegte Kette von >MIDI-Files in vordefinierter Reihenfolge abzuspielen (vergleichbar der Titelprogrammierung beim CD-Player). Auch bezeichnet als >Song Chain.

Kammfilter-Effekt siehe >Phaser.

Karaoke Einblendung von Songtext im >Display (oder auf einem Bildschirm) zu einem Playback mit Unterlegung der jeweils aktuellen Textsilbe.

Keyboard wörtlich übersetzt „Klaviatur" oder „Tastatur". Einmanualiges, transportables elektronisches Tasteninstrument mit synthetischer Klangerzeugung.

Konvertierung Übertragung/Umrechnung beispielsweise eines >Styles in ein anderes (Hersteller-)Format.

Latenzzeit Verzögerungszeit, die etwa beim >HD-Recording auftritt, weil die Daten zahlreiche Zwischenstationen (Puffer) durchlaufen müssen.

Layer Kombination aus mindestens zwei gleichzeitig registrierten (übereinander gelegten) Sounds.

Left hold Funktion der >Begleitautomatik. Bewirkt, dass die Töne des linken Tastaturabschnitts nach Loslassen weiterklingen.

Leslie speziell für die Hammond-Orgel entwickelter Rotationseffekt, gemeinhin als „rotierende Lautsprecher" beschrieben.

Line-in In der Regel zweikanaliger Eingang zum Einschleifen externer Audio-Signale ins Keyboard. Bisweilen auch als Aux-in bezeichnet.

Line-out
Zweikanaliger Ausgang zum Anschließen des >Keyboards oder >Soundmoduls an Verstärker, Mischpulte, Boxen, Stereoanlagen usw.

Linear Timebase
Von der Firma Steinberg entwickeltes Pufferspeicher-System zur Optimierung des MIDI-Timings bei größeren Setups. Quasi das Pendant zu Emagics >Active MIDI Transmission (AMT).

Loop
übersetzt „Schleife".
1) Bei Sounds, die nicht (wie zum Beispiel Klavier) von selbst abklingen, wird ein bestimmter Ausschnitt der >Hüllkurve im Loop abgespielt.
2) Bei >Styles läuft der Hauptrhythmus (>Main) im Loop.
3) Bei >Sequencern die Möglichkeit, eingegrenzte Abschnitte im Kreis abzuspielen oder aufzunehmen.

Loop Send
Ein über eventuelle >Einzelausgänge hinausgehender zweikanaliger Keyboard-Ausgang, über den sich die Signale auf ein externes Effektgerät führen lassen. Vergleichbar dem Effekt-Hinweg von Mischpulten.

Loop Return
Keyboard-Eingang zur Verbindung mit dem Ausgang eines externen Effektgeräts. Vergleichbar dem Effekt-Rückwerg eines Mischpults.

Low Pass Filter (LPF)
siehe >Tiefpassfilter.

LTB
Abkürzung für >Linear Timebase.

Main
Hauptabschnitt eines >Styles; der eigentliche Hauptrhythmus. Läuft bis zum Betätigen der Stopp-Taste im >Loop.

Master
kopierfertiger Tonträger (zum Beispiel CD). Endprodukt, das ein Studio verlässt.

Mastering
tontechnische Endbearbeitung (u. a. durch Komprimierung) von fertig gemischter Musik, Anordnen der Titel, saubere Schnitte zwischen denselben und Festlegung der Pausen, Vergabe der Track-Nummern usw. Insgesamt das Herstellen des >Masters.

Masterkeyboard Keyboard-Instrument, das keine eigene Klangerzeugung besitzt, dafür aber mit umfangreichen >MIDI-Funktionen ausgestattet ist und zum Ansteuern von >Soundmodulen dient.

MD siehe >MiniDisc.

merge wörtlich „verschmelzen". Bei >Sequencern das Zusammenmischen von Spuren. Siehe dazu >Format 0.

Mickey-Mouse-Effekt tritt auf beim Transponieren von >Samples und ist der Totaltransposition (Verschieben des gesamten Frequenzspektrums) beim stark verlangsamten oder beschleunigten Abspielen eines Tonbands vergleichbar.

MIDI Abkürzung für Musical Instrument Digital Interface. >Schnittstelle, welche die Kommunikation von digitalen Klangerzeugern untereinander, aber auch von solchen beispielsweise mit Computern ermöglicht. Verteilt sich auf die drei Buchsen MIDI in (Empfangen von Daten), MIDI out (Senden von Daten) und MIDI thru (Durchschleifen/Weiterreichen von Daten). Es gibt 16 MIDI-Kanäle zum Senden und Empfangen der Informationen. Übertragen werden keine Audio-Informationen, sondern digital codierte >Events (Ereignisse), die auf dem Keyboard oder digitalen Klangerzeuger stattfinden.

MIDI-Dump Aufzeichnen oder Senden einer „1:1-Fotografie" eines Instruments oder >Soundmoduls mit allen Einstellungen über MIDI in Form von >SysEx-Daten.

MIDI-File Technisch eine Datei, welche MIDI-Steuerinformationen dafür enthält, wie ein Song abzulaufen hat. In der musikalischen Praxis ein vorproduzierter, zumeist durcharrangierter Song, der entweder am Instrument selbst oder extern über MIDI verteilt auf mehrere Spuren eingespielt wird. Es werden keine Klänge aufgezeichnet, sondern nur MIDI-Daten als Spielanweisungen für die Klangerzeuger.

MIDI-Implementation Tabelle (meistens im Anhang einer Geräte-Bedienungsanleitung), in der alle >MIDI-Daten aufgeführt sind, die das betreffende Gerät senden und empfangen kann.

MiniDisc (MD) modernes, digitales Tonträgermedium. Seit einigen Jahren in Musikerkreisen auf dem Vormarsch. Arbeitet mit Datenreduktion, daher im Vergleich zu CD und DAT nicht geeignet für Studiobetrieb, im Live-Bereich aber ideal zum Beispiel für Audio-Playbacks.

Modulation

1) In der Musiktheorie: Überleitung von einer Tonart in eine andere.

2) Auf Keyboards meistens ein eigenes Rad (Modulationsrad) links neben der Tastatur oder als Funktion zusammen mit >Pitch Bend in einen Joystick integriert zur Steuerung einer beliebigen Modulation, d. h. Beeinflussung eines bestimmten Parameters, zum Beispiel Vibrato.

MP3

Sehr Platz sparendes Speicherformat für Musik, dass gegenüber >Waves deutlich kleiner ist, weil es mit Datenreduktion arbeitet. Beim Umwandeln von Waves in MP3-Files werden bis zu 90% der Daten (nicht wiederherstellbar) weggelassen, die nicht benötigt werden, jedoch im unhörbaren Bereich liegen (Maskierungseffekt). Das Ergebnis hat scheinbar immer noch CD-Qualität. De facto hat es das natürlich nicht, daher sind MP3s für den Studiobetrieb nicht relevant (ebenso wie die >MiniDisc, die auch mit Datenreduktion arbeitet), wohl aber als Sounddemos im Internet (schnelles Herunterladen) oder für Playbacks.

Multi Finger

kombinierter >Fingering-Modus aus >Fingered und >Single Finger.

Multisampling

>Sampling-Verfahren, bei dem jeder so und so vielte Ton eines Klangs neu aufgezeichnet wird, um das einzelne >Sample nur in so engen Grenzen wie möglich transponieren zu müssen und den >Mickey-Mouse-Effekt zu vermeiden.

Multi Tracking

Mehrspurverfahren, bei dem die Musik im Gegensatz zur >Tape Sequence Spur für Spur (Schritt für Schritt, Step by Step) mit dem >Sequencer aufgenommen wird.

Oberfläche

Anordnung und optische Gestaltung der Bedienelemente (zum Beispiel eines Keyboards), ebenso der Aufbau und die Aufmachung von >Display-Seiten.

On Bass

Kreativ-Funktion einer modernen >Begleitautomatik, mit welcher sich der Bass der Automatik nicht auf den Grundton des erkannten Akkordes, sondern auf den tiefsten gegriffenen Ton bezieht. Mit der die Begleitung steuernden Hand gegriffene Akkordumkehrungen kommen dann in der Automatik zum Tragen und können Überleitungen oder Durchgänge schaffen. Auch bezeichnet als >Bass Inversion oder >To lowest.

One Touch Setting Kompletteinstellung (Registrierung) eines >Keyboards mit allen zum Spielen relevanten Parametern, die mit einem Knopfdruck wieder rekonstruiert werden kann. Auf den Instrumenten, die diese Funktion bieten, sind bereits One Touch Settings als Vorschläge gespeichert, die durch eigene Zusammenstellungen ergänzt oder ersetzt werden können. Auf manchen Geräten auch als Total Preset oder ähnlich bezeichnet.

PAD wörtlich „Polster", in der Musik: „Fläche". Sounds, die sich zum Liegenlassen und Erzeugen dichter akkordischer Flächen eignen. Spezielle PAD-Sounds sind meistens Synthesizer-Klänge, aus dem Bereich der Natursounds kommen vor allem Streicher und Chöre in Frage.

Panorama Stereoposition eines Klangs.

Parallele Schnittstelle >Schnittstelle, welche (anders als die >serielle Schnittstelle) die zu übermittelnden Daten parallel, d. h. gleichzeitig übers Kabel schickt.

Part 1) Bestimmter Spielbereich eines Keyboards (zum Beispiel Upper: Bereich der rechten Hand, Lower: Bereich der linken Hand usw.).
2) Formteil („Baustein") eines >Styles, zum Beispiel >Intro, > Fill In, >Main, >Ending usw.
3) Abschnitt auf der Spur eines >Sequencers.

Passivboxen reine Lautsprecherboxen ohne eingebauten Verstärker. Gegenteil: >Aktivboxen.

Pattern ist englisch und bedeutet „Muster".

Peak - Pegelspitze, Übersteuerung.
- Bisweilen die Bezeichnung des >Filter-Resonanz-Parameters.

Phaser Effekt mit abwechselnden Betonungen und Auslöschungen von Phasen.

Pianist

>Fingering-Modus, der zur Akkordsteuerung der >Begleitautomatik die gesamte Tastatur zur Verfügung stellt. Je nach Hersteller auch bezeichnet als Full Keyboard.

Pitch Bend

engl. pitch=Tonhöhe. Pitch Bend: stufenlose Veränderung der Tonhöhe, sprachlich korrekt ausgedrückt eigentlich die Beugung von Frequenzen, auf Keyboards meist im Spielraum je eines Ganztons nach oben und unten. Imitiert das Ziehen von Gitarrensaiten oder das Arbeiten von Bläsern mit der Intonation. Auf Keyboards steuerbar über ein Pitch-Bend-Rad links neben derTastatur oder einen Joystick. Bei guten Soundmodulen ist der Spielraum der Tonhöhenänderung (Pitch-Bend-Rate) veränderbar.

Plug Ins

- kann man sich im Computerbereich als kleine Zusatzprogramme vorstellen, die vom Hauptprogramm aufgerufen werden (zum Beispiel >Effekte, >Software-Synthesizer usw.).
- können in Form von Einbaukarten als Plug-in-Boards in manche Keyboards oder Synthesizer selbst eingebaut werden, wo sie neue Sounds, andere Klangerzeugungsverfahren usw. bereit stellen.

Polyphoner Aftertouch

wörtlich „mehrstimmiger Aftertouch“. >Aftertouch, der bei gegriffenen Akkorden nur auf einzelne Tasten wirkt, die stärker nachgedrückt werden. Die Funktion wird etwa vom >Extended GM (XG)-Standard unterstützt. Nur theoretische Bedeutung für die Live-Anwendung, da quasi von keinem Keyboard erzeugt, wohl aber interessant in programmierten >Sequenzen, da viele Klangerzeuger polyphonen Aftertouch als MIDI-Befehl auswerten können.

Polyphonie

bedeutet Mehrstimmigkeit. Bei Keyboards die Anzahl der Stimmen, die gleichzeitig erzeugt und verarbeitet werden können.

Portable Keyboard

Keyboard mit >Sequencer und >Style-Begleitautomatik. Hervorgegangen aus >Synthesizer und elektronischer Orgel. Hat aus Kosten- und Gewichtsgründen die E-Orgel als Vorgängerin weitgehend vom Markt zurückgedrängt. Auf der Bühne prädestiniert eingesetzt von Entertainern, Alleinunterhaltern und Tanzmusikformationen. Moderne Portable Keyboards gestalten sich als musikalische Allrounder, die eine Vielzahl von Stilrichtungen abdecken können und ihren Schwerpunkt vor allem in der – Dank modernster >Sampling-Technologie inzwischen recht realistischen – Nachbildung von Natursounds haben.

Powermixer Mischpult mit integriertem Verstärker sowie meistens auch >Effekten.

Pre-Delay wörtlich „Vorverzögerung". Bei >Hall die Zeitspanne, die bis zur ersten Reflexion eines Signals vergeht.

Preset allgemein ein vorgegebenes, im >ROM-Speicher befindliches Programm. Kann auf Keyboards ein Klangprogramm (ein Sound) sein, wird aber auch zur Bezeichnung beispielsweise von Hallprogrammen auf Effektgeräten verwendet (davon zu unterscheiden: User-Presets, d.h. vom Anwender selbst zu belegende Programmplätze).

Quantisierung Korrektur des Timings, d. h. des musikalischen Zeitverhaltens, durch Verschieben von Tönen hin zu metronomisch exakten Zeitpositionen gemäß voreingestellter Notenwerte.

RAM Random Acces Memory; ein Speicher, der im Unterschied zum >ROM nicht nur gelesen, sondern auch beschrieben werden kann (zum Beispiel mit eigenen Sounds (>User-Voices), >Styles, >Sequenzen, >One Touch Settings usw.).

Realtime Record siehe Tape Sequence.

Recording-Karte Einbaukarte für PCs, die im Gegensatz zur >Soundkarte keine Sounds erzeugen kann, dafür auf Recording (Aufzeichnung) spezialisiert ist und neben meist mehreren Ein- und Ausgängen hochwertige >A/D- und >D/A-Wandler besitzt.

Red book Für alle Arten von Daten, die auf CD gebrannt werden können, gibt es Standards, so genannte „Bücher" (Books), die gewährleisten, dass die Daten von geeigneten Laufwerken gelesen werden können. Für Audio-CDs nennt sich dieser Standard „Red Book" (rotes Buch).

Release-Time Zeit vom Loslassen einer Taste bis zum endgültigen Verklingen des Tons.

Reverberation Time bei >Hall nach >Pre-Delay und >Early Reflections die eigentliche Nachhallzeit mit einer langen Folge von Reflexionen.

ROM Abkürzung für „Read Only Memory", übersetzt „den Speicher nur lesen". Ein Speicher, dessen Inhalt weder gelöscht noch überschrieben werden kann. Darin sind auf Keyboards zum Beispiel die unveränderbaren werkseitigen Sounds und Styles gespeichert.

ROM-Player siehe ROMpler.

ROMpler Abkürzung für ROM-Player. Instrument oder >Soundmodul, das Klänge aus einem >ROM-Speicher abspielt.

Sample Wörtlich übersetzt „Muster" oder „Probe". In der Musik die digitalisierte Aufzeichnung eines Klangs. Samples können ebenso Einzeltöne von Instrumenten sein wie von einem ganzen Orchester live gespielte oder von einem Sänger gesungene Phrasen.

Sampler Eigenständiges Hardwaregerät oder Computerprogramm zum Laden, Abspielen und eigenen Aufzeichnen von >Samples. Bislang am Weitesten verbreitet als Rack-Einbaugerät im 19-Zoll-Format, seit einiger Zeit jedoch auch als >Softwaresampler in Form von Computerprogrammen erhältlich.

Sample-ROM-Speicher >ROM-Speicher, in dem die unveränderbaren werkseitigen Sounds abgelegt sind.

Sampling Verfahren/Technologie zur digitalen Aufzeichnung von Audio-Daten. Das heute wichtigste und gängigste Klangerzeugungsverfahren für >ROMpler.

Sampling-CD CD mit Klängen aller Couleur zur Verwendung in >Samplern.

Schnittstelle Anschluss an Instrumenten oder Geräten, der die Kommunikation mit anderen ermöglicht.

SCSI Abkürzung für Small-Computer-System-Interface. Schnelle >Schnittstelle zur Übertragung großer Datenmengen. Wird häufig von >Samplern verwendet. Ist im Computerbereich ein eigener >Festplatten-Typ.

Sequenz (MIDI-Sequenz) wörtlich „Folge". Eine bestimmte, vorprogrammierte Abfolge von MIDI->Events. Im Sprachgebrauch heute identisch mit >MIDI-Files.

Sequencer >Software-basierte Möglichkeit zum Aufzeichnen, Abspielen und Bearbeiten von Musik. Entweder ins Keyboard integriert, als eigenständiges Gerät oder als >Softwaresequencer in Form von Computer-Programmen. Keyboard-intern von Herstellern auch bezeichnet als Song Creator oder Song Composer. Obwohl manchmal auch als „eingebauter Kassettenrekorder“ bezeichnet, werden keine Audio-, sondern >MIDI-Daten aufgezeichnet.

Serielle Schnittstelle >Schnittstelle, welche die zu übermittelnden Daten in Serie, d. h. nacheinander übers Kabel schickt. Zu unterscheiden von der >parallelen Schnittstelle.

Setup wörtlich „aufstellen“. Genaue Einstellung eines Geräts (im Sinne von „Herrichtung“ aller relevanten Einstellmöglichkeiten für eine bestimmte Anwendung).

Single Finger >Fingering-Modus, der die Akkordsteuerung der >Begleitautomatik mit nur einem Finger ermöglicht.

SMF Abkürzung für StandardMIDIFile. Siehe >MIDI-Files.

Software Begriff aus dem Computerbereich ohne wörtliche Übersetzung. Bezeichnet die Programme und Programmierungen auf Computern und Computer-orientiert arbeitenden Geräten wie auch Keyboards. Im Unterschied zur >Hardware als den festen Bauteilen sozusagen die für Computer lebenswichtigen, nicht-physikalischen Bestandteile.

Software-Sampler >Sampler in Form eines Computerprogramms. Ermöglicht eigenes >Sampling, Einlesen von >Sampling-CDs, Bearbeitungen von >Samples usw.

Software-Sequencer >Sequencer in Form eines Computerprogramms.

Software-Synthesizer Computerprogramme, die Klänge erzeugen und sich als virtuelle Instrumente über einen PC spielen lassen. Teilweise digitale „Nachbauten“ real existierender (gerade auch analoger) Instrumente, zum Beispiel der Hammond-Orgel B3.

Song Chain siehe >Juke Box.

Song Composer Keyboard-interner >Sequencer.

Song Creator Keyboard-interner >Sequencer.

Soundkarte Einbaukarte für PCs, die Sound erzeugt, Klänge aufzeichnen kann und den Anschluss von Spiel-Steuergeräten und MIDI-Instrumenten erlaubt. Siehe auch >Gameport.

Soundmodul Reiner Klangerzeuger, in der Regel >ROMpler, ohne Tasten. Auch als „Expander" bezeichnet. Bisweilen spezialisiert auf bestimmte Klänge (zum Beispiel nur Schlagzeugsounds). Wird angesteuert über >MIDI. Häufig als Gerät im 19-Zoll-Format zum Rackeinbau.

Split-Punkt; Splitpoint Grenze zwischen zwei Tasten, an der die Tastatur geteilt wird. Siehe >Splitting.

Splitting Teilung der Tastatur in (mindestens) zwei Abschnitte, von denen einer (in der Regel der linke, bisweilen aber auch zuweisbar) der Eingabe der Akkorde für die >Begleitautomatik dient.

Style Moderner Nachfolger des früher anzutreffenden Begriffs „Rhythmus". Ein Style ist das Abbild einer musikalischen Stilrichtung, rhythmische und harmonische Informationen beinhaltend, eine charakteristische Instrumentierung der jeweiligen Stilrichtung berücksichtigend und nach einem Spurenprinzip aufgebaut.

Sub-Ausgang siehe >Einzelausgang.

Subtraktive Synthese Vorherrschendes Klangerzeugungsprinzip auf modernen Keyboards, >Synthesizern und >ROMplern mit >Sampling als Grundlage: Die von den Oszillatoren (Bauteile, welche die >Samples abspielen) gelieferten Signale durchlaufen noch ein >Filter, bevor sie den Ausgang passieren, und werden so in der Frequenz bearbeitet. „Subtraktiv" bedeutet, dass die Sounds durch Frequenzfilterungen charakteristische Färbungen erhalten.

Sustain-Level Lautstärkeniveau, auf dem ein Ton nach >Attack und >Decay stehen bleibt, so lange die Taste gedrückt bleibt.

Symphonic siehe >Ensemble.

Synthesizer Ganz allgemein ein Instrument oder >Soundmodul mit elektronischer und eben synthetischer, d. h. künstlicher, Klangerzeugung. Entwickelt ab den 1950er Jahren, das Interesse an elektronischer Klangerzeugung reicht indes schon länger zurück. Synthesizer gibt es mit verschiedensten Syntheseformen, d. h. technischen Klangerzeugungsverfahren. Auf den modernen Instrumenten ist ebenso wie auf den >Portable Keyboards das >Sampling, präziser gesagt die >Subtraktive Synthese, das vorherrschende Klangerzeugungsprinzip. Aber auch virtuell-analoge Synthesizer, digitale Nachbauten analoger Synthis, sind in jüngerer Zeit wieder sehr beliebt. Die legendären Sounds der analogen Synthesizer prägten vor allem das Klangbild der Pop- und Rockmusik der 1970er Jahre maßgeblich. Synthesizer verstehen sich als die reinsten Soundschmieden und stellen insbesondere umfangreichste Funktionen zum Tüfteln, d. h. zum Verändern vorhandener sowie zum Erstellen eigener Sounds zur Verfügung.

SysEx systemexklusive Daten. Datenkette, die exklusiv für ein bestimmtes Instrument aufgebaut ist und nur von diesem verstanden wird; kann neben kompletten Klangprogrammen auch Systemeinstellungen und gezielte Adressierungen einzelner Parameter der Klangerzeugung beinhalten. Siehe auch >MIDI-Dump.

System-Effekte >Effekte wie >Hall oder >Chorus, die global auf alle Parts (Spielbereiche) eines Keyboards oder >Soundmoduls wirken.

Tape Sequence Verfahren, das komplette Spiel auf dem Keyboard mit dem >Sequencer wie mit einem virtuellen Kassettenrekorder in Echtzeit mitzuschneiden. Auch bezeichnet als Backing Sequence oder >Realtime Record.

Tiefpassfilter auch >Low Pass Filter (LPF). Filter zum Bedämpfen der Höhen, lässt nur >Frequenzen unterhalb einer definierten Grenze passieren lassen.

Time Stretching beim >HD-Recording die Erhöhung oder Verlangsamung der Wiedergabegeschwindigkeit einer Aufnahme ohne damit einhergehende Totaltransposition (siehe >Mickey-Mouse-Effekt).

Tischhupe Leicht abwertender, gleichermaßen aber eher lustig gemeinter, nostalgischer Begriff zur Bezeichnung der Keyboards der ersten

Generationen, die im Vergleich zu heute spartanisch ausgestattet waren und auf Grund der damaligen Technologie ziemlich synthetisch, unrealistisch und nach kurzer Zeit nervig klangen.

To host

Schnittstelle zur Kommunikation von Keyboard oder >Soundmodul und Computer. To host wird mit der >seriellen Schnittstelle des PCs verbunden. Übertragen werden >MIDI-Daten, diese werden jedoch so geroutet (auf To host gelenkt), dass die >MIDI-Buchsen umgangen werden. To host kommt vor allem sinnvoll in der Kombination mit Notebooks zum Einsatz, die keinen >MIDI-Anschluss und auf ihrer >Soundkarte keinen >Gameport zur Verfügung stellen.

To lowest

siehe >On Bass.

Total Preset

siehe >One Touch Setting.

Touch Screen

Berührungsempfindliches >Display, über das Sounds, Styles und unzählige weitere Funktionen durch direkten Tippkontakt angewählt werden können.

UDMA

Abkürzung für Ultra Direct Memory Acces. Wichtige Funktion für Computer->Festplatten, deren Controller die Daten mit UDMA direkt, ohne Mithilfe des Prozessors, in den Arbeitsspeicher schreibt und damit Prozessorentlastung gewährleistet.

USB

Abkürzung für Universal Serial Bus. Neuer Standard bei den >seriellen Schnittstellen von PCs. Deutlich höhere Übertragungsgeschwindigkeit als bei herkömmlichen seriellen Schnittstellen, liegt im Bereich von >parallelen Schnittstellen. Die meisten Geräte (z. B. Maus, Tastatur, Scanner, Modem, MIDI-Interface usw.) lassen sich heute über USB anschließen. Sehr einfaches Handling: selber Stecker für alle Geräte, An- und Abklemmen bei laufendem PC möglich, viele Geräte werden vom Betriebssystem automatisch erkannt und müssen nicht eigens installiert werden.

User-Voice(s)

1) Selbst erstellter oder editierter Sound („benutzerdefinierte Stimme").
2) Speicherbereich im Keyboard zur Ablage selbst erstellter oder editierter Sounds.

Variation Moderne >Styles setzen sich auf entsprechend ausgestatteten Keyboards jeweils aus mehreren Variationen zusammen, die in Dichte des musikalischen Arrangements und Instrumentierung sukzessiv aufeinander aufbauen.

VariPhrase von der Firma Roland entwickelte >Sampling-Technologie, die auf der Trennung von Abspielgeschwindigkeit eines >Samples und Tonhöhe desselben basiert und von der Idee her >Multisampling überflüssig machen will.

Velocity wörtlich „Geschwindigkeit". In der Musik die Anschlagstärke von Tönen, technisch tatsächlich gemessen als Anschlaggeschwindigkeit in einer Auflösung von 127 Stufen.

Video-Interface Möglichkeit, das Keyboard an einen externen Monitor oder Fernseher anzuschließen. Übertragung des >Display-Bilds auf diesen

Vocal Harmonizer Modul für Sänger, mit dem sich Vokalharmonien erzeugen lassen, so dass man mit sich alleine mehrstimmig singen kann. Bei der Steuerung von einem Keyboard aus sind, ähnlich wie für die >Begleitautomatik, die mit der linken Hand gegriffenen Harmonien dafür Grundlage, oder auch eine Steuer-Spur aus einem >MIDI-File. Ferner sind Korrekturen der gesungenen Tonhöhe (Intonation) und Beeinflussungen des Timbres (Farbe der Stimme) möglich. Entweder externes Gerät oder ins Keyboard eingebaut.

VST virtual studio technology – virtuelle Studio-Technologie, die Simulation eines kompletten Tonstudios im Rechner.

Wave digitalisierte Audioaufnahme (im Speicherformat wav).

Wave-Player Gerät zum Abspielen von >Waves.

Workstation >Synthesizer, der als besonderes Ausstattungsmerkmal über einen eingebauten >Sequencer verfügt. Synthesizer+Sequencer=Workstation.

XG siehe >Extended GM.

ZIP-Disk modernes Massenspeichermedium zur Unterbringung großer Datenmengen. Arbeitet mit dem Prinzip der Datenkompression,

d. h. große Datenmengen werden beim Speichern „zusammengepackt“ (komprimiert) und beim Laden wieder „entpackt“, d. h. in ihren Originalzustand versetzt. Im Gegensatz zur Datenreduktion gehen dabei keine Daten verloren.

Zugriegel

Eines der charakteristischsten Merkmale von E- und vor allem Hammond-Orgeln. Schieberegler, die zur Einstellung des Sinus-Sounds (zum Beispiel des legendären Hammond-Sounds) dienen. Auf vielen modernen Keyboards wird dieser Sinus-Sound zwar ebenfalls nachgebildet, bestimmte Zugriegelkombinationen sind aber entweder fest vorgegeben, oder die zur Einstellung nötigen Zugriegel sind allenfalls virtuell vorhanden. Nur wenige Instrumente bieten noch die altbekannten mechanischen Zugriegel, die sich aber gerade für Musiker, die von der Orgel kommen, mit einem bestimmten Spielgefühl verbinden.

10. Marktübersicht

Die Ausführungen dieses Buchs werden zum Schluss abgerundet durch eine umfassende Zusammenstellung aktueller Keyboards auf dem Markt und ihrer Ausstattungs-Features. Zu den einzelnen Instrumenten wurden sehr viele Aspekte zusammengetragen, so dass Sie zu fast allen in diesem Buch angesprochenen Bereichen nachvollziehen können, inwieweit diese auf konkreten Instrumenten umgesetzt werden.

Es wurden wiederholt die Begriffe Ober-, Mittel- und Unterklasse verwendet. Zur Definition muss man sagen, dass die Grenzen wieder einmal fließend sind. Das Problem ist: Nach welchen Kriterien soll man die Instrumente einordnen? Manche Keyboards desselben Herstellers, zwischen denen eine deutliche preisliche Differenz liegt, haben im Grunde gleich viele Styles und Sounds (über ein paar mehr oder weniger wird man sich wohl nicht ernsthaft streiten brauchen). Das zeigt aber, dass derlei Äußerlichkeiten und die den Prospekten zu entnehmenden Zahlen allein unzulänglich sind, um Klassengrenzen zu markieren. Ähnlich, wie es viele Gesichtspunkte sind, die letztlich darüber entscheiden, wie gut oder schlecht ein Musiker ist, kann man auch nicht in einem Satz sagen, wo genau die Grenze etwa zwischen Ober- und Mittelklasse zu ziehen ist. Mehr als die rein quantitativen Faktoren spielen vor allem die qualitativen eine wichtige Rolle, d. h. es geht um Klangerzeugungsverfahren, Syntheseformen, technologische Konzepte, wozu auch die Erweiterbarkeit von Instrumenten zählt, und letzten Endes natürlich ganz einfach die Qualität des Gebotenen.

Man kann das wunderbar mit Autos vergleichen: Ausstattungen, die früher den Oberklassemodellen vorbehalten waren, sind heute auch im Mittel- oder sogar Unterklassebereich anzutreffen – elektrische Fensterheber und Klimaanlagen sind selbst in Kleinwagen nichts besonderes mehr. Doch über die Verarbeitungsqualität und darüber, wie angemessen die jeweiligen Preise sind, sagt dies nichts aus.

Analog verhält es sich mit Keyboards. Ähnlich wie bei Autos kann man auch hier eigentlich nur versuchen, verschiedene Klassen über die Preisstrukturen zu definieren. Folgende Grenzen lassen sich ziehen, definiert über die Instrumentenpreise sogar erstaunlich scharf:

- bis 750 Euro: Unter- oder Einsteigerklasse.

- 750 bis 2500 Euro: Mittelklasse.

- ab 2500 Euro: Ober- oder High End-Klasse.

Unter den in unserer Marktübersicht berücksichtigten Keyboards finden wir immerhin 10 Instrumente in der Einsteigerklasse. Bei 750 Euro liegt dabei eine deutlich auszumachende Grenze, die von keinem Instrument dieser Klasse auch nur um einen Euro überschritten wird. Weiter geht es dann erst bei knapp unter 1000 Euro mit dem Technics KN-1400 und knapp darüber mit den beiden neuen Modellen EM-55 von Roland und dem PSR-1000 von Yamaha. Das ist aber auch das einzige, was in dieser Preisregion passiert. Die nächste Konzentration in der Mittelklasse liegt dann mit vier Instrumenten bei rund 1500 Euro, wobei etwa das Casio MZ-2000 in diesen Bereich fällt, welches jedoch unlängst in ***Tastenwelt*** (Ausgabe 5/01) als Oberklasse-Keyboard getestet wurde und damit der beste Beweis für fließende Grenzen zu sein scheint. So gut wie überhaupt nichts passiert im Bereich um 2000 Euro, dort finden wir nämlich Rolands VA-5 als einziges Instrument.

Jenseits der 2000 Euro Mark beginnt dann mit dem Korg PA80 schon die Ober- oder High End-Klasse, die sich mit dem Solton Ketron SD 1 und dem Yamaha 9000pro im wesentlichen bis 3500 Euroerstreckt. Darüber hinaus gibt es dann nur noch wenige Instrumente, die den Rahmen sprengen: das Böhm Keybits und das Hammond XE-1 mit einem Grundpreis von knapp über 4000 Euro. Absoluter preislicher Spitzenreiter ist der Wersi Abacus, der gar bei fast 4600 Euro beginnt. Alle drei Instrumente lassen sich noch erweitern (Hammond durch eine weitere Tastatur zum zweimanualigen XE-2, Böhm und Wersi durch individuelle technische Ausbaustufen), und rutschen dann locker über die 5000-Euro-Marke.

Aus Herstellerkreisen war übrigens zu erfahren, im Einsteiger-Klassen-Bereich sei die Zahl der Käufer rückläufig, während die Bedeutung von Mittel- und High End-Klasse zugenommen habe.

Böhm Keybits (Keybits 5/7/7p/8p bzw. DoubleFun 5/7 und Expander E19)

Anzahl der Tasten	61, 76 oder 88, anschlagdynamisch, gewichtet oder mit Hammermechanik, Aftertouch
max. Polyphonie	bis zu 128 Stimmen
Sounds	intern ca. 700, bis zu 16.384 (128 x 128) Presets verwaltbar, 256 frei belegbare Soundplätze im Opera 2000-System, eigene Klangbearbeitung
Drumsets	bis zu 128 änderbare Drumkits, eigene Tonerzeugung, über 200 versch. Sounds
Styles	256 ROM, kann über Flash-Speicher erweitert werden bis auf 1024
Anzahl Begleitspuren	32
Variationen pro Style	4
Zugriegel	komplett integrierte Orgelbedienfunktionen mit 9 virtuellen Zugriegeln, Klangerzeugung über optionalen Expander
One Touch Settings	bis zu 4 x 128 Arranger Presets (komplette Arrangements für Styles)
PADs	6 unter dem Bildschirm + 8 Taster an Fußschwellern und -pedalen, frei programmierbar mit allen internen Sounds, Sequencen und (MIDI-)Funktionen, 10 Sets speicherbar
Registrierungsspeicher	bis zu 1024 Global Presets
Sequencer	32 Spuren (Anzahl Events nur durch internen Speicher begrenzt, beträgt 2 MB, mehr als 300 000 Events)
Speichermedien	3,5''-Diskette, Festplatte, externe Medien über SCSI, 32 MB Flash-Speicher
Besonderheiten	SCSI-Schnittstelle für externe Massenspeicher, Load while play: direktes Spiel von Diskette oder Festplatte, dadurch 128 x 1000 Files speicher- und direkt spielbar, SCART-Ausgang zur Übertragung aller Monitor-Informationen sowie des Stereosounds auf jeden Fernseher (SW oder Farbe) mit SCART-Anschluss Integrierte Schreibmaschine; Texte im ASCII-Format einlesbar, eingebauter Terminplaner, 14 programmierbare Soft-Touch-Slider mit LED-Anzeige, 3 programmierbare Wheels, Multifunktionsrad, Track-Ball, 64 Taster mit Doppelanzeige zur direkten Anwahl der wichtigsten Sounds eines Expanders, Sounds externer Expander voll in die Bedienoberfläche integrierbar, werden behandelt wie Instrumenten-eigene. Alle Instrumente sehr individuell in der Ausstattung; umfangreiche Serienausstattung. Auch lieferbar als zweimanualige Instrumente: DoubleFun 5 (Basis Keybits 5) und DoubleFun 7 (Basis Keybits 7, 2 x 76 Tasten!) Und als Expander E19, unterschiedliche Geräte-Designs optional
MIDI	4 x in, 4 x out, 2 x thru; 4 x 16 MIDI-Kanäle, organisiert in insgesamt 128 Parts
MIDI-Kompatibilität	GM
Kompatibilität SMF	Format 0 und 1

Böhm Keybits (Keybits 5/7/7p/8p bzw. DoubleFun 5/7 und Expander E19)

Einzelausgänge	2 x mono, z. B. für externe Effekte, bis zu 4 x mono für LiveDrums
Mikrofonanschluss	ja, mit Pegelvoreinstellung
Effekte	Sinus-Rotor, Chorus, Ensemble, Reverb 1 und 2 mit je 128 Programmen, darunter Delay, Echo, Hall usw., Digitaler Mixer
Vocal Harmonizer	ja (Vocoder, Scaling, 128 eigene Presets)
Karaoke-Funktion	ja
Abmessungen	Keybits 5: 121 x 42 x 15 cm; Keybits 7/7p: 142,5 x 42 x 15 cm
Gewicht	Keybits 5: 15 kg, Keybits 7/7p: 16/23 kg (ohne Lautsprecher/Verstärker)
Display	Hochauflösender Monitor, 320 x 240 Pixel
Verstärkung	optionaler Verstärker mit eigener Klangregelung (unabhängig vom Line-out), für alle Keybits-Systeme, 2 x 35 Watt
Anschlüsse	Line-out (Summe); Line Out (LiveSounds), 0 dB Stereo-Input, 4 frei programmierbare Fußtaster, SCART, SCSI, RS 232, 2 separate Fußschweller mit je 2 programmierbaren Funktionstastern, Kopfhörer
unverbindl. Preisempfhlg.	sehr individuelle Ausstattung der Instrumente, entsprechend individuelle Preise; ab 3680 € im Bausatz, 4090 € betriebsfertig für Keybits 5
Vertrieb	Böhm electronic GmbH, 32549 Bad Oeynhausen

Anzahl der Tasten	61, anschlagdynamisch
max. Polyphonie	32 Stimmen
Sounds	338 ROM, 10 User, eigene Klangbearbeitung
Drumsets	10
Styles	100 ROM, 4 User
Anzahl Begleitspuren	5
One Touch Settings	100
PADs	nein
Registrierungsspeicher	16
Sequencer	2 Songs, 6 Spuren, 3600 Events, Echtzeit oder Step-by-Step
Waves abspielen	nein
Speichermedien	keine Angabe
Kompatibilität SMF	Format 0 und 1
Besonderheiten	Bassreflex-Lautsprecher, Advanced Tone, Mixer, digitaler Equalizer
MIDI	in/out, 16-facher Multimode
MIDI-Kompatibilität	GM
Einzelausgänge	nein
Mikrofonanschluss	nein
Variationen pro Style	2
Effekte	142: DSP 100 + 10 User, 16 Reverb, 16 Chorus
Vocal Harmonizer	nein
Abmessungen, Gewicht	96 x 37,5 x 14,7 cm, ca. 5,8 kg
Display	beleuchtetes LC-Display
Verstärkung	2 x 2,5 Watt
Anschlüsse	MIDI (in/out), Sustain (zuordb.), Stereo Kopfhörer/Line-out
unverb. Preisempfhlg.	299 €
Vertrieb	Casio, 22824 Norderstedt

Casio CTK-731

Anzahl der Tasten	61, anschlagdynamisch
max. Polyphonie	32 Stimmen
Sounds	200 ROM, 32 User, eigene Klangbearbeitung
Drumsets	8
Styles	100 ROM, 10 User
Anzahl Begleitspuren	6
One Touch Settings	100
Registrierungsspeicher	20
Sequencer	2 Songs, 6 Spuren, ca. 4.900 Noten, Echtzeit, Eintastaufnahme
Speichermedien	3,5"-Diskette
Kompatibilität SMF	Format 0
Besonderheiten	100 Free-Session-Sets (vorarrangierte Harmoniefolge pro Style), Pattern Convertion: adaptiert Begleitpatterns anderer Hersteller
MIDI	in/out, 16-facher Multimode
MIDI-Kompatibilität	GM
Variationen pro Style	2
Effekte	10: Reverb 1,2,3; Chorus, Tremolo, Phase-Shifter, Organ-Speaker, Enhancer, Flanger, EQ-Loudness
Abmessungen, Gewicht	116 x 15 x 42 cm, 9 kg
Display	beleuchtetes LC-Display
Verstärkung	2 x 5 Watt
Anschlüsse	Midi (in/out), Sustain (bzw. zuordnungsbar), Stereo Kopfhörer/Line-out
unverb. Preisempfhlg.	419 €
Vertrieb	Casio, 22824 Norderstedt

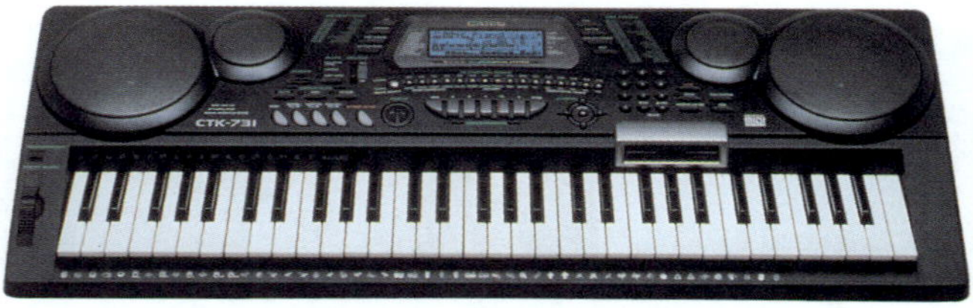

Anzahl der Tasten	61, anschlagdynamisch, Aftertouch
max. Polyphonie	64 Stimmen
Sounds	562 ROM, davon 40 User, eigene Klangbearbeitung, 9 Zugriegel
Drumsets	12
Styles	120 ROM, 10 User
Anzahl Begleitspuren	8
One Touch Settings	480
Registrierungsspeicher	64
Sequencer	10 Songs, 16 Spuren, 40000 Events, Echtzeit oder Step-by-Step
Speichermedien	3,5''-Diskette
Kompatibilität SMF	Format 0 und 1
Besonderheiten	Interaktive Begleitautomatik, 2-Weg-Bassreflex-Lautsprecher
MIDI	in / out / thru
MIDI-Kompatibilität	GM, mit optionaler Konvertiersoftware alle Standards lesbar
Mikrofonanschluss	ja, mit eigenem Poti
Variationen pro Style	4
Effekte	15 x Reverb, 20 x Chorus, Master (50), 4 x DSP (240)
Abmessungen, Gewicht	115 x 42,5 x 20,5 cm, 12,4 kg
Display	320 x 240 Pixel
Verstärkung	2 x 15 Watt
Anschlüsse	To host, Sustain- und Expression-Pedal,Stereo-Line In/Out
unverb. Preisempfhlg.	1599 €
Vertrieb	Casio, 22824 Norderstedt

Casio WK-1800

Anzahl der Tasten	76, anschlagdynamisch
max. Polyphonie	32 Stimmen
Sounds	200 ROM, 32 User, eigene Klangbearbeitung
Drumsets	8
Styles	120 ROM, 10 User
Anzahl Begleitspuren	6
One Touch Settings	120
Registrierungsspeicher	20
Sequencer	2 Songs, 6 Spuren, 4900 Events, nur Echtzeit
Speichermedien	3,5"-Diskette
Kompatibilität SMF	Format 0
Besonderheiten	120 Free-Session-Sets (vorarrangierte Harmoniefolge pro Style), 2-Weg-Bassreflex-Lautsprecher, Pattern Convertion: adaptiert Begleitpatterns anderer Hersteller
MIDI	in/out, 16-facher Multimode
MIDI-Kompatibilitätå	GM
Einzelausgänge	nein
Mikrofonanschluss	nein
Variationen pro Style	2
Effekte	10: Reverb 1,2,3; Chorus, Tremolo, Phase-Shifter, Organ-Speaker, Enhancer, Flanger, EQ-Loudness
Vocal Harmonizer	nein
Abmessungen, Gewicht	123 x 43 x 17 cm, 13 kg
Display	LC-Display 121 x 42mm mit Beleuchtung
Verstärkung	2 x 5 Watt
Anschlüsse	MIDI (in/out), Kopfhörer, Stereo-Ausgang
unverb. Preisempfhlg.	699 €
Vertrieb	Casio, 22824 Norderstedt

Anzahl der Tasten	61, anschlagdynamisch
max. Polyphonie	64 Stimmen
Sounds	147 ROM
Drumsets	17
Styles	96 ROM
Anzahl Begleitspuren	5
Variationen pro Style	2
Zugriegel	keine
One Touch Settings	384
PADs	keine
Registrierungsspeicher	6 (Performances)
Sequencer	3 Spuren, Echtzeit
Speichermedien	3,5''-Diskette
MIDI	in/out/thru
MIDI-Kompatibilität	GM
Kompatibilität SMF	Format 0 und 1
Mikrofonanschluss	ja
Effekte	8 x Reverb, 8 weitere: Chorus, Flanger, Delay, Feedback
Abmessungen, Gewicht	95 x 35 x 14,5 cm, 7,3 kg
Display	beleuchtetes LC-Display
Verstärkung	2 x 5 Watt
Anschlüsse	Line Out, Damper, 9V DC, 2 x Kopfhörer
unverb. Preisempfhlg.	460 €
Vertrieb	Solton Music GmbH, 94060 Pocking

GEM SK 880

Anzahl der Tasten	88 , anschlagdynamisch, gewichtet, mit Hammermechanik, Aftertouch
max. Polyphonie	64 Stimmen
Sounds	1000, editierbar, eigene Klangbearbeitung
Drumsets	17
Styles	192 ROM, 32 User
Anzahl Begleitspuren	8
Variationen pro Style	4
Zugriegel	8 Schieberegler
PADs	4, programmierbar
Registrierungsspecher	64 (Realtime Performances)
Sequencer	32 Spuren, 250000 Events, Echtzeit / Stepp-by-Stepp
Waves abspielen	ja
Speichermedien	3,5''-Diskette, Festplatte, RAM-Speicher bis auf 32 MB erweiterbar
Besonderheiten	optionales Video-Interface, serielle Schnittstelle,
MIDI	je 2 x in/out/thru
MIDI-Kompatibilität	GM
Kompatibilität SMF	Format 0 und 1
Einzelausgänge	4 x Audio-out, 2 x Audio-in
Mikrofonanschluss	ja
Effekte	2 Gruppen; 24 x Reverb, 32 weitere pro Gruppe, 3D Stereo Enhancer, Bass Boost
Vocal Harmonizer	ja
Karaoke-Funktion	ja
Abmessungen, Gewicht	135 x 42,5 x 14 cm, 34,3 kg
Display	Grafik-Display, 320 x 240 Pixel
Anschlüsse	siehe WK 8 SE, 2 x Kopfhörer
unverb. Preisempfhlg.	2556 €
Vertrieb	Solton Music GmbH, 94060 Pocking

Anzahl der Tasten	61, anschlagdynamisch
max. Polyphonie	32 Stimmen
Sounds	460 ROM
Drumsets	17
Styles	96 ROM, 8 User
Anzahl Begleitspuren	5
Variationen pro Style	4
One Touch Settings	960 (10 Single Touch Plays pro Style)
Registrierungsspeicher	63 (Realtime Performances)
Sequencer	7 Song Styles, 8 User Songs, 16 Spuren, Echtzeit
Speichermedien	3,5''-Diskette
Besonderheiten	optionales Video-Interface, Karaoke-Funktion
MIDI	in/out
MIDI-Kompatibilität	GM
Kompatibilität SMF	Format 0 und 1
Mikrofonanschluss	nein
Effekte	22 x Reverb, 22 weitere, Chorus, Flanger, Delay, Feedback
Abmessungen, Gewicht	98 x 39 x 16 cm, 8,9 kg
Display	beleuchtetes LC-Display
Verstärkung	2 x 6 Watt
Anschlüsse	Line Out, Damper, Volume Pedal, To host, Kopfhörer
unverb. Preisempfhlg.	639 €
Vertrieb	Solton Music GmbH, 94060 Pocking

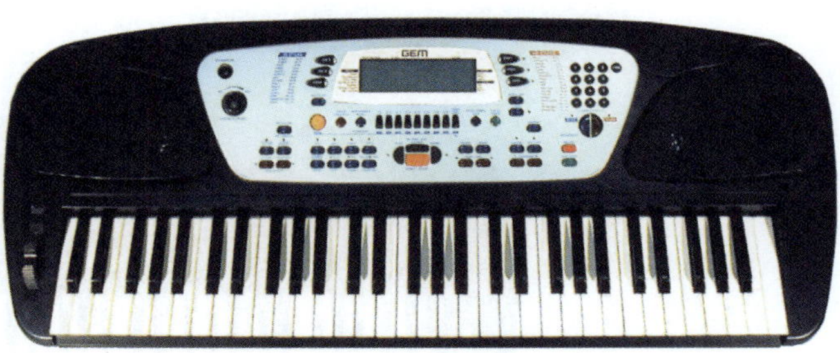

GEM WK-2 HD

Anzahl der Tasten	61, anschlagdynamisch, Aftertouch (nur Empfang)
max. Polyphonie	32 Stimmen
Sounds	444 ROM
Drumsets	17
Styles	96 ROM
Anzahl Begleitspuren	5
Variationen pro Style	4
One Touch Settings	960 (10 Single Touch Plays pro Style)
PADs	4, programmierbar
Registrierungsspeicher	63 (Realtime Performances)
Sequencer	7 Song Styles, 7 User Songs, 16 Spuren. Echtzeit
Speichermedien	3,5''-Diskette, Festplatte
MIDI	in/out/thru
MIDI-Kompatibilität	GM
Kompatibilität SMF	Format 0 und 1
Mikrofonanschluss	ja
Effekte	22 x Reverb, 22 weitere, Chorus, Flanger, Delay, Feedback
Vocal Harmonizer	optional, mit Sampling-Funktion
Karaoke-Funktion	ja
Abmessungen, Gewicht	110 x 39 x 15 cm, 14,3 kg
Display	farbiges, beleuchtetes LC-Display
Verstärkung	2 x 15 Watt
Anschlüsse	Line-out, Damper, Pedal, Volume Pedal, To Host, Audio Interface, Kopfhörer
unverb. Preisempfhlg.	1559 €
Vertrieb	Solton Music GmbH, 94060 Pocking

Anzahl der Tasten	61 , anschlagdynamisch, Aftertouch
max. Polyphonie	64 Stimmen
Sounds	1019 + 16 Piano-Sounds (PRO2 library) ROM, 988 User eigene Klangbearbeitung
Drumsets	17
Styles	192 ROM, 32 Flash ROM, 32 User
Anzahl Begleitspuren	8 (4 Variationen pro Style)
Zugriegel	8 Schieberegler
One Touch Settings	8 Single Touch Plays pro Style
PADs	4, programmierbar
Registrierungsspeicher	64
Sequencer	16 Songs, 32 Spuren, 250000 Events, Echtzeit, Stepp-by-Stepp
Waves abspielen	ja
Speichermedien	3,5''-Diskette, Festplatte
Besonderheiten	SCSI-Interface, kompatibel zu ZIP und JAZ, Video-Interface RAM-Speicher kann bis auf 32 MB erweitert werden, Karaoke-Funktion, Mikrofon-Anschluss, Vocal Harmonizer eingebaut
MIDI	je 2 x In, Out, Thru, 32fach multitimbral
MIDI-Kompatibilität	GM
Kompatibilität SMF	Format 0 und 1
Einzelausgänge	2 x Aux-out
Effekte	2 Gruppen; 25 x Reverb, 32 Modulationseffekte je Gruppe; 3D Stereo Enhancer
Abmessungen, Gewicht	110 x 39 x 15 cm, 15,5 kg
Display	grafisches LCD-Display, 320 x 240 Pixel
Verstärkung	2 x 25 Watt
Anschlüsse	Audio/Video Interface, Computer Host, Volume Pedal, 3 programmierbare Pedale, dynamic Pedalboard, SCSI, 2 x Kopfhörer, Line Out, Stereo In mit Vol-Regler
unverb. Preisempfhlg.	3067 €
Vertrieb	Solton Music GmbH, 94060 Pocking

Hammond XE-1

Anzahl der Tasten	61, samtgelagert, anschlagdynamisch
max. Polyphonie	2 x 32 Stimmen (pro Tongenerator)
Sounds	275 ROM, 28 User, eigene Klangbearbeitung
Drumsets	11
Styles	100 ROM, 28 User (nur extern über PC belegbar)
Anzahl Begleitspuren	4 (4 Variationen pro Style)
Zugriegel	mechanisch realtime, 9 Upper, 9 Lower, 2 Bass
One Touch Settings	100
Registrierungsspeicher	100
Sequencer	3 Modi: Easy Record, 4-Spur- oder 16-Spur-Sequencer
Speichermedien	3,5''-Diskette, Compact Flash Memory Cards bis 128 MB, ohne Ladezeit
Besonderheiten	Style Converter, 2 Tongeneratoren: 1 für GM- und Solosounds sowie Drums, der andere nur für Hammond-Sounds, Compact Flash Memory Cards bis 128 MB ohne Ladezeit, Multikanal-Leslie-Ausgang, Bassreflex-System mit großem Holzkorpus in Keyboard integriert, separater Mikro-Ein- und Ausgang
MIDI	2 x in / je 1 x out /thru
MIDI-Kompatibilität	GM
Kompatibilität SMF	lesen: Format 0 und 1, schreiben Format 0
Effekte	8 x Reverb, 8 x Chorus, Delay, Detune, Sound Expansion System, Orgel-Effekte, Echo für MIC
Abmessungen, Gewicht	109 x 48,5 x 20,5 cm, 32 kg
Display	grafisch, 240 x 64 Pixel
Verstärkung	2 x 50 Watt
Anschlüsse	Line-out, Line-in, To host, Sustain, Expression-Pedal mit integr. Leslie-Schalter, Adapter-Ausgang für Erweiterung als zweimanualiges Instrument
unverb. Preisempfhlg.	4085 €
Vertrieb	Hammond Deutschland, 89129 Langenau

Anzahl der Tasten	61, anschlagdynamisch, Aftertouch
max. Polyphonie	62 Stimmen
Sounds	660 ROM, 128 User, eigene Klangbearbeitung
Drumsets	32 ROM, 64 User
Styles	304, beliebig neu konfigurierbar, 48 User
Anzahl Begleitspuren	8 (4 Variationen pro Style)
Zugriegel	virtuell
One Touch Settings	4 pro Style
PADs	4
Registrierungsspeicher	80
Sequencer	2 separate Sequencer mit Crossfade-Funktion, je 16 Spuren, Echtzeit und Stepp-by-Stepp
Speichermedien	3,5''-Diskette, Festplatte und Flash Cards optional
Besonderheiten	Bass-Reflex-Lautsprecher, Auto Loudness-Funktion, optionales Video Interface, 2 Sequenzer (MIDI-File-Player) mit Überblendfunktion, 1 davon zum eigenen Aufnehmen. Karaoke-Funktion
MIDI	in / out / thru
MIDI-Kompatibilität	GM2
Kompatibilität SMF	Format 0 und 1
Einzelausgänge	2 x Stereo Out, 2 x Sub Out
Effekte	4 Digital-Stereo-Multi-Effektsysteme à 89 Effektarten
Vokalist eingebaut	optional
Abmessungen, Gewicht	111 x 38,8 x 16,4 cm, 13,9 kg
Display	hintergrundbeleuchtetes Custom LC-Display
Verstärkung	2 x 22 Watt
Anschlüsse	To host, 5fach-Fußschalter, Sustain-Pedal, frei belegbares Fußpedal oder -schalter, Line-in
unverb. Preisempfhlg.	2340 €
Vertrieb	Korg & More, 35009 Marburg

Panasonic SX-MB 100

Anzahl der Tasten	49, anschlagdynamisch
max. Polyphonie	32 Stimmen
Sounds	150 ROM
Drumsets	12 ROM
Styles	100 ROM
Anzahl Begleitspuren	5 (1 Variation pro Style)
One Touch Settings	ja (automatische passende Registrierung zum jeweiligen Style)
PADs	4 x 10 Bänke
Besonderheiten	eingebauter Audio-CD-Player mit Remix-Funktion und Tempoerkennung, eingebautes Radio (FM-Tuner), Beat Master (Fun- und Lernfunktion für das Erlernen sicherer Rhythmik)
MIDI	in/out
MIDI-Kompatibilität	GM
Effekte	keine Effekte (Hall teilweise mitgesampelt), Low Cut-Filter
Abmessungen, Gewicht	96 x 40,9 x 16,7 cm, 6,1 kg
Display	hintergrundbeleuchtetes LC-Display
Verstärkung	2 x 2,5 Watt
Anschlüsse	Kopfhörer, Line-out, Fußschalter
unverb. Preisempfhlg.	569 €
Vertrieb	Taiyo Musikinstrumente GmbH, 40724 Hilden

Anzahl der Tasten	61, anschlagdynamisch
max. Polyphonie	24 Stimmen
Sounds	226 ROM
Drumsets	9
Styles	64 ROM
Anzahl Begleitspuren	8 (6 Variationen pro Style)
One Touch Settings	4 pro Style
Registrierungsspeicher	8
Sequencer	MIDI-File-Player, eigene Sequencen, nur Realtime
Speichermedien	3,5''-Diskette (nur EM-25)
Besonderheiten	Style Morphing (Kombinieren zwei verschiedener Styles), Game-Funktion: interaktive Spiele als Lernprogramme
MIDI	in/out
MIDI-Kompatibilität	GM, GS
Kompatibilität SMF	Format 0 und 1
Effekte	je 8 x Reverb und Chorus
Abmessungen, Gewicht	95,6 x 34,6 x 12,8 cm; EM-15: 6,5 kg; EM-25: 7kg
Display	beleuchtetes Custom-Display, grafikfähig
Verstärkung	2 x 5 Watt
Anschlüsse	2 x Kopfhörer, 1 davon ist Line-out, Sustain-Pedal
unverb. Preisempfhlg.	EM-15: 357 €, EM-25: 511 €
Vertrieb	Roland, 22844 Norderstedt

Roland EM-55

Anzahl der Tasten	61, anschlagdynamisch
max. Polyphonie	64 Stimmen
Sounds	3641 ROM
Drumsets	116, davon 1 Oriental Dum Set
Styles	128 (64 intern + 64 auf Diskette)
Anzahl Begleitspuren	8 (6 Variationen pro Style)
One Touch Settings	4 pro interner Style
PADs	8
Registrierungsspeicher	64
Sequencer	16 Spuren, Realtime- und Multitracking-Aufnahme möglich
Speichermedien	3,5''-Diskette
Besonderheiten	Style Morphing (Kombinieren zwei verschiedener Styles), Game-Funktion: interaktive Spiele als Lernprogramme, D-Beam-Controller
MIDI	in/out, 32fach multitimbral
MIDI-Kompatibilität	GM2, GS
Kompatibilität SMF	Format 0 und 1
Effekte	Reverb, Chorus + 47 M-FX Effekte
Abmessungen, Gewicht	101,6 x 39,8 x 15,3cm, 9,5 kg
Verstärkung	2 x 10 Watt
Anschlüsse	Line-out, Sustain, Expression, 2 x Kopfhörer
unverb. Preisempfhlg.	1017 €
Vertrieb	Roland, 22844 Norderstedt

Anzahl der Tasten	61, anschlagdynamisch
max. Polyphonie	64 Stimmen
Sounds	3649 ROM, eigene Klangbearbeitung
Drumsets	116
Styles	64 intern + 64 Diskette, 16 Akustik-Styles
Anzahl Begleitspuren	8 (8 Variationen pro Style)
One Touch Settings	4 pro Style
Registrierungsspeicher	128
Sequencer	16-Spur-Sequencer und Zwei-Spur Live Recorder
Speichermedien	3,5''-Diskette
Besonderheiten	Style Morphing (Kombinieren zwei verschiedener Styles) D-Beam-Controller SMF-to-Style-Converter, Karaoke-Funktion
MIDI	in/out
MIDI-Kompatibilität	GM2, GS,
Kompatibilität SMF	Format 0 und 1
Effekte	8 x Reverb, 8 x Chorus, 45 M-FX Effekte
Abmessungen, Gewicht	101,6 x 40 x 14,2cm, 9,8 kg
Display	VGA Touchscreen
Verstärkung	2 x 7 Watt
Anschlüsse	Line-out, RCA-in, Damper-Pedal, Soft/Expression-Pedal, 2 x Kopfhörer
unverb. Preisempfhlg.	1529 €
Vertrieb	Roland, 22844 Norderstedt

Roland VA-5

Anzahl der Tasten	61, anschlagdynamisch
max. Polyphonie	128 Stimmen
Sounds	3649 ROM, eigene Klangbearbeitung
Drumsets	116, darunter auch orientalische
Styles	128 intern, 64 auf Diskette, 16 Akustik-Styles
Anzahl Begleitspuren	8 (8 Variationen pro Style)
One Touch Settings	4 pro Style
Registrierungsspeicher	128
Sequencer	Realtime SMF-Player (mit Minus-One-Funktion), einfacher 2-Spur-Recorder, 16-Spur-Sequencer
Speichermedien	3,5''-Diskette
Besonderheiten	Style Morphing (Kombinieren zwei verschiedener Styles), D-Beam-Controller, SMF-to-Style-Converter, Metronom Output (Metronom-Level nicht regelbar), Karaoke-Funktion
MIDI	in/out/thru, 32fach multitimbral
MIDI-Kompatibilität	GM2, GS
Kompatibilität SMF	Format 0 und 1
Einzelausgänge	Metronom-Output
Effekte	je 8 x Reverb und Chorus, 10 x Delay, parametrischer EQ, M-FX (DSP, 89 Typen)
Abmessungen, Gewicht	119 x 40,6 x 19,7 cm, 15,5 kg
Display	beleuchtetes VGA Touch Screen (LCD), grafische Bedienoberfläche mit animierten Ikonen
Verstärkung	2 x 25 Watt
Anschlüsse	Line-out, Line-in, Sustain, Foot Pedal (Expression), Foot Switch, Foot Controller, 2 x Kopfhörer
unverb. Preisempfhlg.	2045 €
Vertrieb	Roland, 22844 Norderstedt

Anzahl der Tasten	61, anschlagdynamisch, Aftertouch
max. Polyphonie	128 Stimmen
Sounds	3649 ROM, eigene Klangbearbeitung
Drumsets	116, darunter auch orientalische
Styles	128 intern, 64 über eingebautes ZIP-Laufwerk, 16 Akustik-Styles
Anzahl Begleitspuren	8 (8 Variationen pro Style)
One Touch Settings	4 pro Style
Registrierungsspeicher	128
Sequencer	Realtime SMF-Player (mit Minus-One-Funktion), einfacher 2-Spur-Recorder, 16-Spur-Sequencer
Speichermedien	3,5''-Diskette, ZIP-Laufwerk
Besonderheiten	Style Morphing (Kombinieren zwei verschiedener Styles), Touch Controller (Ribbon Controller), D-Beam-Controller, VariPhrase-Technologie (48 vorprogrammierte Phrasen, 16 User-Phrasen), VariPhrase-Sampler, Metronom Output (Metronom-Level regelbar), SMF-to-Style-Converter, Importieren und Synchronisieren von ASCII-Texten zu MIDI-Files, Autoload-Funktion für User-Programme, Funktions-pedal-Anschluss programmierbar, Mikrofonanschluss, Karaoke-Funktion
MIDI (Kompatibilität)	in/out/thru, 32fach multitimbral (GM2, GS)
Kompatibilität SMF	Format 0 und 1
Einzelausgänge	Metronom-Output
Effekte	je 8 x Reverb und Chorus, 10 x Delay, parametrischer EQ, M-FX (DSP, 89 Typen)
Abmessungen, Gewicht	119 x 40,6 x 19,7 cm, 16,5 kg
Display	beleuchtetes VGA Touch Screen (LCD), grafische Bedienoberfläche mit animierten Ikonen
Verstärkung	2 x 25 Watt
Anschlüsse	Line-out, Line-in, VariPhrase Sampling Input & Gain, Sustain, Foot Pedal (Expression), Foot Switch, Foot Controller, 2 x Kopfhörer
unverb. Preisempfhlg.	2807 €
Vertrieb	Roland, 22844 Norderstedt

Roland VA-76

Anzahl der Tasten	76, anschlagdynamisch, leichtgewichtet, Aftertouch
max. Polyphonie	128 Stimmen
Sounds	3649 ROM, eigene Klangbearbeitung
Drumsets	116, darunter auch orientalische
Styles	128 intern, 64 über eingebautes ZIP-Laufwerk, 16 Akustik-Styles
Anzahl Begleitspuren	8 (8 Variationen pro Style)
One Touch Settings	4 pro Style
Registrierungsspeicher	128
Sequencer	Realtime SMF-Player (mit Minus-One-Funktion), einfacher 2-Spur-Recorder, 16-Spur-Sequencer
Speichermedien	3,5''-Diskette, ZIP-Laufwerk
Besonderheiten	Style Morphing (Kombinieren zwei verschiedener Styles), Touch Controller (Ribbon Controller), D-Beam-Controller, VariPhrase-Technologie (48 vorprogrammierte Phrasen, 16 User-Phrasen), VariPhrase-Sampler, Metronom Output (Metronom-Level regelbar), SMF-to-Style-Converter, Importieren und Synchronisieren von ASCII-Texten zu MIDI-Files, Autoload-Funktion für User-Programme, Funktionspedal-Anschluss programmierbar, eigenständige Taster für jeden Keyboard-Part, Mikrofonanschluss, Karaoke
MIDI (Kompatibilität)	in/out/thru, 32fach multitimbral (GM2, GS)
Kompatibilität SMF	Format 0 und 1
Einzelausgänge	2 x Line Out, alle 4 Buchsen einzeln routbar; Metronom-Output
Effekte	je 8 x Reverb und Chorus, 10 x Delay, parametrischer EQ, M-FX (DSP, 89 Typen)
Abmessungen, Gewicht	126,7 x 40,7 x 15 cm, 16,5 kg
Display	beleuchtetes VGA Touch Screen (LCD), grafische Bedienoberfläche mit animierten Ikonen
Anschlüsse	2 x Line Out, VariPhrase Sampling Input & Gain, Sustain, Foot Pedal (Expression), Foot Switch, Foot Controller, Kopfhörer
unverb. Preisempfhlg.	3165 €
Vertrieb	Roland, 22844 Norderstedt

Anzahl der Tasten	76, anschlagdynamisch, gewichtet, Aftertouch
max. Polyphonie	64 Stimmen
Sounds	310 ROM, 350 GM Voices, 128 User; bis zu 1000 Percussion-Sounds, eigene Klangbearbeitung
Drumsets	24 ROM, 24 Live Drumsets, 24 User
Styles	198 ROM, 108 Flash ROM
Anzahl Begleitspuren	8 (4 Variationen pro Style)
Zugriegel	9 virtuelle
One Touch Settings	80
Registrierungsspeicher	198
Sequencer	16 Spuren, 150 000 Events, Echtzeit, Step-by-Step
Waves abspielen	ja (auch synchronisiert in Begleitautomatik)
Speichermedien	3,5''-Diskette, Festplatte (6 GB)
Besonderheiten	16 Bit, 44,1 kHz-Sampler, 2 Mikrofon-Eingänge, Aftertouch kann zuweisbare Funktionen steuern, optionales Video Interface, Akkordeon-Modus, Arabic Scale, Vocal Harmonizer, Karaoke-Funktion
MIDI (Kompatibilität)	2 x in/out/thru, 32fach multitimbral (GM)
Kompatibilität SMF	Format 0 und 1
Einzelausgänge	1 x Stereo Out, 2 x Sub Out
Effekte	3 Digital-Multi-Effekt-DSPs; 60 Effekttypen, 16 User Effects
Abmessungen, Gewicht	119 x 39 x 12 cm, 16,5 kg
Display	240 x 128 Pixel
Anschlüsse	To Host, Footswitch (6 or 13), Volume Pedal, Sustain Pedal, Video Interface,K opfhörer
unverb. Preisempfhlg.	3579 €
Vertrieb	Solton Music GmbH, 94060 Pocking

Solton Ketron X1

Anzahl der Tasten	61, anschlagdynamisch, gewichtet, Aftertouch
max. Polyphonie	64 Stimmen
Sounds	276 ROM, 128 User, 231 Percussion-Sounds, eigene Klangbearbeitung
Drumsets	20 ROM, 4 User
Styles	198 ROM, 198 User
Anzahl Begleitspuren	8 (4 Variationen pro Style)
Zugriegel	8 virtuelle
One Touch Settings	48
Registrierungsspeicher	198
Sequencer	16 Spuren, 30.000 Events; über 4 MB-SIMM, auf 300.000 Events erweiterbar
Waves abspielen	ja (auch synchronisiert in Begleitautomatik)
Speichermedien	3,5"-Diskette, Festplatte (1 GB bis 8 GB); optionale Flash Cards
Besonderheiten	16 Bit, 44,1 kHz-Sampler, Aftertouch kann zuweisbare Funktionen steuern, optionales Video Interface, Akkordeon-Modus, Arabic Scale, 2 Mikrofonanschlüsse, Vocal Harmonizer, Karaoke-Funktion
MIDI (Kompatibilität)	2 x in/out/thru, 32fach multitimbral (GM)
Kompatibilität SMF	Format 0 und 1
Einzelausgänge	1 x Stereo-out, 2 x Sub Out
Effekte	2 Digital-Multi-Effekt-DSPs; 60 Effekttypen, 16 User Effects
Abmessungen, Gewicht	117 x 40,5 x 15,5 cm, 16 kg
Display	240 x 128 Pixel, grafikfähig
Verstärkung	2 x 22 Watt
Anschlüsse	To Host, Footswitch (6 or 13), Volume Pedal, Sustain Pedal, Video Interface, Kopfhörer
unverb. Preisempfhlg.	2556 €
Vertrieb	Solton Music GmbH, 94060 Pocking

Anzahl der Tasten	61, anschlagdynamisch
max. Polyphonie	64 Stimmen
Sounds	375 ROM, 40 User, eigene Klangbearbeitung
Drumsets	13 ROM
Styles	128 ROM
Anzahl Begleitspuren	5 (4 Variationen pro Style)
One Touch Settings	ja (automatische passende Registrierung zum jeweiligen Style)
PADs	6 x 19 Bänke
Registrierungsspeicher	24
Sequencer	16 Spuren, 10 Songs
Speichermedien	3,5''-Diskette
Besonderheiten	Music Style Arranger, deutsches Hilfemenü, Chord Finder, 512 Music Stylist Registriervorschläge, Karaoke-Funktion
MIDI (Kompatibilität)	in/out (GM)
Kompatibilität SMF	Format 0 und 1
Effekte	Reverb, 2 DSP-Effektwege, Digitaleffekt, Sustain, Equalizer, Acoustic Elution (Verbreiterungseffekt)
Abmessungen, Gewicht	105,7 x 40,4 x 16,2 cm, 9,3 kg
Display	Großes Grafik-LC-Display (320 x 240 Punkte)
Verstärkung	2 x 8 Watt
Anschlüsse	Kopfhörer, Line-out, Fußschalter, Fußschweller, To host
unverb. Preisempfhlg.	999 €
Vertrieb	Taiyo Musikinstrumente GmbH, 40724 Hilden

Technics SX-KN6500

Anzahl der Tasten	61, anschlagdynamisch, Aftertouch
max. Polyphonie	64 Stimmen
Sounds	1065 ROM, eigene Klangbearbeitung
Drumsets	36 ROM, 1 User
Styles	220 ROM, 20 User
Anzahl Begleitspuren	8 (4 Variationen pro Style)
Zugriegel	2 Digital Drawbars
One Touch Settings	ja (automatische passende Registrierung zum jeweiligen Style)
PADs	6 x 26 Bänke, ca. 1 800 Events
Registrierungsspeicher	104 (10 Bänke + 3 Arbeitsbänke à 8 Sets)
Sequencer	16 Spuren, 10 Songs, 40 000 Events, Easy Record, Realtime Record, Step Record
Speichermedien	3,5''-Diskette, Festplatte
Besonderheiten	4 persönliche Displays, 8-spuriger Composer für eigene Styles; auch Kopieren des Sequencers in den Composer möglich, 1.080 Gesamtregistrierungen inkl. Custom Stylist (eigene Rhythmen und Registrierungen), sortiert nach musikalischer Kategorie, Zeitepoche oder alphabetischer Liste, Hilfetexte in deutscher Sprache, Music Stylist: 4 Registriervorschläge pro Style, Chord Finder, Mikrofonanschluss, Vocal Harmonizer, Karaoke-Funktion
MIDI (Kompatibilität)	in/out/thru (NX, GM2, GM, SMF mit Lyrics)
Kompatibilität SMF	Format 0 und 1, DOC™ (eingetr. Markenzeichen YAMAHA)
Effekte	System: Reverb, Chorus, Multi/Mic Effekt, Total Equalizer, Insert: 5 Sound-DSP-Effekte, Digital Effekt, Sustain
Abmessungen, Gewicht	106,3 x 41,8 x 20 cm, 15,4 kg
Display	Breites Farb- und Grafik-Display (640 x 240 Punkte)
Verstärkung	66 Watt (2 x 18 für Mitten und Höhen, 30 für Bass)
Anschlüsse	Kopfhörer, Line-out, Line-in (R/R+L), 2 Fußschalter, Fußschalterleiste, Fußschweller, To host
unverb. Preisempfhlg.	2999 €
Vertrieb	Taiyo Musikinstrumente GmbH, 40724 Hilden

Anzahl der Tasten	61, anschlagdynamisch
max. Polyphonie	32 Stimmen
Sounds	116 ROM , 128 GM-Sounds
Drumsets	12
Styles	100 ROM, 3 User
Anzahl Begleitspuren	8 (2 Variationen pro Style)
One Touch Settings	1 pro Style
Registrierungsspeicher	16
Sequencer	6 Spuren
Speichermedien	3,5''-Diskette
Besonderheiten	Y.E.S. 2 Lernsystem
MIDI (Kompatibilität)	in/out (GM, DOC, SFF)
Kompatibilität SMF	Format 0 und 1
Effekte	8 x Reverb, 38 DSP-Effekte, 26 Harmony
Abmessungen, Gewicht	95,2 x 38,7 x 17 cm, 7,8 kg
Display	LCD
Verstärkung	2 x 6 Watt
Anschlüsse	MIDI-in/out, Foot Switch, Phones/Output
unverb. Preisempfhlg.	449 €
Vertrieb	Yamaha Europa GmbH, 25492 Rellingen

Yamaha PSR-550

Anzahl der Tasten	61, anschlagdynamisch
max. Polyphonie	32 Stimmen
Sounds	219 ROM + 480 XG-Sounds
Drumsets	14
Styles	112 ROM, 3 User
Anzahl Begleitspuren	8 (2 Variationen pro Style)
One Touch Settings	4 pro Style
PADs	4 Pads, 40 Bänke
Registrierungsspeicher	128
Sequencer	16 Spuren, Quick Record, Multi Record
Speichermedien	3,5''-Diskette
Besonderheiten	„Music Data Base Sweet Voices"
MIDI (Kompatibilität)	in/out (GM, XG, SFF)
Kompatibilität SMF	Format 0 und 1
Effekte	24 x Reverb, 16 x Chorus, 74 DSP-Effekte, 22 Harmony
Abmessungen, Gewicht	96 x 39 x 17 cm, 8,5 kg
Display	LCD
Verstärkung	2 x 6 Watt
Anschlüsse	MIDI-in/out, Foot Switch, Phones/Output
unverb. Preisempfhlg.	749 €
Vertrieb	Yamaha Europa GmbH, 25492 Rellingen

Anzahl der Tasten	61, anschlagdynamisch
max. Polyphonie	32 Stimmen
Sounds	233 ROM, 480 XG-Sounds, eigene Klangbearbeitung
Drumsets	12
Styles	169 ROM, User je nach Speicher
Anzahl Begleitspuren	8 (4 Variationen pro Style)
One Touch Settings	4 pro Style
PADs	4 Pads, 54 Bänke
Registrierungsspeicher	8 Buttons, Bänke je nach Speicher
Sequencer	16 Spuren, Quick-, Multi- & Stepp-Recording
Speichermedien	3,5''-Diskette, FlashROM, 512KB
Besonderheiten	FlashROM für Songs, Styles, Voices etc., Music Finder Datenbank
MIDI (Kompatibilität)	in/out (GM, XG, XF, SFF)
Kompatibilität SMF	Format 0 und 1
Effekte	23 x Reverb, 15 x Chorus, 98 DSP-Effekte, 22 Harmony
Abmessungen, Gewicht	98 x 40 x 17 cm, 9,5 kg
Display	LCD, 320 x 240 Pixel
Verstärkung	2 x 8 Watt
Anschlüsse	Kopfhörer, To Host, MIDI-in/out, 2 Foot Switch, Aux-out L/R, Output L/R
unverb. Preisempfhlg.	1099 €
Vertrieb	Yamaha Europa GmbH, 25492 Rellingen

Yamaha PSR-2000

Anzahl der Tasten	61, anschlagdynamisch
max. Polyphonie	64 Stimmen
Sounds	313 ROM, 480 XG-Sounds, eigene Klangbearbeitung
Drumsets	16
Styles	181 ROM, User je nach Speicher
Anzahl Begleitspuren	8 (4 Variationen pro Style)
Zugriegel	8-chörig
One Touch Settings	4 pro Style
PADs	4 Pads, 54 Bänke
Registrierungsspeicher	8 Buttons, Bänke je nach Speicher
Sequencer	16 Spuren, Quick-, Multi- & Stepp-Recording
Speichermedien	3,5''-Diskette, FlashROM, 1MB
Besonderheiten	FlashROM für Songs, Styles, Voices etc., Music Finder Datenbank, Vocal Harmonizer, Karaoke-Funktion
MIDI (Kompatibilität)	in/out (GM, XG, XF, SFF)
Kompatibilität SMF	Format 0 und 1
Mikrofonanschluss	Mic / Line-in
Effekte	29 x Reverb, 25 x Chorus, 164 DSP-Effekte, 22 Harmony
Abmessungen, Gewicht	98 x 40 x 17 cm, 9,5 kg
Display	LCD, 320 x 240 Pixel
Verstärkung	2 x 6 Watt
Anschlüsse	Kopfhörer, To Host, MIDI-in/out, 2 Foot Switch, Mic / Line-in, Aux-out L/R, Output L/R
unverb. Preisempfhlg.	1550 €
Vertrieb	Yamaha Europa GmbH, 25492 Rellingen

Anzahl der Tasten	61, anschlagdynamisch, Aftertouch
max. Polyphonie	126 Stimmen
Sounds	331 ROM, 480 XG-Sounds, 2 SFX-Kits, 32 MB Wave ROM, eigene Klangbearbeitung
Drumsets	14
Styles	125 Preset + bis zu 120 Flash Memory
Anzahl Begleitspuren	8 (4 Variationen pro Style)
Zugriegel	9-chörig
One Touch Settings	4 pro Style
PADs	4 Pads, 60 Bänke
Registrierungsspeicher	512
Sequencer	16 Spuren, 38 000 Events
Waves abspielen	ja
Speichermedien	3,5''-Diskette; Festplatte und ZIP-Disk optional
Besonderheiten	Video Interface; SCSI-Anschluss, PC-Keyboard-Anschluss, Loop Send/Return; 16 Bit, 44,1 kHz-Sampler; 1 MB RAM-Kapazität, über SIMM auf 32 MB erweiterbar, Vokalist, Karaoke-Funktion
MIDI (Kompatibilität)	je 2 x in und out (GM, XG, XF)
Kompatibilität SMF	Format 0 und 1
Einzelausgänge	1 x Stereo Out, 2 x Sub Out
Mikrofonanschluss	Mic / Line-in
Effekte	Reverb (29 Preset + 3 User), Chorus (25 Preset + 3 User), DSP für Styles (164 Typen), 4 x DSP für Voices (164 preset + 10 User x 4 Parts), DSP for Mic (84 Preset + 10 User), 5-Band Master EQ (2 Preset + 2 User),2-Band EQ für 29 Parts, Harmony (17 Typen)
Abmessungen, Gewicht	111,4 x 46,5 x 18,3 cm, 22,5 kg
Display	hintergrundbeleuchtetes LCD, 320 x 240 Pixel
Verstärkung	2 x 28 Watt
Anschlüsse	SCSI, PC-Keyboard, 2 Foot Pedal, Foot Volume, MIDI-in/Out x 2, To Host, Video Out, Line-out L/R, SUB Out 1+2, AUX-in/Loop Return, Loop Send, Kopfhörer, Mic/Line-in
unverb. Preisempfhlg.	3059 €
Vertrieb	Yamaha Europa GmbH, 25492 Rellingen

Anzahl der Tasten	76, anschlagdynamisch, Aftertouch
max. Polyphonie	126 Stimmen
Sounds	342 ROM, 480 XG-Sounds, 2 SFX-Kits, 48 MB Wave ROM, eigene Klangbearbeitung
Drumsets	24
Styles	125 Preset + bis zu 120 Flash Memory
Anzahl Begleitspuren	8 (4 Variationen pro Style)
Zugriegel	9-chörig
One Touch Settings	4 pro Style
Multipads	4 Pads, 60 Bänke
Registrierungsspeicher	512
Sequencer	16 Spuren, 38.000 Events
Speichermedien	3,5"-Diskette; Festplatte und ZIP-Disk optional
Besonderheiten	Video Interface; SCSI-Anschluss, PC-Keyboard-Anschluss, Loop Send/ Return, 16 Bit, 44,1 kHz-Sampler; 1 MB RAM-Kapazität, auf 32 MB erweiterbar, Vocal Harmonizer, Karaoke-Funktion, Waves abspielen
MIDI	je 2 x in und out
MIDI-Kompatibilität	GM, XG, XF (erweitertes MIDI-File Format, das die Text- und Akkordanzeige ermöglicht)
Kompatibilität SMF	Format 0 und 1
Einzelausgänge	1 x Stereo-out, 4 x Sub Out
Effekte	Reverb (29 Preset + 3 User), Chorus (25 Preset + 3 User), DSP für Styles (164 Typen), 4 x DSP für Voices (164 preset + 10 User x 4 Parts), DSP for Mic (84 Preset + 10 User), 5-Band Master EQ (2 Preset + 2 User), 2-Band EQ für 29 Parts, Harmony (17 Typen)
Abmessungen, Gewicht	126,9 x 40,8 x 14 cm, 20,5 kg
Display	hintergrundbeleuchtetes LCD, 320 x 240 Pixel
Anschlüsse	SCSI, PC-Keyboard, 2 Foot Pedal, Foot Volume, MIDI (in/out x 2), To Host, Video-out, Line-out L/R, SUB-out 1-4, Aix-in/Loop Return, Loop Send, Kopfhörer, Mic/Line-in
unverb. Preisempfhlg.	3569 €
Vertrieb	Yamaha Europa GmbH, 25492 Rellingen

Tasten / Polyphonie	61, anschlagdynamisch, gewichtet, Aftertouch / 144 Stimmen
Sounds	480 ROM; 60 Long Wave Sounds, eigene Klangbearbeitung
Drumsets	20 ROM
Styles	100 ROM, beliebig viele nachladbar
Anzahl Begleitspuren	6 (4 Variationen pro Style)
Zugriegel	12 Realtime Lautstärkezugriegel, OX7-Sinuszugriegel-System, 9/7fach
PADs	6 Taster für Spezialeffekte, frei belegbar
Registrierungsspeicher	1000 Total Presets frei programmierbar
Sequencer	16 Spuren, beliebige Anzahl Sequencen einladbar
Speichermedien	3,5''-Diskette, Festplatte (20 GB, optional 40 GB), CD-ROM
Besonderheiten	Erstellen von eigenen Wave-Dateien am Instrument, Styles von Pegasus, Performer, Phon X und Golden Gate konvertierbar, HD-Recording im Instrument möglich, eigene CDs erstellen über optionalen CD-Brenner, 48fach CD-ROM-Laufwerk integriert; sämtliche Schnittstellen aus dem Computerbereich (Drucker, Monitor, Tastatur, Maus), digitales Mischpult integriert, Volume und EQ für alle Ein- und Ausgangskanäle; Real Drums: Live-Styles mit Begleitautomatik, Vokalist, Karaoke, Waves abspielen, 2 Mikro-Anschlüsse
MIDI (Kompatibilität)	je 2 x in/out/thru (GM, XG)
Kompatibilität SMF	Format 0 und 1
Einzelausgänge	2 Stereoausgänge zusätzlich zu Main Out
Effekte	EQ mit Bass, 2 x parametrische Mitten, Höhen, Hall, Chorus und Echo regelbar, getrennte Hall- und Effektsysteme, drei Effekte gleichzeitig möglich, Hall- und Effektanteil, pro Klang einstellbar, Halllänge, -stärke und Brightness regelbar, Sinus-Rotor
Abmessungen, Gewicht	122 x 46,5 x 18 cm, ca. 30 kg
Display / Verstärkung	Farbdisplay 7,7'', VGA, Touch Screen / 2 x 30 Watt
Anschlüsse	Main-out, 2 x Line-in, Pedal, Schweller, SP-DIF-digital-in/out (optional), Drucker, 2 x USB, Maus, Tastatur, 2 COM-Ports, Bildschirm, 2 Micro-in
unverb. Preisempfhlg.	ab 4591 €
Vertrieb	Wersi Music Produktion GmbH, 56283 Halsenbach

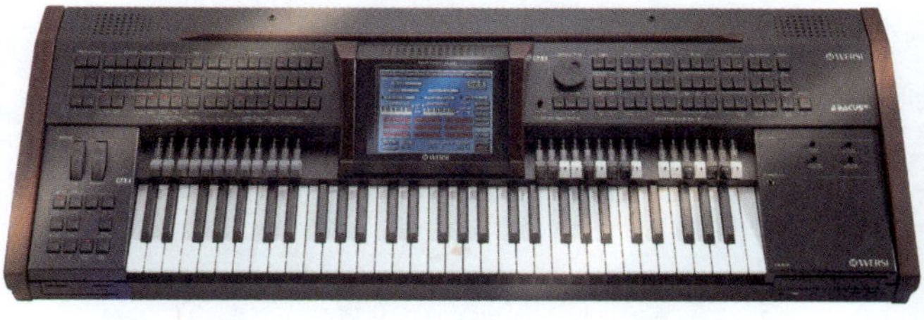

Get Up
...And Enjoy The Music!
PSR-1000
DIE NEUEN ENTERTAINER-
KEYBOARDS ZUM PARTY-TARIF
PSR-2000
YAMAHA
YAMAHA Europa GmbH
Siemensstr. 22 - 34
D-25462 Rellingen
YAMAHA Music Nederland
Clarissenhof 5 B
NL-4133 AB Vianen
YAMAHA Music Belgium
Rue de Genève 10
B-1140 Bruxelles
YAMAHA Music Austria
Schleiergasse 20
A-1100 Wien
YAMAHA Schweiz
Seefeldstrasse 94
CH-8008 Zürich
www.yamaha.de
www.yamaha-europe.com

Klüh, Christoph
Mehr Spass mit Tasten ; Sounds, Styles, Spieltechni

Grundlagenwissen über das Keyboard mit einer aktuellen Marktübersicht.